ÉVOLUER

avec

LE TAROT

Première édition chez Penguin, New York.
Parue sous le titre TAROT FOR CHANGE: Using the Cards for Self-Care, Acceptance, and Growth

Traduction de l'anglais par Christine Rimoldy
Révision par Hervé Solarczyk et Violaine Clément

Éditions Trajectoire – 355, rue de la Montagne-Noire, 31750 Escalquens
Une marque du groupe éditorial Piktos.
www.editions-trajectoire.fr
@editionstrajectoire_officielle
Éditions Trajectoire

ISBN : 978-2-84197-866-3

Jessica Dore

Illustrations de Xaviera López

ÉVOLUER *avec* LE TAROT

Prendre soin de soi,
s'accepter et grandir

Éditions TrajectoirE

À mes parents

PARTIE 1

DÉCOUVRIR LE TAROT

QU'EST-CE QUE LE TAROT ?

Le tarot[1] rassemble soixante-dix-huit secrets qui se dévoilent peu à peu. Les cartes ont une signification qui peut changer, si bien qu'en fonction du contexte, une carte peut apparaître comme une aide, un talisman ou un bienfait. On pense que le jeu de cartes tel que nous le connaissons aujourd'hui est apparu en Europe au xve siècle, pendant la Renaissance, mais que les secrets et les totems qu'il recèle trouvent leurs origines en Égypte et dans la Grèce antique.

La légende veut que les mystiques égyptiens aient dissimulé leurs secrets au sein d'un jeu de cartes à des fins d'évolution spirituelle – des secrets sur la façon d'atteindre l'idéal d'union avec l'Absolu. Mettre ces secrets sous forme de cartes était pour eux un moyen de préserver une sagesse durement acquise par le biais du vice humain. Ils misaient d'avantage sur l'envie de parier et de jouer des humains que sur leur désir de lire des textes sacrés ou d'apprendre par la transmission orale, et savaient que certains « joueraient » au tarot sans jamais utiliser les cartes pour s'élever. Toutefois, pour les individus enclins à évoluer spirituellement, les cartes devaient fonctionner comme soixante-dix-huit portes magiques renfermant des secrets.

Il s'agit d'une légende et non d'une vérité historique vérifiable. Il n'existe pas de preuve physique susceptible de l'étayer. Mais comme vous le verrez, si ce n'est déjà fait, le tarot permet de libérer l'imagination de l'empire du doute et du rationalisme, de faire renaître cette part de nous-mêmes suffisamment audacieuse pour *savoir*, indépendamment de toute preuve matérielle.

De nos jours, on utilise les cartes pour toutes sortes de raisons. Les tirages sont un moyen d'invoquer la synchronicité, méthode sacrée permettant de ressentir les liens invisibles qui unissent le monde intérieur et le monde extérieur.

C'est aussi une pratique qui active un potentiel ; elle ouvre le champ des possibles en faisant germer dans le terreau du cœur des racines qui

---

1. Note de l'éditeur (NDÉ) : Dans cet ouvrage, le tarot de référence est le Rider-Waite-Smith, le plus utilisé chez les anglophones. Ainsi, certains détails évoqués dans la description des cartes peuvent ne pas correspondre au Tarot de Marseille populaire en France.
Les illustrations originales présentées dans cet ouvrage s'inspirent de ces cartes.

deviendront suffisamment robustes pour soutenir la lente croissance d'un fruit ou d'une fleur.

Si nécessaire, les cartes étalées lors d'un tirage peuvent devenir une tapisserie sur laquelle projeter sa vie intérieure en toute sécurité, sans porter préjudice à soi-même ni aux autres. La projection est une fonction naturelle et saine de l'imagination humaine : on peut ainsi maîtriser son pouvoir et l'utiliser pour le bien. Extérioriser l'expérience intérieure, en la projetant sur un objet physique tel qu'une carte, crée une distance qui permet de respirer, modifie la relation qu'on entretient avec soi-même et offre un nouvelle perspective sur soi. Grâce aux cartes, on peut voir et comprendre sans risque nos aspects les moins acceptables.

Qu'elle soit réalisée pour soi ou pour autrui, une lecture du tarot peut constituer un rituel d'initiation à une étape ou à un chapitre important de la vie. Les cartes ont une fonction de maïeutique : elles posent des questions dans le cadre d'un processus d'accouchement engendrant une vie nouvelle – des questions qui élargissent plus qu'elles ne restreignent. Il peut arriver qu'une vie nouvelle s'engage mal et ait besoin d'un peu d'encouragements pour se concrétiser. Le tarot est un outil qui permet de trouver la voie à suivre pour faire bouger les choses en toute sécurité.

Parfois, on trouve dans les cartes tirées un scénario plein de vie, débordant d'images de pousses perçant un sol à peine dégelé ou de tout jeunes bourgeons recouvrant les branches. D'autres fois, il faudra s'en tenir à l'essentiel, et l'on repartira entouré du parfum des feuilles en décomposition ou des croassements d'un corbeau. Quoiqu'il en soit, il faut s'attendre à quitter le jeu avec plus de questions qu'on n'en avait en arrivant. C'est une bonne chose. Les questions sont des passerelles vers une vie nouvelle.

La fonction du tarologue n'est pas de promettre des révélations, parce que ce n'est pas ainsi que fonctionnent les secrets. Les soixante-dix-huit arcanes – 22 arcanes majeurs et 56 arcanes mineurs – représentent autant de grands et petits mystères, qui doivent être appréhendés avec le respect dû aux anciens, comme des entités à part entière dont il faut gagner la confiance. Il en va avec eux comme avec tout compagnon : si vous êtes curieux·se, impliqué·e, respectueux·se et animé·e d'un désir sincère de comprendre, les cartes vous livreront leurs secrets au fil du temps, soyez-en sûr·e.

TAROT ET PSYCHOLOGIE : BREF HISTORIQUE

Le tarot est souvent considéré comme une pratique relevant plus de la spiritualité que de la psychologie. Il relève pourtant intrinsèquement de la psychologie, et la psychologie est intrinsèquement spirituelle. Le mot « psychologie » vient du grec *psychê* qui signifie « âme » ou « souffle ». Si la théorie et la pratique de la psychologie ont évolué, elles restent, dans une certaine mesure, l'art de parvenir à connaître l'âme.

Considéré en Occident comme le père de la psychologie moderne, Sigmund Freud a cherché à comprendre l'âme humaine à travers le processus de la psychanalyse. Un objectif du travail psychanalytique est de rendre l'inconscient conscient. Le cliché de la personne allongée sur un divan, à côté d'un analyste en costume armé d'un bloc-notes et qui lui dit « Parlez-moi de votre père », c'est de la psychanalyse. Ce processus thérapeutique implique souvent de plonger profondément dans les expériences de son enfance pour mieux comprendre son vécu actuel.

Carl Jung, qui fut un élève de Freud, a élaboré la théorie de l'inconscient collectif, sorte de courant psychique sous-jacent partagé, selon lui, par tous les êtres humains et expliquant les désirs, les motivations et les comportements communs qui transcendent les différences culturelles et géographiques. L'inconscient collectif a été décrit comme une sorte d'héritage psychologique partagé qui se révèle à travers les rêves, les mythes et les contes de fées, dans une dynamique sociale de pouvoir et d'oppression. À la différence de l'inconscient personnel qui contient les dimensions de notre expérience individuelle souvent refoulées à cause du conditionnement environnemental et social, l'inconscient collectif serait pour certains le siège des archétypes.

Jung considérait les archétypes comme des symboles universels et des images dont la signification était partagée par tous. Je ne suis pas sûre d'être d'accord avec l'idée que les archétypes ont les mêmes significations pour tous les êtres humains, mais je vois que certains résonnent de la même manière dans toutes les cultures. Pour chacun de nous, l'archétype de la mère peut activer quelque chose – qui pourra être propre à un individu –, tout comme le thème archétypal de la mort. Et je souscris à l'affirmation de Marie-Louise von Franz selon laquelle la manifestation d'une image archétypale – qui peut survenir au cours d'une lecture de tarot, par exemple – peut inciter la personne qui la voit à « prendre conscience de nouvelles possibilités qu'elle méconnaissait et [à] faire l'expérience à travers elles d'un nouvel afflux d'énergie, car les archétypes possèdent une qualité numineuse et agissent comme une source d'énergie cachée[2] ». Nous n'allons pas tou·te·s vivre les archétypes ou les symboles de la même manière, et ne sommes pas non plus censé·e·s le faire. Ils peuvent cependant remuer quelque chose en nous et nous parler si nous leur en laissons la place.

Jung pensait que l'inconscient collectif influençait les vies individuelles, qu'il était essentiel à la production de sens, au développement psychologique et à l'individuation (processus par lequel une personne acquiert un sentiment d'identité individuelle distincte de celle du groupe). La psychanalyse pouvait permettre à une personne d'apprendre à évoluer avec souplesse entre le contenu explicite de l'esprit conscient et le matériau symbolique tacite de l'inconscient. En termes archétypaux, on pourrait dire que l'objectif était qu'une personne puisse commencer à exister, quelque part dans la tension entre le village civilisé et la forêt sauvage, entre nature et culture, pour être empereur ou impératrice et maîtriser son existence au bon endroit et au bon moment.

Jung a également apporté des idées sur la valeur thérapeutique de la synchronicité qu'il a définie comme « une coïncidence significative » d'événements extérieurs et intérieurs ne présentant pas de liens de causalité manifestes. Exemple d'une synchronicité : on pense à un ami que l'on n'a pas vu depuis des années et l'on reçoit soudain un appel de lui. Il pourrait s'agir d'une simple coïncidence, mais pour une personne en quête de sens, ce peut être aussi l'indice d'une connexion entre le monde extérieur et le monde intérieur, deux dimensions qui nous apparaissent généralement distinctes et séparées l'une de l'autre.

Quand un événement intérieur (penser à un vieil ami) entre en « synchronicité » avec un événement extérieur (la visite de ce vieil ami), on peut commencer à percevoir un lien entre ce que l'on vit en tant qu'individu et ce que l'on comprend en tant que membre d'une collectivité. Selon l'écologiste Robin Wall Kimmerer, la synchronicité est « un rappel de connexions élégantes ». Explorer les relations entre des éléments qui ne peuvent s'expliquer par un simple lien de cause à effet est une porte d'entrée vers la compréhension de la relation entre l'âme, une conscience plus collective et la matière. Quand des synchronicités se produisent, comme c'est si souvent

2. NDÉ : les citations sont traduites librement.
Le lecteur trouvera en fin d'ouvrage une liste des références citées.

le cas quand nous tirons les tarots et qu'ils décrivent notre vie en détail, avec une précision étonnante, il est possible qu'une chose jusqu'alors cachée dans l'inconscient essaie d'émerger. Et qu'elle remonte à la surface pour nous aider à évoluer.

Aujourd'hui, Jung serait peut-être considéré davantage comme un artiste ou un philosophe que comme un scientifique. Sa façon d'explorer le mystère par le truchement de la philosophie, de l'anthropologie, des mythes, de la religion et de la spiritualité a contribué à définir sa méthode de psychologie analytique. Et il croyait sincèrement que les symboles présents dans les légendes, dans l'astrologie et même dans le tarot contenaient des clés permettant de comprendre la psyché.

La compréhension que Jung a des archétypes et de l'individuation nous est utile, car elle met en évidence la puissance et l'attrait du tarot. Nous sommes nombreux à découvrir que, dès lors que l'on commence à travailler avec le tarot, on ne peut plus s'en passer. Et à mon sens, c'est parce que son langage symbolique nous connecte instantanément et de manière puissante à une conscience collective d'un genre ou d'un autre – universelle ou culturelle. Tirer les cartes nous replace dans l'espace et le temps – nous faisons partie de quelque chose de plus grand que nous – et nous rappelle que, quoi que nous vivions, nous ne sommes pas seul·e·s. En des temps toujours plus marqués par l'isolement, l'éloignement et la solitude, c'est en soi la promesse d'un remède radical.

Au tournant du XXe siècle, la psychologie, alors davantage apparentée à une discipline des sciences humaines, a commencé à adopter un caractère plus scientifique. Contrairement à la psychologie analytique qui mettait l'accent sur les souvenirs et la vie intérieure, le béhaviorisme a appréhendé la psychologie par l'étude de ce qui pouvait être observé : non seulement ce qui arrivait intérieurement à quelqu'un, mais aussi ce qu'on pouvait le voir faire concrètement. Le célèbre concept du conditionnement classique d'Ivan Pavlov a mis en lumière la manière dont un comportement pouvait s'apprendre, et B. F. Skinner a étudié comment le comportement dans le futur sera déterminé par les attitudes passées et présentes. On peut expliquer cet intérêt pour les études objectives et expérimentales par le fait que la psychologie, plutôt artistique et philosophique au départ, est devenue une discipline scientifique.

Les informations recueillies à partir de l'étude du comportement ont finalement conduit à l'élaboration par le psychiatre Aaron Beck de la thérapie comportementale et cognitive (TCC). La TCC met l'accent à la fois sur l'intérieur et sur l'extérieur, en se concentrant sur l'interaction entre les pensées, les sentiments et le comportement pour aider les gens à réaliser les changements favorables à un bien-être durable.

Aujourd'hui, les thérapies comportementales sont couramment utilisées dans le suivi psychologique. C'est en partie parce qu'elles reposent sur des données probantes : la science a démontré qu'elles pouvaient accompagner efficacement (du moins, dans certaines circonstances) les changements de comportement. L'accent étant mis sur le comportement, les résultats de techniques telles que la TCC sont plus facilement mesurables et observables[3]. Leur étude permet donc de définir aisément un protocole de soin. Les cliniciens privilégient les méthodes qui ont fait leurs preuves : la thérapie comportementale insiste sur la relation de cause à effet pour cibler des traitements qui donnent souvent d'excellents résultats, et les idées plus anciennes de synchronicité, de conscience collective, de la quête d'un sens dans la vie qui dépasserait les valeurs individuelles, tombent aux oubliettes avec ce modèle thérapeutique. Les efforts déployés pour faire de l'étude de l'âme une science ont permis de grandes avancées dans le traitement de la maladie mentale, mais relégué le mystère et la magie au second plan.

L'un des secrets fondamentaux du tarot, c'est que plusieurs choses peuvent être vraies en même temps. L'étude scientifique du comportement n'est pas incompatible avec l'exploration d'une conscience collective, ni avec l'usage thérapeutique de symboles et d'archétypes ou le recours à la mythologie et aux contes populaires à des fins de guérison. Et tandis que le cadre d'une pratique fondée sur les preuves repose sur l'hypothèse que la seule preuve légitime est celle obtenue par la méthode scientifique, je dirais que quand quelque chose résiste à l'épreuve du temps, comme c'est le cas des symboles contenus dans le tarot, cela démontre également un certain degré d'efficacité.

Il n'est pas besoin de chercher bien loin parmi les thérapies reposant sur des faits pour s'apercevoir que nombre d'entre elles ne sont nullement incompatibles avec les philosophies mystiques – dans bien des cas, c'est même tout le contraire. Ainsi sommes-nous non seulement

---

3. NDÉ : l'autrice souligne ici l'opposition entre la psychanalyse qui intervient sur les domaines « invisibles » de la pensée et les techniques de psychothérapie comportementales basées sur une expérimentation plus mesurable de données probantes.

concerné·e·s par l'inconscient collectif, comme le pensait Jung, mais aussi par les cosmologies et les systèmes de croyances de nos ancêtres. Au bout du compte, l'humain reste au cœur de la méthode scientifique. Et les sujets de recherche, les modèles ou les instruments de mesure ne seront jamais parfaitement objectifs ni affranchis de l'influence de celles et ceux qui nous ont précédé·e·s. Les croyances anciennes et les suppositions concernant la nature des choses sont tellement ancrées dans nos institutions culturelles qu'il faut y regarder de près pour les discerner. Nous comprenons alors que ces croyances imprègnent notre expérience à tous les niveaux, comme le poisson baigne dans l'eau.

Avant que n'apparaisse la méthode scientifique telle qu'on la connaît aujourd'hui, il existait d'autres moyens d'acquisition de la connaissance. Ces moyens ont façonné (du moins, dans une certaine mesure) la manière de penser, de ressentir et de travailler des chercheurs d'aujourd'hui. Et si la science est un moyen remarquable et fascinant d'étudier et de recueillir des informations, ce n'en est qu'un parmi d'autres : il est précieux, mais ce n'est pas le seul. Lorsque nous aborderons les arcanes majeurs du tarot, nous étudierons en détail les pièges des oppositions binaires (par exemple, la science et la spiritualité, l'ancien et le nouveau) et la quête d'une manière d'être qui transcende de telles divisions illusoires, dans laquelle nous n'aurions pas à choisir l'un ou l'autre, mais pourrions admettre, respecter et accepter simultanément tout ce qui est.

Pour combler ce qui est souvent perçu comme un fossé entre la science et la spiritualité émerge actuellement ce que l'on qualifie à juste titre de « troisième vague » des thérapies comportementalistes, qui semble aller dans la bonne direction. Des thérapies telles que la thérapie cognitive basée sur la pleine conscience, la thérapie comportementale dialectique (TCD) et la thérapie d'acceptation et d'engagement (TAE) mêlent la sagesse de traditions mystiques comme le bouddhisme et le yoga (dont la pleine conscience, l'acceptation et la compassion) à des données scientifiques comportementales, favorisant ainsi la mise au point de techniques très efficaces. Après une approche plus artistique et philosophique de la compréhension de l'âme humaine, la balance penche désormais vers une approche plus objective et scientifique, et il est merveilleux de voir ce domaine trouver son équilibre quelque part entre les deux extrêmes et réaliser la synthèse de procédés empruntés aux domaines tant scientifique que spirituel. Comme l'avancent les lois philosophiques de la tradition ésotérique occidentale de l'hermétisme, le rythme permet de trouver la juste mesure.

MON HISTOIRE

C'est l'édition qui m'a menée à la psychologie. Après mes études universitaires, j'ai emménagé en Californie, où j'ai été embauchée en qualité d'attachée de presse par un éditeur spécialisé en développement personnel et en psychologie. Je faisais la promotion de manuels de psychologie clinique à destination de thérapeutes comme celle de cahiers d'exercices de développement personnel dont l'approche, fondée sur des faits probants, devait aider les lecteurs à gérer la dépression, l'anxiété, les TOC ou les troubles de l'alimentation.

Profane dans ces domaines, j'avais l'impression de découvrir de l'intérieur quelque chose qui me semblait alors ésotérique – je ne connaissais même pas ce mot à l'époque. Les ouvrages sur lesquels je travaillais renfermaient des compétences, des techniques et des informations destinées spécifiquement à un petit groupe de personnes (des thérapeutes) qui les partageaient ensuite avec leurs patients, quand et comme bon leur semblait. C'étaient de véritables secrets, dans la mesure où ces informations étaient « sous clé », cachées au cœur d'ouvrages onéreux dont les titres commençaient par des formules telles que « Guide clinique de… ».

Quiconque en avait les moyens financiers pouvait s'acheter ce genre de livres, mais la plupart ne le faisaient pas. C'était ainsi. Or il se trouvait que moi, poétesse titulaire d'un diplôme en communication, aucunement initiée à ces secrets (troisième cycle universitaire, internat, formation clinique), j'y avais accès. Quelle chance ! Et je me suis très rapidement aperçue que les secrets qui étaient l'objet de mes lectures étaient d'une puissance incroyable.

J'ai commencé à appliquer dans ma propre vie ce que j'apprenais sur la régulation émotionnelle, la tolérance à la détresse, le recadrage cognitif, l'activation comportementale, l'acceptation radicale, la pleine conscience et l'autocompassion, expérimentant personnellement le pouvoir de transformation de mes découvertes. Je n'avais jamais entendu parler de ces notions auparavant et je me demandais bien pourquoi. Je me demandais aussi pourquoi, si elles étaient efficaces, elles n'étaient pas plus accessibles, et pourquoi l'école ou mes parents ne m'en avaient jamais parlé. Enfin, je me demandais si cette situation pouvait changer.

Je me suis intéressée au tarot dès mon arrivée dans la maison d'édition pour laquelle j'ai travaillé. Je me suis mise à étudier les illustrations de

Pamela Colman Smith, qui constituent le jeu communément appelé tarot « Rider-Waite », mais que j'appellerai ici tarot « Rider-Waite-Smith » pour rendre hommage aux contributions inestimables de Colman Smith. Il y avait là encore un ensemble de secrets, eux aussi bien gardés : on ne considérait pas qu'ils avaient une quelconque valeur pour les gens ordinaires à l'époque. J'ai été surprise et ravie de découvrir qu'ils renfermaient une grande sagesse – comme les livres que je lisais alors pour mon travail.

Je l'ignorais, mais le tarot Rider-Waite-Smith repose sur la philosophie de l'hermétisme, une tradition ésotérique occidentale. L'un des principes de l'hermétisme, c'est de faire l'expérience de la totalité des choses, de comprendre que des notions apparemment opposées – l'intérieur et l'extérieur, le dessus et le dessous, le bien et le mal – sont en fait « de nature identique », coexistant sur une échelle où la différence entre elles est toute relative.

Cette manière de comprendre le monde est profondément compatible avec la thérapie comportementale dialectique (TCD) qui vise à cultiver une manière de vivre et de penser privilégiant la logique du « à la fois/et » plutôt que du « ou/ou ». La pensée dialectique accorde une importance consciente à des notions qui semblent conflictuelles, mais sont en fait à la fois réelles et vraies. Par exemple, un praticien en TCD aidera son patient à accepter une sorte de double réalité : faire de son mieux tout en acceptant de faire encore mieux. Ce n'est qu'un exemple des nombreux recoupements entre les concepts comparables du tarot et de la psychologie contemporaine.

Après quelques années passées à travailler en privé avec les cartes et à observer le pouvoir transformateur de leurs secrets, j'ai commencé à écrire sur le tarot sur Internet, d'abord dans un blog lu par très peu de gens puis sur les réseaux sociaux, associant les illustrations de Colman Smith à des idées empruntées à diverses thérapies telles que la TCD, la thérapie comportementale cognitive (TCC) et la thérapie d'acceptation et d'engagement (TAE). Sachant à quel point ces groupes d'idées et d'images en apparence disparates avaient transformé ma vie, je voulais partager les secrets auxquels j'avais eu accès afin que d'autres puissent en avoir connaissance.

À ce stade, j'étais toujours la béotienne qui divulguait gratuitement sur les réseaux sociaux des informations « d'initiés » empruntées à des manuels onéreux écrits pour des cliniciens. Et même si j'ai fini par retourner sur les bancs de la fac pour obtenir un master en travail social, une formation pour devenir thérapeute en clinique de santé comportementale, j'ai décidé de ne pas poursuivre dans cette voie après avoir obtenu mon diplôme. Je me plaisais dans mon rôle d'intermédiaire : je préférais rester en marge pour pouvoir cheminer entre plusieurs mondes.

Le livre que je vous propose ici, *Évoluer avec le tarot*, rassemble les secrets que j'ai accumulés au fil de ces années passées à explorer deux domaines qui offrent des techniques efficaces de transformation et de croissance. Certaines des informations que je vous donne ne constituent des secrets que dans la mesure où elles ont été cachées jusqu'à une période très récente, par des institutions qui préféraient que seuls certains individus possédant des références particulières aient le pouvoir de les détenir et de les communiquer. Et même si je trouve incroyablement romantique l'idée que le secret permette de préserver le caractère sacré de la sagesse, je suis heureuse d'assister aujourd'hui à la révélation sans commune mesure de ces secrets par des cliniciens qui comprennent l'importance de partager avec le public des informations autrefois accessibles seulement dans le cadre de thérapies individuelles ou de groupe.

D'autres informations encore sont qualifiées ici de « secrets » parce qu'elles ont affaire à la spiritualité, domaine de la vie qui comporte selon moi une dimension de mystère intrinsèque dans la mesure où nous n'avons pas les moyens à ce jour de mesurer ou de quantifier l'esprit. Ce sont des secrets que le tarot lui-même m'a révélés au cours des années que j'ai passées à travailler avec les symboles, à observer où ils se faisaient jour dans les livres que je lisais ou les histoires qu'on me racontait, les chansons que j'écoutais, les rêves que je faisais, comme dans les rituels, les prières et les us et coutumes de ma culture et de la culture de celles et ceux qui m'ont précédée.

J'estime important de faire savoir à mes lectrices et lecteurs (dans un souci de clarté et de transparence, mais aussi pour la portée mythique et symbolique de cette information) que si j'ai suivi le cursus et obtenu le diplôme me permettant d'exercer comme assistante sociale, je ne suis pas thérapeute et n'exerce pas dans le domaine de la psychothérapie. Comme je l'ai dit, je préfère évoluer à sa périphérie, dans l'espace liminal qui sépare des catégories si souvent opposées : néophytes et cliniciens, tarologues et thérapeutes confirmés. Parce que cette position nous permet de considérer les choses sous un angle nouveau et, par conséquent, d'innover peut-être dans des domaines susceptibles de sortir grandis de cette perspective différente.

J'observe attentivement depuis longtemps, et j'ai appris des contes populaires, des mythes et des gardiens de ces récits que lorsqu'une société est aussi troublée que la nôtre, il est sage d'en scruter la périphérie, de se montrer particulièrement attentif à tout ce qui est à sa marge. Car les légendes nous racontent que c'est de là que vient le remède : de la marge, et non du centre. C'est pourquoi, en ayant choisi de ne pas devenir thérapeute ou tarologue pour exister quelque part entre les deux, à recueillir des mots et des images qui racontent des secrets et à les partager, je me plais à penser que c'est là que je me suis implantée et que je vais y rester pour l'instant. C'est depuis ce lieu que je vous écris ces lignes.

SE FAMILIARISER AVEC LES CARTES

Lorsque j'ai publié mes premiers écrits sur le tarot et la psychologie, je m'inquiétais surtout de ce que les autres, dans le secteur de la santé mentale, en penseraient. Je craignais qu'ils ne pensent que le tarot ne pouvait en aucune façon fournir des informations fiables sur des éléments probants susceptibles d'aider les gens à comprendre la relation entre pensées, sentiments et comportements, ni d'ailleurs remplir la moindre fonction thérapeutique. Mais j'ai été agréablement surprise de découvrir non seulement qu'il y avait plus de thérapeutes que je ne l'aurais imaginé qui utilisaient le tarot dans le cadre de leur travail, mais aussi qu'un certain nombre d'entre eux aspiraient vraiment à trouver davantage de ressources susceptibles de créer des ponts entre les thérapies et techniques classiques, auxquelles ils s'étaient formés, et les cartes.

J'ai cependant fait l'objet de quelques réactions hostiles de la part de puristes du tarot qui affirmaient que les cartes avaient une seule signification bien précise, et qui n'étaient pas ouvertes à des interprétations aussi larges que celles que j'en donnais parfois. Dans mon enthousiasme pour le potentiel clinique du tarot et ma naïveté assumée en matière d'ésotérisme, je suis connue pour avoir comparé un certain nombre de fois les cartes au test de Rorschach – ces taches d'encre ambiguës sur des feuilles de papier que l'on utilise dans le cadre d'évaluations psychiatriques. Malheureusement, cette comparaison nie le fait bien réel que les images figurant sur les cartes signifient de fait certaines choses, lesquelles, quand on les comprend et les applique correctement, peuvent dévoiler les mystères du changement et de la transformation. Aujourd'hui, j'ai approfondi ma compréhension des cartes et ma relation avec elles, et je comprends pourquoi certains peuvent avoir du mal à accepter mes interprétations plus exotériques ou pratiques de ces dernières.

Il y a des années, quand j'ai commencé la pratique quotidienne du yoga ashtanga, je n'y voyais rien de particulièrement spirituel. Je savais que le yoga reposait sur une tradition spirituelle très ancienne qui avait ses racines en Inde, mais la jeune femme de vingt-quatre ans que j'étais, qui travaillait à surmonter des années de comportements autodestructeurs, se préoccupait surtout d'apprendre à mieux prendre soin d'elle-même, à habiter son corps et à acquérir force et souplesse. Quand j'ai demandé à mon professeur de yoga s'il pouvait me conseiller des livres sur le sujet, il m'a répondu (je paraphrase) que le yoga était une discipline dont il fallait faire l'expérience physiquement, et non intellectuellement. Je pense que c'est ce que lui avait appris son propre professeur dans le sud de l'Inde, Sri K. Pattabhi Jois de Mysore qui, dit-on, enseignait que le yoga était à quatre-vingt-dix-neuf pour cent de la pratique et à un pour cent de la théorie. J'en ai pris bonne note, et je me suis tenue à ma pratique, jour après jour. Au fil du temps, j'ai compris – pas sur le plan intellectuel, mais sur celui du ressenti et de l'énergie – en quoi consistait la pratique du yoga, un mot dont le sens est indissociable de l'union.

Si je vous parle de mon expérience avec le yoga, ce n'est pas parce que je crois pouvoir dire ce qu'est ou ce que n'est pas le yoga : il n'en est rien. Je vous en parle parce que je pense que sa pratique présente de nombreuses similitudes avec celle du tarot. À l'instar du yoga, lorsqu'on travaille sérieusement avec les cartes, on y découvre des informations spirituelles profondes. Mais nous évoluons dans une culture mondialement axée sur la réalisation d'objectifs et nous avons le plus souvent besoin de repères liés au côté pratique de notre vie quotidienne, de « promesses » qui nous incitent à nous impliquer. Si donc vous êtes venu·e au tarot dans une démarche d'introspection afin de mieux comprendre vos relations, mieux gérer une carrière ou un changement dans votre mode de vie, ou simplement mieux vous connaître, permettez-moi de vous souhaiter la bienvenue. Nul n'est besoin de vous plonger profondément dans les enseignements des écoles ésotériques anciennes, ni même de savoir « ce que les symboles signifient » pour profiter de la valeur des cartes. Il faut simplement que vous soyez présent·e. De préférence avec bonne volonté et curiosité. Et que vous laissiez opérer la magie de votre implication dans l'apprentissage des cartes.

L'expérience m'a appris qu'utiliser les cartes du tarot, même et peut-être surtout quand on n'a pas eu connaissance de leur signification au préalable, peut être un exercice incroyablement bénéfique. Quand elles ne sont pas enfermées dans des interprétations rigides, les cartes fonctionnent presque comme une potion magique qui mettrait en évidence des capacités inexprimées de créativité, d'intuition et de prise de conscience. Utilisées régulièrement, elles favorisent la confiance en soi, l'introspection et un ancrage intérieur susceptible de compenser la tendance à ne chercher des réponses qu'à l'extérieur de soi.

De même que l'auteur des *Méditations sur les 22 arcanes majeurs du tarot*[4] affirmait que ces derniers étaient des entités magiques à part entière,

4 NDÉ : Initialement anonyme, cet ouvrage est maintenant attribué à Valentin Tomberg (1900-1973).

l'occultiste anglais Aleister Crowley a écrit dans son *Livre de Thoth* que « les cartes du tarot sont des individus vivants » et qu'il faut toujours prendre en compte non seulement leur signification, mais aussi la relation dynamique et vivante qui existe entre elles et le praticien. À l'instar de nombreux ouvrages proposant une analyse des cartes, son livre s'efforçait d'offrir « la caractéristique générale de chaque carte » tout en rappelant à la lectrice et au lecteur qu'ils « ne peu[ven]t les apprécier réellement sans observer leur comportement sur une période longue » et que « seule l'expérience permet de comprendre le tarot ».

Crowley affirmait qu'il ne suffirait jamais pour un praticien de n'approfondir que l'étude intellectuelle de la signification des cartes : « En tant que choses objectives, il doit les utiliser, il doit vivre avec elles. Et elles aussi doivent vivre avec lui. » Selon Crowley, le moyen idéal d'y parvenir serait la contemplation. Laquelle, contrairement à ce que l'on croit communément, n'est pas un effort à réaliser en solo, mais un processus participatif (le préfixe con- signifie « avec ») incluant le fait de chercher et de voir ce qui s'y reflète. À cet effet, on doit étendre son regard au-delà de ce qui est explicite – tout ce qu'on pourrait lire dans un ouvrage sur l'interprétation des cartes – afin d'y inclure, peut-être, aussi tout ce qui se situe à sa périphérie. On doit s'ouvrir pour recevoir ce qui ne demande qu'à resplendir.

Les cartes ont des significations, c'est vrai. Mais, comme tout en ce bas monde, elles n'existent pas indépendamment de leur environnement, et elles ne sont pas statiques. Leurs significations se métamorphosent avec le temps et le contexte, et, dans une large mesure, en fonction de la personne qui les observe et de ce qu'elle est désireuse de recevoir et prête à recevoir. L'impact d'une carte sur une personne ne dépend pas de la compréhension intellectuelle que celle-ci peut avoir de la signification de la carte. Chaque carte serait plutôt semblable à une vieille cloche en laiton qui, quand on la fait sonner, aurait le pouvoir de déclencher une onde dans tout notre être pour activer des réserves cachées et des îlots de sagesse.

Les secrets que je vous révèle dans les pages suivantes s'appuient sur les significations « traditionnelles » des cartes (je pense à Arthur Waite, Rachel Pollack, Aleister Crowley, Lon Milo DuQuette, ou à l'auteur des *Méditations sur les 22 arcanes majeurs du tarot*) envisagées à travers le prisme de ma propre conception du monde (dans laquelle évoluent entre autres choses la psychologie comportementale et analytique, la mythologie, les contes populaires et la pratique spirituelle) et de mon parcours d'apprentissage personnel.

ARCHITECTURE DU JEU DE SOIXANTE-DIX-HUIT CARTES

Un jeu de tarot de soixante-dix-huit cartes comprend 22 arcanes majeurs et 56 arcanes mineurs. La racine latine du mot « arcanes » (*arcana*, « les secrets ») et les tarologues chevronnés vous diront qu'en poursuivant une relation juste avec les cartes suffisamment longtemps, celles-ci commenceront à vous dévoiler leurs secrets. Par « relation juste », j'entends que vous n'attendrez plus d'elles des révélations, mais que vous vous présenterez à elles avec révérence et régularité, chargé·e d'offrandes d'attention ou d'énergie, ressources bien plus précieuses que l'encens et la myrrhe. Vous devrez également vous ouvrir au fait de recevoir, et ne jamais oublier qu'un secret se donne : ce n'est aucunement quelque chose que l'on se contenterait de prendre ou qui serait fabriqué pour répondre à nos besoins.

Ainsi, chaque jeu renferme des secrets majeurs et des secrets mineurs. Les plus grands d'entre eux (les arcanes majeurs) concernent des thèmes centraux sur ce que l'on pourrait qualifier de chemin vers « le souvenir, la complétude » ou simplement vers « la guérison ». Les petits secrets (les arcanes mineurs) explorent les quatre dimensions de l'être humain – spirituelle, émotionnelle, comportementale et intellectuelle –, représentées par quatre familles : les Bâtons, les Coupes, les Deniers et les Épées.

LES ARCANES MAJEURS

Tout au début de ma formation d'assistante sociale, j'ai appris la notion de « personne dans son environnement » qui souligne l'influence du contexte sur le bien-être individuel. Plus tard, j'ai appris à alterner habilement entre interventions individuelles et systémiques. Dans le social, cette alternance produit généralement le changement et la guérison souhaités – signe qu'il est important de considérer le contexte –, et il en va de même avec le tarot. Les cartes peuvent nous aider à nous comprendre nous-mêmes en tant qu'individus, mais aussi faire partie d'un contexte plus large.

Pareillement, il existe deux façons d'aborder les arcanes majeurs : individuellement ou en tant que parties d'une histoire collective. Les apprentis tarologues préfèrent quelquefois étudier les vingt-deux grands mystères comme autant d'entités autonomes possédant chacune sa propre signification, et il n'y a rien de mal à cela : c'est en grande partie l'approche que j'adopte dans ce livre. Mais on apprend beaucoup en considérant les arcanes majeurs comme un tout – si et quand on est prêt·e à le faire. Cette séquence de vingt-deux cartes peut être vue comme une histoire ou une feuille de route pour quiconque poursuit une quête. Au fur et à mesure, elle dévoile une succession d'étapes et de leçons qui nous aident à prendre conscience de la réalité, à nous voir tel·le·s que nous sommes vraiment et à voir la vie telle qu'elle est. Si vous êtes de celles et ceux qui ont envie d'utiliser le tarot comme une feuille de route spirituelle, approchez et découvrez ses mystères !

Dans les programmes de suivi et de reconstruction psychologiques, on demande souvent aux participants d'identifier leur « pourquoi » en début de thérapie : ce qui leur est le plus précieux et vaut la peine de travailler dur. C'est une des raisons pour lesquelles je trouve intéressant de commencer notre exploration des arcanes majeurs par le point culminant de la séquence, Le Monde. Le Monde est la dernière carte des arcanes majeurs. C'est la fin du voyage, le trésor convoité et difficile à obtenir.

Pour Joseph Campbell,

> Le mystère de la vie dépasse les notions humaines.
> Tout ce que nous savons peut être rangé dans la terminologie
> des concepts de l'être, du non-être, du nombre et du un,
> du vrai et du faux. Nous pensons toujours en termes
> d'opposition, mais Dieu, qui est la suprême réalité,
> est au-delà de la dualité. C'est tout ce qu'il faut savoir.

Le Monde symbolise ce point « ultime » qui transcende les opposés. Faire l'expérience de la totalité dans laquelle toutes choses, aussi conflictuelles puissent-elles paraître, coexistent et où les fausses séparations s'évanouissent, tel est l'idéal du mystique comme du praticien en thérapie comportementale dialectique.

Hermès Trismégiste, le Maître mythique, enjoint les hermétistes en herbe à « saisir mentalement tout à la fois : tous les temps et tous les lieux, toutes les substances et toutes les qualités et dimensions. Alors, [ils pourront] appréhender Dieu ». De même, un praticien en thérapie comportementale dialectique encourage la synergie des opposés en aidant les patients à faire deux choses apparemment contradictoires : s'accepter pleinement et travailler à s'améliorer. En psychanalyse, Le Monde peut représenter le rapprochement du conscient et de l'inconscient, de l'ego et de l'ombre. Ce rapprochement exige que nous nous réappropriions toutes les parties de nous-mêmes, avec lesquelles nous sommes né·e·s, mais que nous avons appris à refouler, ces parties dont on nous a dit – d'une manière ou d'une autre – qu'elles n'étaient ni acceptables ni désirables. Dans les mythes et légendes, le monde représente le « Ils vécurent heureux jusqu'à la fin des temps », le mariage des princes avec leurs princesses, symbole de la réunification des forces complémentaires de la volonté et de l'imagination ou de la réconciliation avec le jumeau rejeté qui aurait été forcé à l'exil à la naissance.

Le Monde nous parle d'un retour de l'intériorité à l'interdépendance, nous invite à faire l'expérience du monde tel qu'il est, avec ses contradictions et sa différence, un monde dans lequel le village et la forêt coexistent et ont chacun un temps et un lieu qui leur sont propres. La façon dont notre esprit appréhende le monde – comme quelque chose de divisé, de morcelé, de fractionné – est peut-être une projection de nos propres divisions intérieures, des éléments que nous avons acceptés et de ceux que nous avons relégués aux oubliettes. Le Monde est la promesse que nous pourrons un jour accéder à la plénitude de notre être et à la complétude à laquelle nous appartenons, dans toute sa farouche ambiguïté.

Le Mat est souvent compris comme une énergie motrice qui parcourt la séquence des arcanes majeurs, plutôt que comme un point fixe dans leur succession, à l'instar du petit haut-de-forme ou de la petite chaussure argentés qui parcourent le plateau du Monopoly à chaque lancé de dés. Le Mat est la seule carte non numérotée de la séquence des arcanes majeurs. Dans le Rider-Waite-Smith, on lui attribue le zéro, dont la forme rappelle celle de l'œuf et représente le pur potentiel. Dans le tarot comme dans les légendes, le genre a une signification symbolique : les hommes et les femmes sont des représentations visuelles d'énergies complémentaires dont l'interaction se manifeste de différentes façons. Le Mat est un personnage non binaire qui représente l'ignorance des limitations imposées par une vision de toutes choses en paires d'opposés. Le Mat parle du potentiel de la conscience humaine : elle existe en dehors de la pensée clivante qui ronge l'humanité depuis la nuit des temps. Elle existait dans le jardin d'Eden, avant que le fruit défendu ait été mangé et qu'Adam et Ève apprennent qu'ils sont différents l'un de l'autre.

L'entrée du Mat sur le chemin des arcanes majeurs symbolise l'expérience que chacun d'entre nous, sans exception, a eue en pénétrant à la naissance dans le domaine de l'espace et du temps. Nous sommes subitement entré·e·s dans un monde de dualité, et, de la même façon, Le Mat se trouve confronté à une succession de paires d'opposés.

Le Mat rencontre tout d'abord Le Bateleur et La Papesse, qui représentent respectivement le conscient et l'inconscient, l'ego et l'ombre, l'explicite et l'implicite. Puis c'est L'Impératrice et L'Empereur, qui symbolisent respectivement la nature et la civilisation, le sauvage et le domestiqué, ce qui va librement, tous azimuts, et ce qui est structuré. Ensuite viennent Le Pape et L'Amoureux. Le Pape, interprète des grands mystères spirituels, représente la dualité, il relie ce qui est en haut à ce qui est en bas, le spirituel au matériel. L'Amoureux montre une autre image du paradigme de ce qui est en haut et de ce qui est en bas, et représente le masculin et le féminin. Dans certains jeux, cette carte s'intitule «le choix.» Sur la carte du Chariot, on peut voir un sphinx blanc et un sphinx noir, ce qui symbolise à nouveau l'ego et l'ombre, la lumière et l'obscurité, les dimensions consciente et inconsciente de l'âme. Cette lame est souvent vue comme une carte de réussite et d'accomplissement, mais elle a peu à offrir en matière de rapprochement. Côte à côte, les deux sphinx sont tout juste maintenus par un personnage déterminé vu de face. C'est bien sûr une réussite, et pas des moindres : le travail d'une vie. Mais au-delà de ces prémices, on peut aller bien plus loin.

Joseph Campbell a écrit que les dualités dans le domaine de l'espace et du temps n'étaient pas une fin en soi, mais plutôt «un tremplin pour accéder à la transcendance [...] dépasser la réalité». Après le Chariot, Le Mat passe des premiers mystères – liés à la famille, la société, l'organisation de la vie humaine – à ce que j'appellerais «les mystères du milieu». Ils dépassent les leçons contenues dans les limites de l'espace et du temps pour rejoindre celles qui vont au-delà d'un choix entre deux voies. La vie intérieure ne fonctionne tout simplement pas comme ça. Il n'est pas difficile de voir que les stratégies auxquelles nous recourons pour résoudre des problèmes dans notre vie extérieure sont bien moins efficaces, appliquées à notre vie intérieure. On ne peut éliminer le chagrin ou la douleur, mais on peut apprendre à les considérer avec curiosité et douceur, comme nous l'enseigne La Force, le premier des arcanes intermédiaires. Il y a ici d'autres mystères à explorer, d'autres secrets à découvrir.

De La Force à Tempérance, Le Mat explore les mystères de la dimension intérieure : la force (représentée par la carte du même nom), la paix (représentée par l'Hermite), le changement (représenté par La Roue de Fortune), la causalité (représentée par La Justice), l'acceptation (représentée par le Pendu), la transformation (représentée par La Mort) et l'équilibre (représenté par Tempérance). Après cette épopée qui l'aura conduit de la force à l'équilibre, Le Mat rencontre Le Diable qui symbolise en partie la tension délicate entre le matériel et le spirituel, et les réalités inéluctables liées au fait d'exister en tant que créature terrestre. La Maison de Dieu apporte la révélation qui sert à libérer Le Mat de l'intériorité, du sentiment qu'il a éprouvé toute sa vie d'être séparé du monde auquel il sait qu'il appartient, mais dont il se sent indéniablement éloigné depuis le jour où il est entré dans le domaine de l'espace et du temps.

La chute de La Maison de Dieu marque l'entrée du Mat dans ce que l'on pourrait appeler « un ensemble de secrets célestes ». Nous nous trouvons ici face des symboles qui représentent une sorte de conscience plus collective qu'individuelle : L'Étoile, La Lune et Le Soleil, qui sont peut-être les pendants collectifs du Mat, de la Papesse et du Bateleur. Ils sont la force motrice de la croissance et de l'évolution (L'Étoile), un inconscient collectif (la Lune) et une conscience collective (Le Soleil). Ici, dans le royaume céleste, Le Mat a dépassé le stade de la compréhension de lui-même uniquement comme une entité séparée : il se voit désormais comme faisant partie intégrante d'un tout.

Le Jugement présente une image de résurrection, de renaissance et d'ascension, dans laquelle Le Mat se souvient de sa place dans le contexte plus étendu de l'humanité ; il embrasse une « vocation » ou un objectif à la fois reliés au grand tout et qui le rendent unique. En fin de compte, cet équilibre du Moi à la fois distinct et commun ramène Le Mat au Monde, dans la globalité des choses.

Les arcanes mineurs

Les arcanes mineurs, ou « petits mystères » du tarot, révèlent au genre humain les secrets sur la manière de gérer sa vie au quotidien grâce aux quatre qualités avec lesquelles on naît, représentées par les quatre familles. Ces quatre qualités, ou domaines d'expérience, sont l'énergie, les émotions, le comportement et l'intellect. Elles sont liées respectivement aux quatre suites : les Bâtons, les Coupes, les Deniers et les Épées. Chaque suite donne des informations sur un domaine (énergétique, émotionnel, comportemental et intellectuel) et comprend des défis communs aux quatre domaines ainsi que des indications susceptibles de nous aider à acquérir des niveaux de compétence et de compréhension plus élevés.

Dans tout voyage, il est bon de connaître les outils que nous avons sur nous et la manière de les utiliser. J'aime voir le jeu complet des arcanes mineurs comme une sorte de guide de l'expérience humaine divisé en quatre domaines. Le processus consistant à décomposer ainsi notre expérience en quatre catégories nous permet de voir où se situent nos forces et nos faiblesses. Pour moi qui suis plus une cérébrale, tant par nature que par mon éducation, il est bien plus facile de comprendre les secrets des Épées que ceux des Coupes, dont la compréhension basée sur le ressenti plus que sur l'analyse ne me vient facilement.

Par une exploration visuelle et symbolique des quatre domaines, le tarot peut nous aider à identifier les dons dont nous sommes le plus naturellement enclins à nous servir, ainsi que ceux qui nous posent plus de difficultés, que nous tendons à éviter ou à sous-exploiter. À partir de là, il nous est possible de décider de la façon d'acquérir des qualités et des aptitudes dans ces quatre domaines afin de développer un meilleur équilibre et plus de souplesse.

Les Bâtons

❋ Énergie

Je considère que les Bâtons sont liés au domaine énergétique. Dans ce livre, je parlerai d'énergie pour englober tout ce qui n'entre pas clairement dans la catégorie des pensées, des émotions ou du comportement. Il peut s'agir d'une impulsion créatrice, du sentiment d'être ici pour accomplir quelque chose de très précis, d'une tendance irrépressible à s'impliquer dans l'invisible ou le spirituel, ou d'une expérience physiologique associée à un processus intellectuel, émotionnel ou comportemental.

Parce que cette dimension de l'expérience n'est ni mesurable ni quantifiable, le domaine énergétique est souvent négligé ou ignoré par les différentes approches de guérison ou de changement qui reposent sur des données probantes. Il constitue néanmoins une partie essentielle de l'expérience humaine. Être humain, c'est plus qu'une simple interaction complexe entre des pensées, des sentiments et un comportement. Nous sommes mu·e·s par quelque chose d'incommensurable. Associés à l'élément Feu, les Bâtons se rapportent au genre de chaleur qui différencie les morts des vivants. C'est là que nous apprenons à accéder à l'étincelle de l'énergie vitale qui nous anime tou·te·s, à la préserver et à la protéger.

Les Bâtons sont liés au mystère essentiel de la vie, ils nous poussent à nous impliquer dans ce que nous ne connaîtrons peut-être jamais par l'intermédiaire des voies logiques de la connaissance auxquelles nous sommes habitué·e·s. Avec une extrémité sur terre et l'autre dans le ciel, ces bâtons magiques mettent en lumière l'interaction entre le matériel et le spirituel, avec notamment des considérations pratiques sur la stimulation des pulsions créatrices et la gestion du va-et-vient énergétique dans les relations interpersonnelles.

Les Coupes

❋ Émotion

Les Coupes concernent le domaine de l'émotion. C'est ainsi que nous les aborderons tout au long de ce livre, et nous les explorerons également dans le cadre des expériences relationnelles que sont les liens et l'intimité.

Symboliquement liées à l'eau, synonyme de vie, les Coupes renvoient aux notions qui lui donnent un sens : la créativité, l'imagination, le rêve, les liens. Comme l'eau, l'émotion a besoin d'une échappatoire, et ce que cette suite nous montrera, c'est notamment la façon dont les émotions échappent aux limites bien définies qui s'imposent plus facilement dans le domaine physique.

Rarement complètement différenciées des expériences énergétiques, intellectuelles et comportementales, les Coupes montrent que les émotions peuvent influencer le comportement et que, si on les appréhende avec habileté et volonté, elles peuvent libérer le potentiel que nous avons de donner vie et de créer.

Les Deniers

❋ Comportement

Les Deniers concernent traditionnellement la carrière et les finances, mais, dans ce livre, ils représenteront le domaine du comportement. Nous définirons le comportement comme quelque chose que l'on voit faire, et ce, pour le différencier des actions intérieures telles que la rumination ou l'acceptation. Les Deniers représentent naturellement le comportement physique en raison de leur lien avec l'élément Terre, le tactile et le tangible.

Les thérapies comportementales, qui mettent l'accent sur le changement de comportement, visent à créer une prise de conscience et un espace autour des autres domaines afin d'acquérir la capacité de se comporter conformément à ses propres valeurs, par opposition au fait de laisser les pensées, les émotions et les ressentis dicter nos actions. Parfois, définir nos valeurs est en soi le travail à effectuer. En tant que symboles de la valeur, les Deniers (parfois appelées « Écus ») nous aident à distinguer ce qui est vraiment précieux de ce qui n'est qu'un miroir aux alouettes.

Les Épées

❋ Intellect

Les Épées sont traditionnellement associées au domaine psychologique, et nous les utiliserons ici pour mieux comprendre l'intellect. Cette faculté, symbolisée par l'épée à double tranchant, confère aux humains la capacité de trier, d'étiqueter, de catégoriser et de dissocier les données pour en faire un type particulier de connaissances. Mais comme nous le verrons avec les cartes d'Épées, cette capacité a tendance à nous attirer des ennuis.

Plusieurs des cartes de la suite des Épées sont fortes en émotions, clin d'œil à l'interaction naturelle entre pensées et sentiments, qui nous aide à mieux comprendre leur relation dynamique. Et paradoxalement, peut-être, les Épées nous révèlent d'importants secrets sur la façon d'utiliser le double tranchant de l'intellect pour transcender ses propres tendances à la division.

COMMENT UTILISER CE LIVRE

L'objet de ce livre est de vous donner de nouveaux moyens concrets de comprendre le tarot, par l'intermédiaire d'une synthèse de connaissances empruntées à la psychologie, aux sciences comportementales, à la spiritualité et aux légendes. J'espère également qu'il vous permettra de mieux comprendre votre expérience sur cette terre, car voilà bien ce dont il s'agit dans ce livre de secrets. À vous tou·te·s qui vous voyez comme des héro·ïne·s, des habitant·e·s de la marge et des aventuriers·ères du mysticisme, j'espère offrir une structure (aussi paradoxale que puisse être cette tentative) qui vous aide à accepter les questions sans réponses et les grands mystères de la vie.

Les soixante-dix-huit cartes du tarot peuvent toutes être interprétées sous plusieurs angles et comprises de diverses façons. Pour chacune d'elles, j'ai choisi une ou deux significations et partagé des informations et des histoires tirées de mes recherches, de ma pratique du tarot, de ma formation dans le social et de mon vécu. Ce livre ne prétend nullement affirmer de manière définitive « ce que signifient les cartes. » À mon sens, ce serait contraire au message fondamental du périple du Mat, qui résiste à toute signification figée et forge notre capacité d'affronter la réalité, en d'autres termes invite au changement.

Comme vous le verrez vous-même en travaillant avec le tarot, les cartes murmurent des secrets au fil du temps et selon le contexte. Vous trouverez ici certains des secrets qu'elles m'ont révélés, souvent aux moments où j'en avais le plus besoin. Nous pouvons tous établir une relation particulière avec les cartes, elles nous offriront alors ce qui nous sera le plus utile. Je suis d'accord avec Joseph Campbell quand il dit que « celui qui croit avoir trouvé la vérité ultime se trompe », et je soutiens que les idées que je partage ici avec vous sont *une* vérité parmi beaucoup d'autres.

Bien que ma pratique du tarot soit plus exploratoire et thérapeutique que prédictive, je suis une grande amatrice de la bibliomancie, pratique divinatoire qui consiste à ouvrir un livre au hasard pour y trouver un message sacré ou une information liée à une synchronicité. J'imagine que ce livre, avec ses soixante-dix-huit cartes de tarot illustrées par Xaviera López, pourrait aussi se révéler un outil fantastique pour cette pratique.

Ayant travaillé des années dans le secteur de l'édition, pour des livres de développement personnel, je ne peux m'empêcher de considérer ce recueil comme un ouvrage de développement personnel plutôt que comme un guide pratique. Ma façon d'interpréter les cartes a toujours reposé sur l'espoir de transmettre des compétences et des concepts permettant de mieux vivre, mais de façon à rendre hommage aux mystères de la vie et à replacer chacun·e d'entre nous dans un contexte profondément mythique. J'espère que cet ouvrage vous permettra de vous rappeler que vous êtes à votre place comme il vous aidera à affirmer et à assumer les particularités de votre vraie nature.

PARTIE 2

CONNAÎTRE LES ARCANES

Le Mat ou Le Fou

Les Amérindiens Sénéca, peuple indigène du centre ouest de l'actuel État de New York, ont une légende dans laquelle une sorcière précipite un groupe d'hommes dans une maison de glace dans l'espoir qu'ils y meurent. Mais dans le récit qu'en fait le mythologue Martin Shaw, les hommes ne meurent pas, parce que le protagoniste du conte les met en garde : quoi qu'il arrive, ils ne doivent pas s'asseoir sur les chaises de glace.

Alors, plutôt que de s'asseoir, les hommes dansent et chantent, et la chaleur générée par leur corps réchauffe les murs de la maison qui se mettent à fondre. Un pan de ciel perce à travers le plafond : le soleil apparaît, et avec lui la perspective de nouveaux lendemains.

Ce n'est pas toujours facile de danser. Il faut s'affranchir des idées reçues et accepter d'avoir l'air bête et d'être incompris.

Dans l'étude du comportement humain, le concept de « comportement régi par des règles » fait référence aux actions réalisées non parce qu'elles seraient meilleures ou plus justes dans une situation donnée, mais parce qu'on s'est habitué à les accomplir automatiquement en fonction de certains critères : le renforcement social, le fait d'éviter les désagréments ou un besoin de se sentir bien en permanence.

Les règles nous aident à structurer notre vie. Mais quand on les suit sans se poser de questions, elles peuvent se transformer en maisons de glace pour nous piéger puis nous figer. Si nous y demeurons trop longtemps, nous devenons insensibles aux aléas naturels de la vie, qui exigent de l'adaptabilité. Nous sommes dans cette maison chaque fois que nous disons :

« C'est ainsi qu'on fait, c'est comme ça qu'on a toujours fait, et tant pis si c'est préjudiciable, contraire à l'épanouissement et oppressant, ou même si ça ne fonctionne plus. »

Des études montrent que les règles psychologiques rigides contribuent aux problèmes de santé mentale. Par exemple, si une règle dit que l'on ne peut consommer qu'un nombre bien précis de calories par jour, elle peut conduire à des comportements compensatoires et parfois destructeurs, si la limite en question est dépassée. Ou si une règle dit qu'il est mal d'être triste et qu'il faut l'éviter à tout prix, on peut recourir à l'alcool, au sexe, à la drogue ou au shopping compulsif pour anesthésier tout ou partie de ses sentiments de mélancolie.

Nombre de traditions spirituelles et religieuses enseignent qu'il faut toujours être gentil avec les étrangers, les marginaux et les parias parce qu'ils sont peut-être des dieux voyageant incognito. Les mythes et légendes révèlent un lien entre Le Mat (marginal et dissident) et la sagesse et la sainteté. Dans la quête acharnée du Saint-Graal, le trophée revient à Perceval qui n'est pas encore chevalier, se déplace à dos d'âne et porte un vêtement mal taillé. Le poète lituanien Robert Avens a écrit que les fous du roi, dans les légendes, symbolisent l'imagination et la capacité de voir à travers les vêtements de l'empereur ou à faire fondre une maison de glace sans lesquelles « les manières pompeuses [seraient] absolues et permanentes, à en devenir intolérables ».

Dans le *Tarot de Thoth* d'Aleister Crowley et Lady Frieda Harris, Le Mat est représenté par la figure de l'homme vert de la mythologie païenne, incarnation du printemps. C'est lui qui a le courage de briser le sol gelé de l'hiver quand vient pour les fleurs le moment de paraître, de remettre en question la réalité de la journée au profit de la vie qui renaît. Comme l'a écrit David Steindl-Rast, « la vie crée (encore et encore) des structures, mais les structures ne créent pas la vie ».

Le changement à tous niveaux (personnel, relationnel, culturel, systémique) nécessite deux choses : être suffisamment courageux pour danser étrangement dans des espaces gelés et être prêt à éprouver l'anxiété ou le sentiment d'insécurité que cela engendre. Et là, je veux encourager tous les fous en herbe et toutes celles et ceux qui cheminent, pleins d'espoir, sur le chemin insolite de la dissidence. Le rôle des règles, c'est de permettre la maîtrise ; elles remplissent une fonction de contrôle. Dans une communauté, les règles régissent le climat social. Chez un individu, elles gèrent l'environnement intérieur qui comprend les pensées, les émotions et les ressentis. C'est pourquoi quand on enfreint une règle, il faut s'attendre à se heurter à une avalanche de pensées, d'émotions et de ressentis que les murs de la maison de glace parvenaient à exclure. Sachez-le, quand vous commencerez à danser, et vous serez mieux armé·e pour la suite.

Le Bateleur ou Le Magicien

Pour comprendre le Bateleur, il faut d'abord comprendre la magie. Ma définition préférée de celle-ci émane de Valentin Tomberg, auteur des *Méditations sur les 22 arcanes majeurs du tarot*, qui a écrit que « toute magie [...] est la mise en pratique de la domination du subtil sur l'épais ». C'est cette définition qui m'a convaincue que la guérison était un processus magique, et j'ai commencé à comprendre que tout changement de comportement – chose qui me semblait jadis banale – était un véritable miracle.

Le Bateleur dispose de quatre outils sur son établi : le bâton, la coupe, le denier et l'épée. Ces outils symbolisent les quatre domaines de l'expérience humaine – respectivement l'énergie, les émotions, le comportement et les pensées –, parmi lesquels trois sont subtils (l'énergie, les émotions et les pensées) et un dense (le comportement). L'énergie, les émotions et les pensées sont subtiles parce qu'elles sont intérieures et invisibles. Le comportement est manifeste, on voit agir une personne dans l'instant ; il est dense (ou « épais ») parce qu'il est extérieur. Il est en relation avec la réalité tangible, concrète.

Si la magie consiste à recourir au subtil pour influencer le dense, tout processus impliquant de recourir aux aspects « subtils » invisibles de notre expérience (l'énergie, les émotions, les pensées) pour influencer les aspects « denses » visibles (le comportement et la réalité physique) peut être qualifié de « magique ». Prendre quelque chose dont on minimisait auparavant la valeur – le chagrin, la rage, le désespoir, l'anxiété sociale – et l'utiliser pour évoluer vers quelque chose de précieux est un genre d'alchimie moderne.

Les thérapeutes emploient des termes tels qu'« acceptation radicale » et « croissance post-traumatique » pour décrire le travail qui consiste à se saisir des expériences d'adversité pour évoluer. Pendant les années où je travaillais dans l'édition de livres de développement personnel, j'ai rarement constaté que ces termes cliniques aient été adaptés aux processus qu'ils étaient destinés à décrire. Je dirais que des mots comme « miracle » et « magie » convenaient mieux.

Nous venons tous au monde dans des conditions propices à la magie en raison du système opérationnel que nous recevons à la naissance, dont le rôle premier n'est autre que nous assurer autant de plaisir que possible pour le moins d'inconfort possible. Si l'on n'a pas conscience que ce programme est à l'œuvre, le comportement sera essentiellement fait d'habitudes et d'automatismes. Tout, depuis le trajet que l'on emprunte pour se rendre au travail jusqu'aux événements auxquels on assiste en passant par ce que l'on consomme, est effectué avec, à l'arrière-plan, l'objectif d'atteindre un maximum de plaisir à moindre coût. Valentin Tomberg a écrit que tout ce qui était effectué sur ce mode n'était en réalité pas effectué du tout : cela se produit, voilà tout, de manière automatique, sans conscience ni magie.

Dans la thérapie d'acceptation et d'engagement (TAE), la première tâche consiste souvent à clarifier ses valeurs personnelles. C'est un processus intérieur, donc subtil. Il s'agit d'identifier ce qui est précieux, ce qui implique un certain degré de discernement : utiliser le double tranchant de l'épée permet de distinguer ce qui est réel de ce qui ne l'est pas. Nos véritables valeurs émergent du domaine invisible de nos pulsions et de nos désirs, questions relatives au Bâton et à la Coupe. C'est une fois abordés les domaines subtils que la magie opère. On prend ce que l'on sait précieux et on s'engage à y conformer son comportement, même si cela suppose d'aller à l'encontre du programme qui nous assure le maximum de plaisir pour un minimum d'efforts.

Quand nous faisons le contraire de ce que nous dicte notre programmation, nous franchissons le seuil qui sépare ce qui est habituel de ce qui est magique. Se référant à l'enseignement biblique – « Aimez vos ennemis, bénissez ceux qui vous maudissent, faites du bien à ceux qui vous haïssent » –, Tomberg écrit que cette sagesse est directement issue d'une « école du miraculeux ». Chaque fois que nous faisons quelque chose qui rompt avec le mode opératoire « plaisir maximum pour inconfort minimum », nous faisons de la magie. Nous pénétrons dans le temple psychique de l'archétype du Bateleur et accomplissons un miracle.

On oppose parfois Le Bateleur, alors représentant de l'esprit conscient, à la Papesse, gardienne de l'inconscient. La physique nous enseigne que les objets se déplacent dans une même direction et à une même la vitesse, sauf si quelque chose agit sur eux. Concernant nos habitudes, il existe de nombreuses façons d'agir sur elles. Dans la plupart des cas, nous devons d'abord avoir conscience de leur existence. Comme l'écrit Catherine MacCoun : « Quand notre volonté inconsciente est plus forte que notre intention consciente, [...] ce n'est pas magique. » En d'autres termes, quand nous vivons sans examiner les pourquoi ou les comment de notre vie, nous vivons selon les lois de l'absurdité, et non selon celles de la magie. De ce point de vue, la prise de conscience est la première étape vers l'accomplissement de miracles. « Devenir conscient de quelque chose présuppose un choix », a écrit l'analyste jungienne Marie-Louise von Franz. La prise de conscience est donc la première étape, comme l'est Le Bateleur sur le chemin des vingt-deux arcanes majeurs.

La Papesse ou La Grande Prêtresse

On peut être tenté de croire que le simple fait de refuser de parler de quelque chose à voix haute est un bon moyen de garder un secret, mais en vérité les secrets ont quantité de façons de se dévoiler. Ils se révèlent à travers nos choix, notre posture, le mouvement de nos mains et de nos pieds, et notre comportement vis-à-vis des autres et de nous-mêmes.

En effet, le comportement est aussi un langage, et quand nous commençons à le considérer ainsi, nous pouvons voir que les choses que nous réprimons et refoulons sont aussi vivaces qu'un cours d'eau tentant de se frayer un chemin. Nous voyons donc que même sans ouvrir la bouche ni émettre de son, nous parlons. Et les gens qui nous entourent écoutent et sont affectés par ce qu'ils entendent. Même si le message qui sort est brouillé ou déformé, et même si les personnes qui ne parlent pas couramment le langage du comportement doivent vraiment tendre l'oreille pour comprendre, vous pouvez être sûr·e que le message sera perçu, d'une manière ou d'une autre : Approche-toi. Va-t'en ! Je te hais. Ne me quitte pas. Je veux ça ! J'ai peur de ça. Je suis prêt à changer. Je veux rester le même.

La traumatologue Laurie Kahn a écrit sur la façon dont les traumas qui n'ont pas été traités réapparaissent sous une autre forme. « Les histoires que l'on n'a pas partagées ne disparaissent pas, écrit-elle. Elles reviennent dans les relations, faisant des prisonniers en silence. Si le trauma demeure inconnu, inexprimé et inconscient, il fait des dégâts. » Nos peurs inconscientes et nos secrets ont leur façon bien à eux de se révéler, et nous pouvons les décoder en choisissant notre manière de nous comporter.

Il y a des années, je me faisais lire les cartes quand La Papesse est apparue parmi les lames étalées. Après avoir beaucoup discuté du problème pour lequel je consultais, le tarologue m'a demandé simplement : « Qu'est-ce que vous ne me dites pas concernant ce problème ? » J'ai eu immédiatement la réponse : il y avait un désir non assumé dans ce que je me racontais à moi-même comme dans ce que j'avais dit à cette personne et à toutes celles concernées. Mes choix en disaient long sur moi, et le tarologue parlait assez couramment le langage du comportement pour l'entendre. Mes actes révélaient que je voulais exactement le contraire de ce que j'étais en train de dire. Jusqu'à ce moment-là, je n'étais pas prête à le reconnaître.

La Papesse est assise sur le seuil de ce moment où l'on prend conscience que l'on devrait écouter – écouter non seulement les mots, mais aussi d'une autre manière. Rachel Pollack écrit que Le Bateleur et La Papesse représentent une scission originelle entre le conscient et l'inconscient. Comme l'inconscient est ce qui va à l'encontre de la connaissance consciente, il est insaisissable par nature, mais quand on voit la Papesse dans un tirage, elle est souvent le signe que quelque chose n'est pas dit ou nécessite probablement un petit décodage.

Bien sûr, tous les secrets n'ont pas besoin d'être dits tout haut. Comme le sait quiconque porte un secret indicible, ce n'est pas parce qu'une chose est vraie qu'elle est nécessairement acceptable. Élimination, refoulement et loi du silence sont des défenses qui permettent de vivre avec le poids de l'indicible, même si ce n'est pas l'idéal. Mais reconnaître la manière dont ces choses influencent notre vie et nos choix nous protège aussi. Parce que nous ne reconnaissons pas nos secrets, ils tendent à s'exprimer de diverses manières qui sapent notre libre arbitre. Peut-être certaines histoires ne se racontent-elles que non verbalement, dans notre comportement ; elles peuvent aussi être entendues, respectées et apaisées si nécessaire.

L'Impératrice

J'ai passé ma première année de pratique quotidienne du yoga à osciller entre adopter les postures recommandées et pleurer comme un enfant ; j'avais vingt-quatre ans. Après plus de vingt ans passés à régulièrement quitter mon corps, lorsque j'ai entamé mon voyage de retour selon un processus bien établi (rentrer en moi puis sortir, rentrer puis sortir), je me suis heurtée à des flots d'émotions intenses demeurées latentes et en attente d'être reconnues. C'était comme si elles étaient restées assises à la fenêtre de mon corps-maison abandonné, à regarder l'allée, d'abord pleines d'espoir, se dressant à la vue de la lueur d'un phare de voiture ou d'un signe annonçant mon retour, puis de plus en plus hostiles à mesure que les années passaient, jetant des regards assassins par la fenêtre et grinçant des dents : Comment ose-t-elle s'absenter aussi longtemps ?

Ce que j'avais été capable de comprendre auparavant en tenant un journal intime, en suivant une psychothérapie et en adoptant d'autres formes de recherche de sens, c'était sans nul doute un début, mais il y avait tellement plus de choses qui demandaient simplement à être ressenties pour être libérées.

La guérisseuse énergétique Donna Eden écrit que « se civiliser, c'est en grande partie apprendre à ne pas faire ce que notre corps veut que nous fassions » – affirmation éloquente s'il en est. Dans notre culture, nous sommes conditionné·e·s pour priser la connaissance intellectuelle et négliger la connaissance du corps, ou connaissance intuitive. On nous enseigne que seule la science est réelle et que les autres formes de connaissance relèvent du fantasme ou ne sont pas fiables.

L'Impératrice représente la nature, et, d'après mon expérience, c'est l'un des arcanes les plus mal compris du tarot. Tout le monde l'aime, mais personne ne peut dire précisément pourquoi. Je pense que c'est parce que nous aspirons ardemment à être dans notre corps, mais que nous avons oublié comment y parvenir. L'Impératrice nous montre comment nous pourrions nous sentir si nous le faisions. Nombre d'entre nous songent à la nature comme à quelque chose qui se trouve « dehors ». Il est dommage de constater à quel point nous sommes coupé·e·s du fait que, quelque part au fond de nous et de manière archaïque, nous sommes toujours issus de la nature. Pourtant le corps – avec tous ses cycles, ses rythmes et ses flux et reflux, sa régénérescence et sa dégénérescence – en est la preuve.

Beaucoup d'entre nous ont grandi dans des foyers où apprendre à accueillir ses émotions ou ses angoisses n'était pas au programme. Nous avons appris à nous dissocier de notre corps par réflexe, le quittant purement et simplement quand y rester attaché devenait « trop ». Nous y retournons pendant un moment de temps à autre, mais quand la peur surgit, nous nous en détachons : en buvant, en faisant du shopping, en fixant l'écran de notre téléphone portable, en ayant des histoires d'un soir avec des inconnus, sans précautions, ou en fuyant d'une manière ou d'une autre. Nous nous insensibilisons par tous les moyens possibles parce que c'est la stratégie la plus efficace dont nous disposons pour supporter certaines situations. Au bout du compte, la dérobade n'aide en rien, parce qu'insensibiliser ne signifie pas guérir.

Pendant ma première année de troisième cycle universitaire, j'ai été embauchée par un magazine féminin à succès pour écrire un article sur « le yoga et la guérison de la dépendance ». Je savais d'expérience que le yoga était un puissant outil de guérison, mais j'ignorais pourquoi, et la perspective d'en apprendre davantage sur ses mécanismes de guérison m'enthousiasmait. L'une des personnes avec qui j'ai échangé au cours de mes recherches a été Sat Bir Singh Khalsa, chercheur en neurosciences et professeur à la Harvard Medical School, qui avait élaboré une théorie expliquant pourquoi le yoga était tellement utile à ceux qui se rétablissaient d'une dépendance à la drogue ou à l'alcool.

Il m'a appris que le yoga aidait à acquérir une conscience corps-esprit, quelque chose que nous avons en nous à la naissance, je pense, mais qui s'amenuise à mesure que nous vieillissons et que nous nous intégrons aux structures de nos cultures respectives. Khalsa m'a appris que la conscience corps-esprit que l'on acquiert en s'exerçant à rediriger son attention sur le corps aidait à se rappeler ce qui fait du bien et ce qui n'en fait pas.

Quand nous ne sommes pas dans le corps, nous ne pouvons faire l'expérience des conséquences d'un comportement qui perturbe notre énergie et notre vie. Nous survivons malgré les gueules de bois ; nous ignorons la faim et les signes de satiété ; nous passons trop de temps en compagnie de gens avec lesquels nous ne nous sentons pas bien ; nous gardons des années, des décennies et parfois une vie entière un travail qui nous met au supplice ou – pire – ne nous fait plus ni chaud ni froid.

Khalsa disait que le facteur de motivation le plus efficace pour changer de comportement venait de la base. Il avançait par là qu'entrer dans le corps et ressentir vraiment les effets d'un comportement bien particulier nous procurerait tout ce que nous aurions besoin de savoir pour décider de continuer à l'adopter ou non. Mais pour accéder à toutes ces informations, nous devons être disposé·e·s à retourner à l'endroit où elles se trouvent : dans notre corps. Joseph Campbell l'a magnifiquement formulé : « L'esprit peut errer de bien étranges manières et désirer des choses dont le corps ne veut pas. Les mythes et les rites permettaient d'établir l'harmonie entre le corps et l'esprit et de vivre en accord avec la nature. »

Plus qu'aucun autre facteur de motivation – connaître les effets préjudiciables de certains comportements, lire les statistiques, même savoir intellectuellement que certains comportements gâchent les relations auxquelles on tient le plus –, la capacité de ressentir vraiment les choses est peut-être une des qualités les plus importantes pour changer.

L'Empereur

Quand je repense à toutes les fois où j'ai agi sur un coup de tête pour faire quelque chose qui me paraissait urgent, comme s'il fallait *absolument* que je le fasse ou que je ne pouvais pas m'en empêcher, je vois une personne terrifiée qui fait tout ce qu'elle peut pour regagner un sentiment de contrôle.

D'après ce que j'ai pu observer au fil du temps, chez moi comme chez les autres, les compulsions sont souvent une réaction à un sentiment d'impuissance. Le comportement compulsif est une manière de retrouver un sentiment de contrôle, faute de mieux. Selon moi, deux problèmes sous-tendent une compulsivité latente : nous ne pouvons tolérer notre manque de contrôle, et en essayant de gérer cette intolérance, nous nous créons souvent plus de problèmes.

Ce sentiment d'impuissance est souvent déclenché par le comportement d'autrui. Quelqu'un fait quelque chose que nous ne voulons pas qu'il fasse, et notre manque de contrôle sur la situation éveille chez nous un sentiment de terreur. À ce moment-là, nous confondons cette petite partie effrayée de nous-mêmes avec notre personne tout entière. Parfois, le même sentiment sera déclenché par un événement intérieur, une émotion qui semble tellement énorme et écrasante – peut-être une terreur profonde d'être abandonné ou rejeté – qu'elle menace de nous engloutir tout entier. Faute de moyen plus efficace pour gérer ce genre d'expériences, nous nous comportons d'une manière qui peut aggraver les choses en bout de ligne, mais qui nous confère au moins un sentiment fugace de puissance. Il est intéressant d'observer que, dans les moments d'incertitude, nous avons tendance à accorder une priorité quasi absolue au sentiment de contrôler les choses. Et c'est extrêmement problématique pour beaucoup d'entre nous.

Tomberg a écrit de cette carte qu'en présence d'autorité, le contrôle est superflu et que L'Empereur est une figure non seulement de pouvoir, mais aussi de renoncement. En d'autres termes, la personne qui incarne la véritable autorité doit obligatoirement renoncer à quelque chose. Plus précisément, l'auteur écrit que cette personne doit renoncer à la compulsion et à la violence, deux forces qui donnent un sentiment illusoire d'autorité, mais sont la marque de quelqu'un qui n'a aucun pouvoir personnel réel. Ainsi, alors qu'un comportement compulsif est l'exercice d'une violence à l'encontre de soi et des autres, dans lequel on repousse avec force ce qui fait peur, la véritable autorité se caractérise par un comportement quelque peu souverain : la capacité consciente de choisir ses actions avec soin, même quand on éprouve un sentiment de peur et d'impuissance.

Une personne réellement puissante est capable d'occuper des espaces d'incertitude intense, avec toutes les émotions que cela fait surgir, tout en restant stable dans son action, c'est-à-dire en renonçant à son besoin de réagir d'une façon qui lui donnera un faux sentiment de contrôle.

L'Empereur est la quatrième carte des arcanes majeurs : le chiffre quatre est associé à l'enracinement, comme les quatre coins d'une maison ou les quatre pieds d'une table. Quand vous avez peur, transformez votre corps en maison ou en table. Une maison dont les murs ne bougent pas d'un pouce, assistant ainsi à quantité de choses diverses et variées, aux joies comme aux terreurs, et avec d'épais parquets en chêne, assez costauds pour en supporter le poids. La prochaine fois que vous vous sentirez submergé·e par une émotion ou un schéma de pensée vous dictant de faire quelque chose qui va à l'encontre de vos intérêts personnels, voyez si vous êtes, vous aussi, capable de ne pas bouger d'un pouce. Même pendant cinq petites minutes. C'est ainsi qu'on exerce son pouvoir.

Le Pape ou Le Hiérophante

Alors que je commençais l'écriture de ce livre, quelqu'un a laissé un exemplaire des *Méditations sur les 22 arcanes majeurs du tarot* dans l'entrée de la salle où je fais chaque matin mon yoga. Je n'étais pas sûre d'avoir vraiment besoin d'un livre de plus sur le tarot, surtout un livre comme celui-là, qui comptait sept cents pages et ne traitait que des arcanes majeurs. Mais je me préparais également à donner mon premier cours sur les applications psychologiques des arcanes majeurs, et je me suis dit qu'au moins feuilleter ce livre ne me ferait pas de mal.

La semaine suivante, je passais Thanksgiving seule à me préparer pour le cours. Nullement convaincue par les analyses du Pape que j'avais faites jusque-là, je me suis emparée de l'ouvrage mystérieux que j'avais trouvé et je suis allée au chapitre traitant du cinquième arcane majeur.

Ce livre décrit le Pape avant tout comme une carte de bénédiction et de prière. L'auteur parle de la pratique spirituelle comme d'un exercice de respiration verticale dans lequel on forge et maintient un lien constant entre ce qui est au-dessus et ce qui est en dessous. Selon cette conception, la pratique spirituelle consiste à engager un dialogue avec une Puissance supérieure. On dit une prière et on attend la réponse. On expire puis on inspire. À cette époque, je priais beaucoup pour recevoir la guidance dont j'avais besoin pour écrire mon premier livre.

J'ai remarqué que les gens avaient tendance à laïciser le Pape ou à l'interpréter avec un certain degré d'hostilité, eu égard à ses associations avec la religion organisée et les expériences que les gens vivent au sein de telles institutions. Dans le cadre de lectures de tarot en face à face, il m'est très souvent arrivé de me creuser la tête pour savoir comment traduire cette carte en un secret qui serait moins spirituel, sachant que c'est pour ma façon résolument « concrète » ou « terre-à-terre » d'interpréter les cartes que les gens viennent me consulter.

Mais indépendamment de notre attirance – individuelle ou culturelle – pour le pragmatique et le scientifique, nous restons des êtres spirituels capables de donner un sens aux choses, avec un penchant pour le numineux. Et même si nous choisissons de travailler avec les arcanes majeurs en raison de leurs applications exotériques ou quotidiennes, ces cartes resteront toujours une sorte de feuille de route pour la quête de la vérité, de l'union avec l'Absolu. Le Pape est et doit être un symbole de vie spirituelle, d'engagement dans le sacré et d'interprétation de celui-ci ou de ce qui transcende le monde matériel.

Je pense qu'une des raisons pour lesquelles les gens évitent la pratique spirituelle, c'est que nous sommes des êtres motivés par les récompenses, qui vivent dans une culture de gratification immédiate. Il existe quantité de manières de comprendre une carte telle que Le Pape, qui pourraient offrir des applications plus immédiates à la vie quotidienne, comme la conception populaire associant cette lame à l'éducation, à l'endoctrinement et à la conformité aux structures sociales. Nous entretenons tou·te·s des idées et des croyances qu'il nous faudrait examiner et remettre en question afin de pouvoir rester fidèles à ce que nous sommes. Bien sûr, si vous avez besoin d'une invitation à cette introspection, Le Pape fera l'affaire. Il semble cependant important de ménager un espace réservé à la spiritualité, même si ce n'est pas à la mode.

Nombre de problèmes psychologiques sont enracinés dans notre expérience du Moi – selon qu'il est bien ou mal développé, délimité ou poreux, solide ou basé sur la honte. Notre sens du Moi a des conséquences profondes sur l'un des aspects les plus importants de notre vie : nos relations. La pratique spirituelle est un moyen de nous exercer aux relations. C'est la façon dont nous nous positionnons en tant que personnes importantes, mais pas toutes-puissantes. Quand nous ouvrons les canaux de communication entre le Moi et quelque chose de plus grand, nous nous rappelons volontairement que nous avons notre mot à dire, mais jamais le dernier mot. Cela peut paraître effrayant de prime abord, mais ce peut être aussi un soulagement qui atténue un peu le poids de la responsabilité de la personne que nous comprenons comme étant « je » et nous ouvre à des informations provenant de quelque chose qui se situe au-delà de notre sphère d'influence. Même si votre pratique spirituelle se réduit à constater que chaque jour des événements se produisent, dans lesquels vous n'avez pas votre mot à dire, c'est déjà une manière de reconnaître l'existence de quelque chose de plus grand.

La pratique spirituelle, c'est la façon, pour nombre de gens en proie à un conflit psychologique intense, d'apprendre à déposer les armes, à accepter et à accueillir. Ouvrir notre conscience à un ordre des choses plus vaste et mystérieux est une façon de renoncer aux efforts que nous faisons pour contrôler les conséquences de nos actes dans notre vie et écouter les réponses qui émergent d'un processus qui n'a rien à voir avec nous personnellement. Si nous comprenons cela, quand les choses ne marcheront pas, nous n'en déduirons pas aussitôt que c'est un signe révélateur de notre non-valeur, de notre incapacité à nous faire aimer ou de notre incompétence. Nous ne sommes pas obligé·e·s d'interpréter chaque circonstance incertaine ou indésirable comme un problème qu'il nous appartient de régler. Au moins, nous y gagnerons une certaine élégance quand les choses ne se dérouleront pas comme nous le souhaitons.

L'Amoureux ou Les Amoureux

Il y a tant de secrets positifs nichés au cœur du tarot... J'ai choisi ici les significations qui me semblaient à la fois les plus croustillantes et les plus pratiques. Après tout, quoi de plus savoureux qu'une chose que l'on peut appliquer directement dans sa vie quotidienne ?

Certaines interprétations traditionnelles de L'Amoureux disent que la lame parle de choix, tandis que les interprétations populaires recourent à cette carte pour indiquer une relation amoureuse importante dans la vie du consultant. L'illustration réalisée par Pamela Colman Smith pour le tarot Rider-Waite représente un ange surplombant deux personnes dans un jardin, ce qui suggère que cette carte envisage aussi l'amour comme un exercice spirituel. Faire l'expérience de s'unir à une autre personne nous donne un aperçu de quelque chose qui transcende les ruptures de la vie : l'idéal mystique d'un retour à la complétude.

J'ai remarqué que le fait de considérer l'exploration des relations amoureuses comme une pratique spirituelle ne parle pas toujours aux gens. En revanche, comprendre le choix dans le contexte des relations amoureuses et l'aborder comme une occasion d'évolution personnelle est plus accessible. En ce qui me concerne, je considère la croissance personnelle comme spirituelle en soi, quand elle est dirigée et soutenue par quelque chose de plus grand. Mais vous pouvez y penser comme vous le souhaitez et utiliser le langage de votre choix.

Je pense que beaucoup d'entre nous, du moins avant d'évoluer, choisissent leurs partenaires amoureux en fonction de dynamiques relationnelles apprises. Peut-être avons-nous grandi dans des environnements où les limites individuelles étaient mal dessinées, ce qui nous pousse à choisir des personnes dont les limites sont floues, qui exigent trop et donnent trop peu, parce que c'est ce que nous avons toujours connu. Ou peut-être avons-nous pris l'habitude de refouler nos déceptions parce qu'en les dévoilant à nos familles, nous avons prêté le flanc aux critiques ou aux punitions, si bien que nous avons continué à choisir des partenaires amoureux avec lesquels nous avons eu tout autant de mal à communiquer, voire plus. Nous avons tendance à aller vers les énergies qui nous sont familières, même si elles nous font souffrir.

Enfants, nous ne pouvions pas choisir ce que nous apprenions sur l'amour, mais maintenant que nous sommes adultes, la situation est différente. Nous pouvons choisir nos partenaires amoureux en fonction de ce que nous voulons apprendre d'une relation : recevoir ou être vulnérables, par exemple. Nous pouvons dresser la fameuse liste des qualités que nous souhaitons trouver chez un futur partenaire, mais nous pouvons aussi lister les façons dont nous souhaiterions apprendre et grandir dans le domaine amoureux : recevoir, être vulnérable, rappeler à quelqu'un l'ambiance de son foyer, accepter les hauts et les bas, accorder la priorité aux besoins d'un groupe.

Un partenaire généreux pourrait certainement nous aider à nous exercer à recevoir, même si cela sème la terreur dans notre cœur et que chaque cellule de notre être a envie de dire « Non merci, retour à l'envoyeur ». Ou peut-être aimerions-nous apprendre à exprimer la peur ou la déception qui peuvent envahir notre cœur, plutôt que de refouler certaines choses et d'attendre qu'elles explosent, sachant qu'avec le temps ces éruptions ravagent la relation intime. Il serait donc bon d'avoir un partenaire dont le cœur serait un endroit où exprimer en toute sécurité nos possibles blessures sans risquer d'être puni·e·s. Ou pour trouver un moyen plus efficace d'affronter notre peur de l'abandon, nous pourrions sortir avec quelqu'un qui nous plairait tellement que cela nous ferait peur.

Si cette façon d'envisager les relations amoureuses est la bonne, c'est aussi parce que, conformément à la logique selon laquelle tous nos partenaires amoureux nous enseignent quelque chose, quand nous choisissons un partenaire qui nous enseigne certaines choses que nous préférons fuir – la fragilité de nos limites, notre piètre estime de nous-mêmes, notre tendance compulsive à en faire trop, notre insécurité, et ainsi de suite –, nous ne sommes pas obligé·e·s de considérer que c'est le signe que notre faculté amoureuse a été anéantie ou que nous sommes inaptes à l'amour. Considérons plutôt que c'est un témoignage de notre capacité à trouver exactement le professeur dont nous avons besoin au moment où nous en avons besoin. On se sent mieux ainsi, et selon moi plus responsable.

Quand on est sur le point de nouer une relation ou un partenariat amoureux, il semble donc utile de se poser la question suivante : « Quelles leçons et quelles compétences suis-je prêt·e à apprendre ? » Et au lieu de nous demander « Cette personne est-elle la bonne pour moi ? », nous pourrions nous interroger ainsi : « Cette personne est-elle quelqu'un avec qui je peux apprendre les leçons que je suis désireux·se d'apprendre et prêt·e à apprendre, et d'autres dont je n'ai pas encore connaissance ? »

C'est une perspective effrayante que de se porter volontaire pour apprendre les leçons dont nous avons le plus besoin, mais cela en vaut la peine. Comme Clarissa Pinkola Estés l'a écrit : « Aimer le plaisir ne demande pas grand-chose. Aimer vraiment demande un héros capable de gérer sa peur. » Et c'est aussi le choix que nous propose L'Amoureux : Allons-nous continuer à avancer en fonction de notre compréhension erronée de l'amour et de modèles relationnels aujourd'hui périmés pour nous ? Ou allons-nous apprendre à les dépasser afin non seulement d'avoir une vie plus agréable, mais aussi de pouvoir acquérir d'autres compétences qui nous permettront d'explorer les endroits qui nous font peur ?

Le Chariot

J'ai l'impression de passer mon temps à limiter les dégâts chez les gens avec lesquels je travaille pour leur désapprendre à considérer le mythe de la volonté comme une sorte de pilule magique ou de panacée. Ayant grandi avec un père italo-américain et beaucoup regardé les films de Rocky étant enfant, c'est quelque chose que je comprends très bien. Moi aussi, j'ai voulu croire qu'en travaillant dur, avec de l'huile de coude, je pourrais obtenir ce que je voulais. Robert Bly a écrit « Criez toujours pour obtenir ce que vous voulez[5] » et je l'ai pris très à cœur. Mais ce que je n'ai pas fait et que personne autour de moi ne semblait faire non plus, c'était passer du temps à apprendre à gérer ce qui arrive quand la vie vous dit non.

Je ne dénigre pas la volonté. C'est un outil vraiment parfait pour certains défis, notamment ceux, extérieurs, dont on peut influencer les résultats : réussir un examen ou s'entraîner pour participer à une course, par exemple. Mais pour des défis intérieurs comme la phobie sociale ou le deuil, la volonté est bien moins utile. En fait, dans ce genre de situations, elle nous pousse généralement à faire de gros efforts pour repousser ou anesthésier les sentiments dont nous ne voulons pas. Ce qui peut vite mal tourner.

La volonté a ses limites, et quand nous les atteignons, nous pouvons avoir l'impression que le véhicule que nous conduisons n'avance plus. Les roues tournent, mais rien ne se passe. Nous ne savons trop comment nous en sortir. Et même si nous le savions, nous n'avons pas d'autre moyen de transport. Nous marcherions bien, mais nos jambes refusent de bouger.

5. Robert Bly (1926-2021) était un poète américain.

Le parcours du combattant vers la réussite dans un contexte capitaliste n'aide pas à trouver son propre chemin, mais plutôt à se conformer à un chemin prédéfini. Dans une certaine mesure, on peut choisir sa propre aventure, mais on nous impose ce que nous devons faire pour gagner, et ce que cette réussite doit ou devrait être. La vie n'est pas un parcours du combattant dans lequel il faudrait se frayer un chemin en jouant des coudes, ou surmonter des rangées d'obstacles et de barrières soigneusement disposés. C'est juste que notre environnement nous a conditionné·e·s à le penser.

La volonté a peut-être bien fonctionné chez vous pour ce qui est de mener à bien le parcours du combattant scolaire ou le parcours professionnel que vous avez choisi ; c'était avant de savoir que votre vie n'était pas un simple prolongement de la définition que quelqu'un d'autre avait de la réussite. Quand vous déciderez que vous voulez faire autre chose de votre vie, vous vous rendrez compte que vous allez avoir besoin d'autres qualités : celles qui vont vous permettre de vous orienter et de trouver votre chemin.

Dans la thérapie comportementale dialectique, il y a une chose que l'on appelle l'« obstination ». Elle ressemble à la volonté, mais on la considère généralement comme un handicap. L'obstination consiste à imposer sa volonté à la réalité, ce qui est bien dans certains cas, mais dommageable quand la réalité ne peut tout simplement être ce que l'on voudrait qu'elle soit. Dès l'enfance, on nous raconte quantité d'histoires sur la valeur de la volonté pour vaincre les obstacles, mais on ne nous dit rien de ce qui arrive quand nous nous heurtons à un mur de béton et n'obtenons pas ce que nous voulons, même en criant très fort. On ne nous dit rien non plus des situations pour lesquelles la volonté n'est pas la qualité requise. Nous ne sommes pas vraiment programmé·e·s pour accepter l'échec, mais plutôt endoctriné·e·s. Nous croyons aux valeurs de la persévérance et au refus d'accepter qu'on nous dise « non ».

Mais la vie est faite de oui et de non. On n'obtient pas toujours ce que l'on veut. Cela paraît tellement puéril et tellement évident, et cependant beaucoup d'entre nous ont vraiment du mal à l'accepter. Et parfois (c'est une réflexion que m'a toujours inspiré Le Chariot, que l'on interprète communément comme une carte de réussite, mais qui représente un homme dont les jambes sont bloquées dans un véhicule), nous obtenons effectivement ce que nous pensions vouloir, mais nous nous apercevons après-coup que c'était un piège et nous sentons désespérément bloqué·e·s. Que se passe-t-il alors ?

Le Chariot n'a jamais vraiment répondu à ce « Et alors ? ». Je crois que son remède réside davantage dans sa façon de révéler les limites de la volonté ou les dangers qu'il y a à croire que la vie n'est qu'une succession de tâches difficiles à accomplir et de taureaux sauvages à dompter pour qu'ils fassent ce que nous voulons. Ce n'est tout simplement pas de ça qu'il s'agit. Je voudrais que l'on ne raconte pas seulement des histoires où l'on se bat et où l'on obtient ce qu'on veut, comme si toujours obtenir ce qu'on veut était le véritable but de la vie. C'est à mon sens stupide, puéril, monocorde et dénué de magie. Oui, la volonté peut vous mener dans bien des endroits, mais ne vous y trompez pas : elle peut aussi vous faire tomber dans des ornières.

La Force

Pour moi, La Force a toujours représenté la compassion envers soi-même. Une femme tombe sur un lion : une part douce et sage de nous en rencontre une autre, sauvage et féroce. Il y a de la curiosité, de la gentillesse et du respect. C'est la dynamique que la compassion envers soi-même engendre quand nous nous trouvons confronté·e·s à des choses sur nous-mêmes que nous n'aimons pas ou quand nous nous rappelons que nous sommes humain·e·s.

Le mythologue Joseph Campbell a consacré sa vie aux légendes du monde entier et identifié des phases et des thèmes communs à chacun d'eux. La valeur de cette démarche réside en partie dans le fait qu'elle nous aide à voir deux aspects de notre expérience : ceux qui sont communs à l'humanité et ceux qui sont spécifiques à notre environnement et à notre tempérament.

Campbell a relevé dans ces récits du monde entier le thème commun du seuil initiatique : un héros répond à l'appel de l'aventure après l'avoir parfois refusé. Il se met en route et atteint bientôt un premier seuil, une porte menant à sa destination mais toujours gardée par une quelconque créature effrayante. Dans les mythes, les gardiens du seuil prennent la forme d'ogres qui créent la panique, de serpents qui charment puis tuent, ou de Lotophages bienveillants qui partagent des festins de fleurs plongeant dans le sommeil tous ceux qui y participent.

Les ogres, serpents et autres Lotophages qui gardent le seuil des grandes quêtes représentent sans doute des gardiens plus intérieurs qu'extérieurs : l'anxiété, le doute et la dévalorisation de soi, la luxure ou la paresse, pour n'en citer que quelques-uns. Dans le modèle de la thérapie d'acceptation et d'engagement, l'objectif est de bâtir la flexibilité psychologique qui est la capacité d'avancer dans la direction de ses valeurs en dépit des obstacles intérieurs. En termes de mythes, ce genre de flexibilité est essentiellement l'aptitude du héros à entendre l'appel, à y répondre et à ne pas se laisser dérouter par un ogre, un serpent ou un Lotophage quelconque.

Par exemple, Pan, dieu sylvicole de l'Arcadie, est un gardien qui provoque une peur panique chez ceux qui veulent le berner. Ceux qui tentent de lui échapper trouvent rapidement la mort, mais ceux qui parviennent à lui rendre hommage et à l'honorer quand ils pénètrent dans son domaine sont bénis. Grâce à ses pouvoirs, il fait en sorte que leurs récoltes soient abondantes et leur santé florissante.

Dans toutes les cultures, les héros mythiques capables de recourir à des forces intérieures telles que l'humilité, la curiosité ou la gentillesse pour passer devant les gardiens du seuil nous enseignent une leçon importante : face aux gardiens intérieurs, on ne peut compter sur le déploiement ni de la volonté ni de la force brute. Face à des gardiens tels que l'anxiété, le manque de confiance en soi ou un critique intérieur particulièrement sévère, il est plus que probable que l'on découvre que toute tentative de les fuir, de leur échapper, de les nier, voire de les détruire mène à un grave danger et entraîne de grandes difficultés.

Mais quand on apprend à respecter ces expériences difficiles (la colère, le chagrin, la solitude, le désespoir, la culpabilité, la honte), on découvre qu'elles ne peuvent ni nous « tuer » ni nous faire dévier de notre route. On les respecte en leur rendant hommage, en faisant appel à notre volonté ou notre curiosité, et en manifestant un désir sincère de comprendre.

L'Hermite

Alors que j'écrivais et effectuais des recherches pour ce livre, j'ai été particulièrement surprise de trouver la confirmation de ce que j'avais perçu à l'époque où j'ai commencé à étudier le tarot : les secrets nichés dans ses cartes irradient à la fois la sagesse des philosophies antiques et celle des thérapies fondées sur des faits probants. Et s'il demeure des différences, même importantes, il y a également de réels recoupements entre les philosophies de l'Égypte et de la Grèce antiques, le catholicisme avec lequel j'ai grandi, le taoïsme et le bouddhisme auxquels j'ai commencé à m'intéresser à l'adolescence, et les modèles de psychothérapie auxquels je me suis formée pendant mon parcours universitaire.

L'interprétation du neuvième secret majeur, L'Hermite, est souvent liée à la paix et à la prudence recommandée par le fait de fouler ce que les bouddhistes appellent « la voie du milieu ». Selon les termes du moine bouddhiste Ajahn Chah, « en voyant les deux côtés d'une situation, on est en paix. Si l'on n'en voit qu'un seul, il y a souffrance. Une fois qu'on voit les deux côtés, on suit la voie du milieu. C'est la bonne pratique de l'esprit. C'est ce que l'on appelle "redresser sa compréhension". » La leçon de L'Hermite, l'aspirant spirituel, c'est apprendre à habiter l'espace liminal, l'espace entre des extrêmes qui sont par nature illusoires et engendrent la souffrance.

La version chrétienne de la voie du milieu est peut-être le point d'intersection entre les deux lignes du crucifix, qui réunit l'intellect cérébral et la spiritualité spontanée. Dans la thérapie comportementale dialectique, c'est peut-être dans l'espace de l'« esprit sage » que notre esprit émotionnel et notre esprit rationnel se relient. C'est là peut-être que nous pouvons puiser pour formuler notre savoir, car trop de logique ou trop d'émotions déforment la compréhension, créant par là même une souffrance. Dans l'ésotérisme occidental, et en particulier dans l'hermétisme, la voie du milieu est l'idéal de la « totalité des choses ». Là où rien n'est ni blanc ni noir, ni ceci ni cela. Tous les contraires apparents sont de nature identique, et leur différence n'est qu'une question de degré.

Bien que les scientifiques comportementaux puissent être réticents à s'associer aux traditions ésotériques occidentales, L'Hermite et le thérapeute de TCD visent tous deux, idéalement, à fouler le chemin paisible entre les mondes, espace qui dépasse le paradigme limité du « ou/ou » pour entrer dans le monde du « à la fois/et ». Le thérapeute qui demande « Ces deux choses peuvent-elles être vraies en même temps ? » active l'archétype de L'Hermite, qu'il en ait conscience ou non.

L'Hermite et le praticien de TCD comprennent l'un et l'autre qu'il n'y a pas de paix au pays des oppositions. Dans la mesure où nous voyons les choses en termes de « ceci ou cela », « noir ou blanc », « lui ou elle », « au-dessus ou en dessous », « à l'intérieur ou à l'extérieur », la paix nous échappe. Arriver à le comprendre est le but du voyage du Mat vers le Monde, comme c'est celui de la personne qui apprend à surmonter ce que l'on appelle en thérapie la pensée du « tout ou rien » ou du « noir et blanc ». Qu'on fouille dans des textes bouddhistes anciens ou dans un manuel de TCD, on y trouvera la révélation suivante : la paix existe sur une voie du milieu, dans un état de sagesse de l'esprit, dans la synthèse des opposés.

Tomberg a écrit de L'Hermite :

> C'est lui [le cœur] qui est simultanément et inlassablement actif et contemplatif. Il marche. Il marche jour et nuit, et nous entendons les pas de sa marche incessante. C'est pourquoi, si nous voulions représenter un homme qui vit la loi du cœur, qui a son centre dans le cœur et qui est une expression visible du cœur, le « père bon et sage » ou « L'Hermite », nous le présenterions marchant, sans hâte, sans relâche.

Bien des années plus tard, Marsha Linehan, psychologue et créatrice de la TCD, écrivait, concernant l'état de l'esprit sage, le but de sa thérapie :

> L'esprit sage est cette partie en chaque personne qui peut connaître et faire l'expérience de la vérité... Il possède une certaine paix... L'esprit sage est semblable au fait d'avoir un cœur, tout le monde en a un, qu'on ait l'occasion de le constater ou non.

Tout comme Le Monde dans le tarot n'est pas un lieu fixe, mais plutôt un état de flux dans lequel on entre et dont on sort au fil du temps, la voie du milieu n'est pas un espace ou une destination statique. Ce n'est pas le genre d'endroit où l'on arrive, où l'on reste et où l'on élit domicile. Là aussi, il y a la tentation d'imposer la pensée oppositionnelle : ou je suis là ou je n'y suis pas. Guéri ou encore brisé. C'est pourquoi, dans de nombreux jeux de tarot, L'Hermite est représenté en train de marcher : une métaphore de la manière d'être d'une personne qui est en paix avec l'état du flux de la réalité. C'est-à-dire en changement et bloquée, en expansion et contractée, en évolution et en dégénérescence, en vie et agonisante.

La Roue de Fortune

Lors de ma formation d'assistante sociale, j'ai appris les différents stades du modèle transthéorique de changement, développé par James Prochaska et Carlo DiClemente pour aider les personnes dépendantes en voie de guérison à normaliser et mettre en contexte leurs expériences communes à différents stades du changement. Ce modèle postule que le changement commence souvent par la précontemplation, stade précédant celui où l'on sait que l'on doit changer de comportement, et passe par ceux de la contemplation, de la préparation puis de l'action, et enfin du maintien, stade qui se situe alors que le changement a été effectué et que l'on doit s'adapter à sa nouvelle vie. Ce modèle comprend même le stade de la rechute, que les auteurs considèrent comme une partie naturelle et normale du processus de guérison.

Le changement est une des interprétations les plus courantes de La Roue de Fortune, et les représentations mythiques de la roue viennent souvent étayer cette interprétation. Dans la mythologie romaine, la déesse Fortuna avait le pouvoir de prodiguer tant la gloire que la déchéance, manière antique de comprendre les phénomènes naturels du hasard et du changement. Si les mythes et les légendes nous proposent des métaphores et des symboles qui nous rappellent que nos ancêtres trouvaient un sens au fait de subir certaines réalités, nos propres expériences nous apportent également tout ce dont nous avons besoin pour comprendre le caractère inéluctable du changement. Nous n'avons pas vraiment d'autre choix que d'accepter le changement, et idéalement d'en considérer les bienfaits. Quoiqu'il en soit, il fait partie de ce qui nous arrive dans la vie. Aussi sûrement que le soleil se lèvera puis se couchera à un moment ou un autre au cours des prochaines vingt-quatre heures.

Je n'aime pas beaucoup les conseils tels que « faites confiance à l'Univers », parce qu'ils sont plus idéalistes que réalistes. Mais nous ne faisons pas confiance à l'Univers, et c'est là notre problème. Ce qui nous met en difficulté la plupart du temps, c'est notre manque de foi dans les processus que nous ne contrôlons pas comme notre rejet total de toutes les forces, sans exception, qui osent passer outre à la manière dont nous espérions que les choses se dérouleraient, de notre point de vue limité. Ce minuscule point de vue où un seul et unique rayon rencontre la jante de cette grande roue dans laquelle nous vivons.

À l'heure actuelle, nous comprenons tou·te·s que nous devrions faire confiance à l'Univers, et bon nombre d'entre nous comprennent même pourquoi. Il n'en reste pas moins que nous ne savons tout simplement pas comment faire. Et il est certain que je ne le sais pas non plus dans le détail, mais je pense vraiment que Prochaska et DiClemente ont découvert quelque chose d'important avec leurs stades du modèle transthéorique de changement. Surtout avec la partie « rechute » qu'ils y ont intégrée, allusion au fait que l'on aura beau travailler dur et être animé d'excellentes intentions, Fortune peut en un tour de main faire tourner la roue et nous renvoyer à la case départ.

La Roue de Fortune est un symbole de changement, et c'est aussi un symbole d'évolution. Sa forme circulaire symbolise l'union des contraires, la totalité des choses. Nous avons tendance à voir l'évolution comme une trajectoire constamment ascendante (clin d'œil au diagramme de la marche du progrès, qui illustre le passage des êtres humains du stade de primates à celui d'hommes et de femmes), mais la Roue de Fortune nous rappelle que le fait d'évoluer pourrait être plus justement décrit comme un processus de contraction et d'expansion.

La métamorphose d'une chenille, par exemple, nécessite un cocon avant un papillon. Cette métaphore du changement éculée mérite d'être répétée, parce que le cocon ne précède pas seulement quelquefois le papillon : il est toujours là, de manière absolue et irrévocable. C'est un prérequis. Je pense qu'il est plus facile de faire confiance à un processus quand on en comprend le fonctionnement. Ainsi, au lieu de paniquer et d'y aller d'un « M...rde alors, qu'est-ce qui se passe ? », on pourrait peut-être plutôt dire « Mince ! C'est affreux, mais c'est comme ça, et c'est temporaire ». Et le penser vraiment.

Cette dernière option me plaît, car je la pense plus utile. Et vous remarquerez qu'elle réunit deux réalités apparemment conflictuelles :

ce stade est à la fois affreux et nécessaire. La vie n'est tout simplement pas aussi tranchée que l'esprit le laisse croire.

Dans les légendes, il est courant qu'un allié quelconque – une vieille femme qui vit dans la forêt, un ermite, la fille d'un roi qui apprécie le héros – remette à celui-ci un talisman qui protège son chemin. En conséquence, si vous avez tiré La Roue de Fortune ou que vous travaillez avec cette carte, voici un talisman que j'aimerais que vous possédiez : tout ce qui gêne n'est pas mauvais. Et quand on brise un schéma ancien ou que l'on fait quelque chose de différent, il est très fréquent de se sentir encore plus mal... avant de se sentir mieux. C'est pour éviter ce qui vous effrayait que vous suiviez un vieux schéma dans la réalisation de vos actions. Quand vous vous libérez de ce schéma apparaissent les monstres, les démons et tout ce qui vous terrifie, et ce qui vous protégeait naguère n'est plus en mesure de le faire.

Aussi paradoxal que cela puisse paraître, si vous passez par le point le plus bas de la roue, c'est sans nul doute le signe que vous êtes en train d'avancer.

La Justice

Il existe un vieux conte irlandais qui parle de cinq frères faisant halte près d'un puits. Ils ont soif, mais le puits est gardé par une vieille femme que Standish O'Grady décrit comme « malsaine, [avec] des jambes bandées et difformes, des chevilles épaisses qui se terminaient par des pieds grands comme des battoirs ; elle avait les genoux noueux et les ongles blêmes[6] ». La femme dit aux jeunes hommes qu'elle leur donnerait volontiers de l'eau contre un baiser. Saisis de dégoût, ces derniers se dérobent l'un après l'autre, préférant la déshydratation à un quelconque contact physique avec une créature qu'ils jugent hideuse.

Du moins jusqu'à ce que Niall, le benjamin de la fratrie, demande à son tour de l'eau. Quand vient la requête du baiser, il répond oui avec enthousiasme, et accepte de surcroît de s'allonger (ce qui, j'en suis presque certaine, signifie avoir une relation sexuelle) aux côtés de cette femme. Il se penche pour l'embrasser, et quand ses lèvres touchent les siennes, elle se transforme en une femme qui correspond aux canons de beauté de son époque et de sa culture : « Ses dents avaient l'éclat de la perle, ses yeux emplis de majesté étaient immenses, sa bouche était aussi rouge que le fruit du sorbier [...] "une galaxie de charmes". »

Quand on lui demande qui elle est, la femme répond : « Je suis la Loi Souveraine ».

6. NDÉ : cité par Joseph Campbell dans *Le Héros aux 1001 visages.*

En ce bas monde, nous nous méprenons parfois sur le mot *justice*. Nous l'employons pour parler de systèmes de punition, de vengeance et de châtiment, et nous imaginons rarement qu'il puisse être lié à la guérison et au rétablissement. L'une des fonctions des histoires – et d'autres écrits faisant appel au langage métaphorique, archétypal et symbolique – est de nous rappeler le sens profond des mots que nous employons, car si les mots peuvent clarifier, ils peuvent également embrouiller. Les récits et les symboles nous renvoient à une époque et des lieux où les concepts comme celui de la justice reflétaient les processus naturels observés dans le monde et attribués aux dieux ou aux êtres fantastiques qui dépassent la sphère de l'influence humaine. Les contes populaires comme celui des frères irlandais décrivent souvent la justice comme une loi naturelle qui récompense les gens doux et généreux. Pas forcément dans le sens de « Si tu fais le bien, tu recevras le bien », mais plutôt dans celui d'un renforcement du lien entre actions et conséquences.

Dans le tarot, La Justice (« L'Ajustement » dans le jeu de Thoth) interroge sur les causes et leurs effets comme sur les leçons que nous en apprenons. Dans la thérapie fondée sur la compassion (TFC) qui recourt aux théories de la psychologie évolutionniste pour contextualiser les expériences des êtres humains modernes, nos névroses – la névrose d'anxiété, par exemple – ne sont pas considérées comme des défauts, mais simplement comme des caractéristiques ayant évolué au cours de l'histoire de l'humanité pour garantir notre sécurité face aux menaces de notre environnement. La colère, par exemple, peut avoir évolué pour devenir un moyen de négociation sociale qui nous évite d'être toujours plus lésés. La honte a probablement évolué de façon à favoriser dans le groupe les comportements prosociaux, au service de la solidarité et de la cohésion, sans lequel notre espèce n'aurait pas survécu.

On peut dire la même chose des caractéristiques et comportements peu recommandables de notre histoire de vie individuelle.

Quand nous nous donnons la peine de réfléchir aux raisons pour lesquelles nous faisons ce que nous faisons, nous en arrivons souvent à comprendre que tout cela a eu un sens à un moment donné. Comprendre quelque chose, c'est le valider, et quand on est à même de le valider, on vit en accord avec la *loi souveraine* qui commande de vivre avec compassion.

Clarissa Pinkola Estés observe que dans les légendes, ceux qui se montrent bienveillants à l'égard de l'indésirable ou du laid sont infiniment bénis, alors que ceux qui méprisent et rejettent la laideur voient leurs désirs contrariés ou sont punis – souvent cruellement. Cette leçon peut s'appliquer à la manière dont nous réagissons face aux aspects de nous-mêmes que nous n'aimons pas. La Justice nous enseigne que la froideur et le rejet dont nous pouvons faire preuve vis-à-vis des aspects de nous-mêmes que nous jugeons grotesques ou peu enviables entraînent pour nous les mêmes conséquences que celles que subirait un ami que nous aurions traité de la sorte : perte de confiance en nous, de dignité et de pouvoir personnel. *A contrario*, quand nous sommes indulgeant·e·s avec nous-mêmes et disposé·e·s à accepter nos facettes les plus horribles ou désagréables, nous sommes sûr·e·s d'en recevoir un bienfait qui peut aller d'un moment de paix libérateur, loin du joug d'un critique intérieur impitoyable, à un changement significatif et durable. Il est important de garder à l'esprit qu'il n'est nécessaire ni de s'aimer ni de se plaire à soi-même pour être gentil.

Un jour, on comprend que tout ce que l'on considérait comme des erreurs fatales ou irrémédiables découle naturellement de l'environnement dans lequel on vit. Alors, on relativise le besoin de se punir ou de se fustiger et on en appelle à la « justice ». Paradoxalement, la compréhension et la validation agissent comme des talismans magiques qui nous aident à créer les ouvertures dont nous avons besoin pour faire certains ajustements.

Le Pendu

Le Pendu est une carte que beaucoup détestent parce qu'on l'interprète souvent comme une invitation à suspendre une action et à adopter une posture passive. Nous détestons cette idée de passivité et, en plus, nous ne savons pas comment y réagir. Ce n'est pas notre faute si cette directive est frustrante ; notre cerveau a évolué de façon à pouvoir littéralement résoudre les problèmes, et notre capacité à passer à l'action quand quelque chose semble ne pas tourner rond est précisément ce qui a permis à notre espèce de survivre.

« Attendre de voir » va vraiment à l'encontre de notre nature profonde quand nous nous trouvons dans une situation dans laquelle nous préférerions ne pas être. Lorsque nous sommes désorienté·e·s et ne savons à quel saint nous vouer, l'évolution nous a programmé·e·s pour trouver la meilleure manière de nous en sortir. Mais avec son image d'homme pendu tête en bas, cette carte nous murmure plutôt des secrets concernant un changement de perspective, le renversement d'un postulat. Commençons par le postulat selon lequel cesser toute action physique signifie « ne rien faire ».

L'idée d'acceptation m'a longtemps laissée perplexe parce que j'avais l'impression de devoir laisser quelque chose m'arriver, plutôt que de le faire activement. Steven Hayes, comportementaliste parmi les fondateurs d'une thérapie reposant entièrement sur la valeur de l'acceptation (la thérapie d'acceptation et d'engagement ou TAE), écrit que « l'acceptation n'est pas une tolérance passive ou une résignation, mais un comportement intentionnel qui modifie la fonction des expériences intérieures, qui transforme les événements à éviter en objets d'intérêt, de curiosité et d'observation ».

Personnellement, je trouve très apaisante l'idée d'acceptation en tant qu'action ; dans un contexte d'incertitude ou de confusion, la plupart d'entre nous préféreraient concrètement faire quelque chose. Encore une fois, ce n'est pas parce que nous sommes d'irrécupérables névrosés ou des maniaques du contrôle, mais parce que des milliers d'années d'évolution du genre humain ont sélectionné un certain degré de résolution proactive des problèmes. Mais que signifie vraiment « faire quelque chose » ou « passer à l'action » ?

L'hypothèse même que l'action se produit uniquement de manière visible et dans le monde extérieur est peut-être problématique. Car si l'on y réfléchit, un grande partie de notre activité tient de l'invisible. On peut se poser et observer une émotion difficile avec curiosité. On peut élargir sa force intérieure pour arriver à contenir une rage brûlante sans se déchaîner ni s'effondrer. On peut étendre l'approbation à sa propre personne quand pointe la critique de sa voix intérieure. On peut s'asseoir avec son malaise et relever quel goût ou texture on ressent.

Croyez-vous vraiment que Le Pendu n'a ni pensées ni émotions, ni aucun ressenti parce qu'il est suspendu la tête en bas ? Après plusieurs années passées à l'observer dans toutes sortes de contextes, j'en suis arrivée à la conclusion que l'auréole qui lui entoure la tête vient de tout ce qu'il a fait et qui est invisible à l'œil nu.

La Mort

Dans son extraordinaire ouvrage *Femmes qui courent avec les loups*, Clarissa Pinkola Estés a écrit sur le cycle de la vie et de la mort : tout ce qui vit meurt, et tout ce qui meurt vit. Nous en comprenons la première partie, intellectuellement du moins, ce qui ne nous empêche pas de souffrir des pertes que nous subissons. Mais nous avons tendance à en oublier la seconde : ce qui meurt vit. Dire « ce qui meurt vit », c'est dire que ce qui meurt renaît d'une certaine façon, ressuscite, est ramené à la vie. Il y a un soleil à l'horizon de la carte de La Mort, et bien qu'il puisse être tentant de penser à un coucher de soleil, vous remarquerez que l'astre se situe à l'est : il se lève.

Joseph Campbell a dit que le voyage du héros mythique comportait trois phases distinctes : le départ, l'initiation et le retour. L'étape du départ commence par un héros qui ne l'est pas encore et qui est « appelé à courir l'aventure ». Souvent, ce héros en herbe refuse d'abord cet appel – ce qui n'est pas sans rappeler le déni qui survient au stade de la précontemplation dans le modèle transthéorique de changement. Mais quand il décide de prêter attention à cette convocation, il rencontre une aide bienveillante qui le soutient, l'encourage à avancer et lui offre une sorte de talisman pour la route : un objet doté de pouvoirs magiques, une incantation, une amulette protectrice. Après le départ vient le stade initiatique, lié au mystère de la mort dans le tarot, et c'est à ce stade que le héros se retrouve dans une situation apparemment inextricable ou, ainsi que le qualifie Campbell, dans « le ventre de la baleine ».

En l'occurrence, il fait référence à la parabole de Jonas, dans laquelle Dieu somme un jeune homme de se rendre dans la ville de Ninive pour qu'il y prêche ses habitants et les mette en garde contre le jugement prochain de Dieu. Quand Jonas choisit de refuser cet appel et de fuir cette mission, il est puni. À bord d'un bateau à destination d'une autre ville, une énorme tempête se lève, menaçant toute l'embarcation. Les marins qui réalisent que la tempête est la conséquence de la désobéissance de Jonas le jettent par-dessus bord, et il est avalé par une baleine.

Toujours vivant dans le ventre de l'animal, Jonas prie et demande pardon pendant trois jours et trois nuits. Finalement, Dieu demande à l'énorme mammifère de recracher le jeune homme. Certains y voient une préfiguration de la mort et de la résurrection de Jésus : aux yeux du monde, un homme semble avoir péri, mais en réalité il vit. Voilà les mystères du cycle vie-mort-vie : morts, une personne, une chose ou un lieu renaissent inévitablement, et transformés.

Celles et ceux qui connaissent les légendes et les étapes du périple héroïque savent que la renaissance est loin d'annoncer une vie facile. L'étroite confrontation du héros avec la mort et la renaissance ne sont qu'une initiation à une voie supérieure ; elle met en mouvement toute une série de nouvelles épreuves auxquelles le héros doit faire face avant d'entamer le voyage du retour chez lui. Si je le précise, ce n'est pas pour effrayer ou décourager celles et ceux qui traversent une mort sous une forme ou une autre, mais seulement pour les préparer à ce qui les attend. Il est normal de vouloir passer sous silence les aspects les moins agréables de la mort et de dire : « Se transformer, c'est bien ! C'est ce qu'on veut, croyez-moi ! » Mais il ne s'agit pas ici de renouveau ou de régénération – on ne parle pas d'une journée au spa...

Le philosophe Ananda Coomaraswamy a écrit qu'« aucune créature ne peut élever sa nature sans cesser d'exister », paroles exigeantes sur la réalité de la croissance et de la transformation. Dans le langage de la psychologie, ce n'est pas tant le Moi qui doit cesser d'exister que tout ce qui n'est pas le Moi : les mécanismes de défense, les conditionnements inappropriés, les stratégies d'adaptation destructrices, les comportements que l'on a développés en réaction aux traumas de l'enfance, lesquels semblent paradoxalement entraîner d'autres traumas à l'âge adulte. Autant de choses qui doivent mourir afin que nous nous transformions.

Campbell a dit de la mort : « On ne comprend pas la mort. On ne peut que l'accepter. » Le Pendu a croisé notre chemin et glissé au creux de nos paumes des talismans pour nous aider à renoncer et accepter, mais cela ne nous facilite pas la tâche. Tout comme Jonas et d'innombrables héros de légendes ont été jetés par-dessus bord, rares sont celles et ceux qui plongent dans l'initiation de leur plein gré et en sifflotant.

Voici un signe que l'on est amené à prendre une nouvelle forme ou à entamer une nouvelle phase : on se sent désespérément enfermé, à l'instar de Jonas dans la baleine ; on n'a pas vu le soleil depuis des jours, et les vieux talismans que l'on possédait semblent avoir perdu leurs pouvoirs du jour au lendemain. C'est pénible. Et quand les parts de nous-mêmes assez solides pour supporter le feu de la transformation auront vu ce qu'il y a de l'autre côté, aussi sûr que le soleil se lèvera demain, c'est tout un nouvel apprentissage qu'il faudra effectuer.

Tempérance

Concevoir le monde sous la forme de couples d'opposés – ce qui est bon ou mauvais, noir ou blanc, ceci ou cela – affecte notre vie de multiples manières. On rend possible l'oppression systémique en créant des catégories rigides de personnes et en entretenant l'illusion que ces divisions sont légitimes. Racisme, sexisme, homophobie, discrimination envers les personnes handicapées… tous les endogroupes et les exogroupes sociaux que nous créons sont sans doute la manifestation extérieure de la manière dont nous abordons notre vie intérieure (en recourant à une pensée extrême, catastrophiste ou manichéenne) pour comprendre le monde à l'intérieur de nous et autour de nous.

Ce mode de pensée ayant été corrélé avec l'anxiété et la dépression, il est souvent la cible du suivi psychologique. Par exemple, une personne qui ne voit les choses qu'en termes d'extrêmes opposés peut se sentir déprimée et croire que la vie n'est que souffrance, alors même qu'elle se sentait en accord avec elle-même, créative et vivante la semaine précédente. Dans ces moments-là, sa vision « tout ou rien » imprègne sa manière d'agir comme les choix qu'elle peut faire, et lui crée des problèmes. Un travail à effectuer ici pourrait être d'apprendre à tempérer les extrêmes de la pensée, qui engendrent des souffrances inutiles.

Des modèles de thérapie comme la thérapie comportementale dialectique (TCD) incitent à remettre en question cette tendance naturelle de l'esprit humain et à raisonner en faisant la synthèse des opposés plutôt qu'en exacerbant les divisions. Quand nous apprenons à composer avec la réalité selon laquelle les éléments que notre cerveau catalogue comme des opposés peuvent en fait être vrais en même temps, les décisions que nous prenons sont plus éclairées et plus équilibrées. Nous pouvons alors reconnaître que nous faisons de notre mieux tout en sachant que nous devons faire encore mieux. Il nous est possible d'accepter que des personnes compétentes commettent parfois des erreurs et que des gens bons puissent avoir des comportements blessants. Trop souvent, quand nous adoptons une vision à l'emporte-pièce des choses, nous écartons certaines informations importantes qui pourraient nous permettre de faire de meilleurs choix, tant pour nous-mêmes que pour notre entourage.

Notre tendance à trier et catégoriser les choses comme étant bonnes ou mauvaises est en grande partie due au fait que notre cerveau fait ce pour quoi il a évolué. Autrefois, seuls survivaient les humains capables de distinguer rapidement ce qui était sûr de ce qui était dangereux. Cette caractéristique s'est transmise au fil du temps, et nous voici aujourd'hui occupant nos journées à trier et cataloguer. D'innombrables exemples montrent que cette capacité est toujours utile à notre croissance et à notre évolution.

De surcroît, cette prédisposition à tout voir en couples d'opposés s'amplifie en cas de vécu traumatique. Pour nous empêcher de souffrir à nouveau, et parce que les nuances et les ambiguïtés de la vie laissent trop de place au hasard, le cerveau créé des catégories rigides : « tout bon » ou « tout mauvais ». Mais il devient compliqué, voire impossible, de gérer les relations et les efforts à long terme, parce que rien dans ce monde n'est totalement impeccable ou totalement déficient. Il devient également compliqué de prendre des décisions, car il n'existe pas de choix parfait, et il est difficile de se fier à ce qui présente des hauts et des bas, comme c'est souvent le cas. À maints égards, se remettre d'un traumatisme, c'est apprendre à supporter les extrêmes, à habiter à nouveau les zones grises de l'existence. C'est également la voie du mystique qui aspire à faire l'expérience de la vérité et de la totalité des choses : le bon, le mauvais et le laid tout à la fois.

La tarologue Rachel Pollack a écrit que la peur de ne pas nous connaître nous-mêmes est la pierre angulaire de notre pensée dualiste. Nous voyons les choses comme étant ceci ou cela, car nous ne nous faisons pas confiance pour gérer avec souplesse les contingences, les entre-deux et le flux constant qu'est la vie, tout en continuant à aller bien. Le poète Wolfram von Eschenbach, auteur de *Perceval*, une des plus célèbres versions de la légende du Graal, a écrit que le trésor sacré du Graal avait été abandonné sur terre à des anges. Pas n'importe quels anges, ceux qui étaient restés neutres lors de la querelle entre Dieu et Satan, ceux qui étaient restés dans le juste milieu. L'ange de la carte de Tempérance – qui a un pied sur terre et l'autre dans l'eau – nous délivre ce secret : avec un peu de pratique, nous pouvons nous aussi planter nos pieds dans deux mondes simultanément. Nous pouvons prendre ce que nous glanons à la fois ici et là, et l'intégrer sans perdre pied. Quand nous y parvenons, nous entamons un voyage non seulement de croissance psychologique, mais aussi d'évolution spirituelle, dans lequel nous pouvons finir en communion avec la façon dont les choses sont vraiment.

Tempérance abrite un secret : chaque situation recèle plus d'une vérité et il est possible de gérer les paradoxes. Parce que notre cerveau a évolué de façon à gérer des perspectives limitées, si nous espérons voir la réalité, nous devons rechercher activement d'autres points de vue pour conférer chaque fois plus d'épaisseur à nos pensées. Nous devons être attentifs·ves aux situations dans lesquelles nous supposons que la vie doit être soit un parterre de fleurs soit une épreuve perpétuelle, aux situations dans lesquelles nous ne parvenons pas à faire de place à l'imperfection, à celles dans lesquelles nous pourrions devoir commettre encore une erreur pour nous comporter de manière juste ou tout simplement acceptable. Nous ne devons pas oublier que tout cela fait partie de notre nature et qu'il est possible de grandir toujours davantage.

Le Diable

Les interprétations populaires du Diable décrivent une expérience d'oppression qui est, du moins en partie, intérieure plutôt qu'exclusivement imposée par une force extérieure. Cette lecture découle de l'illustration de la carte, qui montre que les chaînes autour du cou des captifs sont suffisamment lâches pour qu'ils puissent les retirer eux-mêmes s'ils le souhaitent, ce qui suggère que leur immobilisation pourrait être un choix. En termes de psychologie, on pourrait parler d'« impuissance apprise ».

Le concept de choix est intéressant parce qu'il implique la conscience et la capacité de faire quelque chose de différent. Je pense beaucoup au Diable dans le contexte des conduites addictives qui surviennent généralement de manière compulsive et avec un certain effort exercé par une volonté inconsciente. L'espace entre le stimulus et la réaction est si ténu que ce comportement semble automatique. C'est probablement l'une des raisons pour lesquelles les thérapies de pleine conscience semblent efficaces dans le traitement des comportements addictifs. En instaurant un peu de distance entre la personne qui pense et ses pensées (ou entre la personne qui ressent et ses sentiments) et en s'exerçant à observer les événements intérieurs à mesure qu'ils se déroulent, un espace se crée dans lequel la personne peut réagir à des situations éprouvantes en choisissant de faire quelque chose de différent au lieu de recourir systématiquement à la réaction habituelle qui, au final, l'amènera à souffrir davantage.

Ce que l'on omet souvent de prendre en compte dans les comportements addictifs, c'est que, quand l'objectif premier est de gérer la souffrance – psychologique, physique ou les deux, comme c'est souvent le cas –, l'alcool, les analgésiques, le sexe, les machines à sous, le shopping ou l'exercice physique peuvent être vraiment efficaces. Car il ne s'agit pas de réduire l'addiction à un simple évitement : c'est un processus complexe (avec souvent des composantes biologiques, sociales, écologiques et psychologiques) qui ne peut se réduire à certains comportements que l'on adopterait pour éviter des pensées et des sentiments dont on ne veut pas. Si l'objectif premier est de garder le contrôle de ses pensées, de ses sentiments et de ses sensations afin qu'elles restent vivables, alors adopter un comportement qui élimine, masque ou insensibilise est une excellente stratégie. Qui ne dénote pas la folie, mais l'intelligence.

Nombre de conduites addictives ne sont évidemment pas viables sur le long terme, et y recourir régulièrement impose de surcroît un coût élevé. Mais comme ce sont des stratégies de survie, si elles ne soutiennent en rien votre évolution, elles fonctionnent – en l'absence de tout autre choix.

Et d'ailleurs, si personne dans votre entourage n'avait pour vous de meilleure solution ou que personne ne vous a appris d'autre façon de gérer ce qui vous fait peur, je dirais que vous méritez énormément de bienveillance et de compassion pour avoir trouvé ce qui fonctionne pour vous, et arriver à vous y tenir. Je n'irai pas jusqu'à vous en féliciter, mais je ne vous en blâmerai certainement pas.

Il y a, je pense, autre chose de crucial à savoir concernant les comportements addictifs : lorsqu'on évite quelque chose, on est temporairement en paix ou soulagé par rapport au caractère délicat de la chose. Ce qui renforce le comportement d'évitement, mais également la croyance que ce que l'on évite est dangereux. Selon Peter Levine, qui a énormément écrit et enseigné sur les approches somatiques de la guérison des traumatismes, « le corps et le cerveau enregistrent comme dangereuses toutes les expériences que l'on rejette ». On évite très souvent des sentiments tels que le chagrin ou l'anxiété. Et en les évitant, on investit la croyance plus générale selon laquelle les sentiments peuvent être dangereux – ce qui est bien évidemment faux.

Pour la psychologue Delia Kostner, « les manières complexes dont nous nous détournons de la douleur par le biais des défenses psychologiques [...] conduisent à l'accroissement et au développement de la douleur ». La croyance selon laquelle des pensées, des émotions ou des sentiments peuvent être dangereux est la chose, s'il en est une, qui a véritablement le pouvoir de saper l'énergie de vie et de créer des schémas qui exacerbent et entretiennent la souffrance.

Nous nous passons une chaîne autour du cou chaque fois que nous conférons à certaines pensées ou émotions plus d'importance et de pouvoir qu'elles n'en ont réellement, chaque fois que nous croyons que la douleur, la solitude ou la peur du rejet social sont dangereuses en elles-mêmes et que nous construisons notre vie sur l'évitement. Avec l'évitement, nous nous pensons libéré·e·s de ces émotions, alors qu'en réalité nous en sommes esclaves : enchaîné·e·s à leur poids et condamné·e·s à les traîner partout, éternellement ou jusqu'à ce que nous soyons prêt·e·s à coopérer avec elles d'une manière qui ne relève pas de la domination, du refoulement ou du contrôle. Il n'y a rien d'inapproprié dans le fait de vouloir éviter ce qui est effrayant ou désagréable. Assurez-vous simplement que ce qui vous fait peur est effectivement dangereux, avant de construire votre vie entière sur l'évitement.

La Maison de Dieu ou La Tour

Selon le psychiatre Harry Stack Sullivan, la force motrice fondamentale de tout comportement humain est l'anxiété, et notre personnalité est essentiellement un ensemble d'habitudes et de stratégies que nous accumulons au fil du temps pour minimiser l'anxiété, éviter la désapprobation et conserver un sentiment positif de nous-mêmes. Bien que le développement de la personnalité soit évidemment beaucoup plus complexe que cela, on peut comprendre La Maison de Dieu comme un symbole des traits particuliers de la personnalité qui font office de rempart, en quelque sorte, contre l'anxiété de vivre. Et de ce point de vue, la perception qu'on a de La Maison de Dieu peut aller de la carte la plus redoutée du jeu jusqu'à celle d'une puissante bénédiction.

Dans les légendes, le divin apparaît tantôt créateur tantôt destructeur. Mais même si l'on est intellectuellement capable d'appréhender la chute de La Maison de Dieu comme résultant de quelque force divine qui construit et détruit pour l'éternité, cela ne la rend pas moins terrifiante pour autant. Quand notre maison s'effondre, nous sommes précipité·e·s, tête la première, dans l'expérience directe de ce qui nous terrorise depuis notre plus tendre enfance et que nous évitons inconsciemment depuis. Si notre personnalité, notre maison, s'est construite avec des briques de schémas comportementaux qui nous donnent le sentiment d'être protégé·e·s de ce que nous percevons comme une menace, notamment l'expérience de l'anxiété, quand nous commençons à retirer ces briques, nous nous sentons vulnérables et exposé·e·s : exposé·e·s au rejet social, à l'abandon, à la dévalorisation, à l'échec, à l'incapacité d'être aimé et à l'isolement.

Je crois qu'une des croyances fondamentales qui sous-tend la construction de nombre de maisons est que l'anxiété elle-même est dangereuse et doit être évitée à tout prix. Il n'est pas ridicule de le croire, puisque, quand nous sommes jeunes et dépendant·e·s des adultes qui font partie de notre vie, notre plus grande anxiété est d'être abandonné·e·s par ces personnes qui prennent soin de nous. Un rejet équivaudrait à la mort. En grandissant, nous apprenons donc à nous comporter de manière à limiter notre plus grande anxiété : la peur d'être rejeté·e·s et en fin de compte abandonné·e·s. Cette peur du rejet et ensuite de la mort est humaine. Mais en vieillissant, nous pouvons mieux accepter la réalité selon laquelle la source de notre anxiété la plus profonde – l'abandon interpersonnel – ne nous tuera pas.

La Maison de Dieu s'écroule quand nous comprenons que l'anxiété en soi n'est pas dangereuse. Le danger réside dans les façons complexes dont nous essayons de la fuir et de lui échapper. Ce sont ces schémas d'évitement qui nous créent des problèmes au-delà de la souffrance inhérente à la vie. Et il existe des moyens plus efficaces et plus énergisants de faire face au stress que de construire des schémas qui sont autant de murs en ciment. Quand on en arrive à comprendre que oui, nos structures de défense psychologiques ont eu une fonction de protection, mais que non, on n'a pas besoin de ce genre d'armure pour survivre, une nouvelle vie devient possible.

Nous avons érigé des murs à une époque où nous pensions que l'anxiété représentait une menace pour la vie, mais la réalité est que nous pouvons à la fois la tolérer et apprendre d'elle. Nous pouvons vivre avec le fait de ne pas être apprécié, nous pouvons survivre au fait d'être incompris, nous pouvons commettre des erreurs, nous pouvons nous en vouloir. Une fois qu'on a abandonné l'objectif d'éviter l'inconfort autant qu'il est humainement possible de le faire, et par tous les moyens nécessaires, on se donne la liberté d'explorer de nouveaux rêves qui ne concernent pas l'absence de souffrance, mais plutôt la recherche de l'épanouissement, la connexion et tout ce qui fait que la vie vaut la peine d'être vécue. Quel soulagement de s'apercevoir que l'on peut non seulement abattre ses murs, mais aussi le faire indépendamment de l'anxiété, qu'elle disparaisse ou non. On peut mener une vie vraiment belle et enrichissante avec l'anxiété pour compagne, au lieu d'avoir le sentiment d'être obligé de l'éviter.

L'Étoile

Qu'est-ce qui fait que certaines personnes ont tant de mal à espérer, quand d'autres n'en ont aucun ? Peut-on entretenir l'espoir quand il est déjà présent ou le faire renaître quand il semble s'être amenuisé ou avoir disparu ? Au fil des années, j'ai remarqué qu'il y a une grande différence entre déclarer qu'il faut s'exercer à l'espoir et s'y mettre réellement.

Savoir pourquoi certains ont beaucoup plus de facilité à espérer que d'autres est important. Eu égard à la complexité de nos histoires, que nous n'avons ni choisies ni influencées la plupart du temps, il est inadmissible que quiconque puisse avoir le sentiment que ses difficultés à garder espoir tiennent à ses défauts personnels. Tout le monde n'est pas de nature à imaginer un avenir prometteur, ni même sûr.

Le désespoir est un élément clé de la dépression, par exemple, et, pour aller plus loin dans cette réflexion, je dirais que c'est également la caractéristique d'une personne qui n'a jamais pu s'offrir le luxe de se sentir en sécurité dans l'enfance. Il n'y a absolument rien de mal à ce que quelqu'un qui a eu l'habitude qu'on ne réponde pas à ses besoins ait du mal à croire que ce sera le cas un jour. Pourquoi prendre émotionnellement le risque de croire à une chose dont il n'y a littéralement aucune preuve qu'elle est réaliste ou pratique ? Au sens strict du terme, le manque d'espoir peut être considéré comme une preuve d'adaptation, de protection et de sagesse. Dans les situations les plus graves, il peut même permettre de rester en vie : c'est le cas lorsqu'une énième déception nous anéantirait.

Pour le psychologue Erik Erikson, nous traversons à chaque étape de notre développement une crise qui – si tout se déroule selon un schéma de vie idéal – nous permet d'en ressortir plus fort·e·s et vertueux·ses. Selon lui, la toute première crise qui survient entre la naissance et l'âge de deux ans permet au tout-petit de distinguer la confiance de la méfiance. C'est à ce moment-là qu'il décide s'il peut faire confiance ou non au monde et à ses habitants. En fonction de ce qu'il vit à ce stade, il va en ressortir avec la vertu de l'espoir ou développer des caractéristiques telles que la suspicion, la méfiance et l'anxiété. Vous pouvez donc imaginer ce avec quoi vous allez ressortir si vous avez été entouré·e de gens incapables de réagir aux besoins du bébé que vous étiez. L'espoir est une chose que l'on apprend (ou pas) très tôt dans l'existence, et il n'est pas difficile de voir l'influence de cet apprentissage sur notre vie.

L'Étoile est souvent interprétée comme annonciatrice d'espoir. Mais sans la volonté d'examiner ce qui fait obstacle à cet espoir – sans une croyance sincère à la réussite –, je crains que souvent son remède ne soit inefficace, ou que son message ne tombe à plat. À tout le moins, L'Étoile peut sans doute inviter celles et ceux qui ont du mal à espérer à s'accorder la grâce de comprendre pourquoi il en est ainsi.

Concrètement, la grâce, c'est vous rappeler que ce n'est pas votre faute si vous avez du mal à espérer et que ce manque d'espoir est peut-être, aussi étrange que cela puisse paraître, ce qui vous protège depuis tant d'années : une chose que vous avez mise en place parce que vous vous aimiez trop pour risquer de vous infliger encore une déception. Parce que vous aviez la sagesse innée de savoir que souhaiter encore une fois quelque chose dans une situation qui ne pouvait changer et ne changerait pas finirait par vous détruire. Je ne sais pas ce qu'Erikson en aurait dit – et il est certain que ma position privilégiée explique en partie mon point de vue et mes convictions –, mais je pense qu'il n'est jamais trop tard pour revenir sur nos vertus perdues : volonté, détermination, amour, sagesse et espoir… et pour les assumer.

La Lune

Dans une culture qui met la connaissance sur un piédestal, on accorde généralement peu de valeur à la confusion. On considère que les personnes désorientées souffrent d'une pathologie à laquelle il convient de remédier le plus rapidement possible. Cette adoration collective du savoir entraîne chez celles et ceux qui demandent conseil au tarot une certaine appréhension de La Lune, qui leur semble à l'exact opposé de ce dont ils pensent avoir besoin : clarté, guidance et réponses.

Quand on essaie de comprendre un rêve, on commence souvent par identifier à quoi l'on associe ses décors et les symboles qu'il contient. Que signifie la lune pour vous ? La lune est liée à la nuit. Qu'est-ce que la nuit ? Un temps où ce que l'on voit clairement le jour est obscurci et rejeté dans l'ombre. Avez-vous déjà remarqué à quel point l'anxiété tend à augmenter la nuit ? Tels des enfants terrorisés par la vision de monstres qui seraient cachés sous leur lit, nous projetons nos peurs dans les espaces et les temps qui masquent ce qu'ils contiennent. Peut-être vous demandez-vous, comme je me le suis moi-même demandé, quelle utilité un symbole de confusion peut-il bien avoir pour les personnes qui se sentent perdues ou coincées dans une situation.

Un soir, autour de tapas et d'un verre de vin rouge, un ami et mentor rencontré pendant mon troisième cycle universitaire m'a appris une technique que les thérapeutes emploient pour stimuler la confusion chez leurs patients : entrer en relation avec eux d'une façon à laquelle ils ne s'attendent pas ou leur poser une question qui défie leur logique par défaut ou leur mode de pensée. Il peut paraître étrange – peut-être même cruel ou inhabituel – de plonger intentionnellement une autre personne dans un état de confusion, surtout une personne que l'on est censé aider. Alors permettez-moi de vous en expliquer le bien-fondé. Quand quelqu'un qui était coincé se retrouve plongé dans un état de confusion, le sentier étroit qu'il empruntait disparaît, et il est obligé d'inventer une nouvelle voie.

Une partie du travail réalisé avec le tarot consiste à apprendre à s'ouvrir à toute la gamme des expériences de la vie, à demeurer entre la nuit et le jour, l'inconscient et le conscient, la forêt et le village. L'idée que la confusion pourrait avoir une valeur thérapeutique est formidable, car elle transforme un état que l'on pense généralement négatif en une sorte d'épreuve. Elle explore la possibilité que la confusion puisse être de fait un moment idéal pour travailler sur nos manières de voir, de nous déplacer, de savoir, trop anciennes et atrophiées. Elle émerveille et interroge tout haut : si je pouvais permettre au mystère de m'accompagner juste un peu plus longtemps sans avoir besoin de le faire disparaître, une nouvelle façon d'avancer pourrait-elle émerger ? Quitter la maison de glace du savoir conscient pourrait-il faire place à quelque chose de plus basique, de plus instinctif, ou à un état de conscience plus élevé ? Est-il possible qu'une période de confusion constitue en fait une ouverture parfaite pour invoquer des parties de nous-mêmes auxquelles nous n'aurions pas accès autrement ?

Après ce dîner, je n'ai pu résister à l'envie de mener des recherches plus approfondies sur les vertus thérapeutiques de la confusion. Il s'avère que les guérisseurs et les maîtres l'utilisent comme objet de méditation depuis des temps immémoriaux : les kōans, énigmes séculaires des bouddhistes zen, permettent d'aider les gens à mieux comprendre la nature de la réalité en les surprenant et, ce faisant, en révélant les limites du savoir acquis par le biais de l'esprit analytique. Comme le dit un kōan particulièrement célèbre : « Quand on tape dans ses deux mains, on produit un son ; écoute le son produit par une seule main. » Une étude largement médiatisée portant sur plusieurs classes a montré que les élèves apprenaient davantage lorsque les enseignants suscitaient chez eux une certaine confusion. Et dans le domaine de la santé mentale, le psychiatre Milton Erickson a enseigné les « techniques de confusion » aux hypnothérapeutes, qui depuis utilisent la désorientation pour aider leurs clients à changer.

Être certain d'une chose revient, sur le plan psychique, à édifier un mur pour se protéger de tout ce qui pourrait remettre ce savoir en question. Par exemple, si je présume que certains sentiments – comme la colère, la peur ou la tristesse – sont dangereux, cette supposition est un mur qui va m'empêcher de faire tout ce qui pourrait déclencher ces sentiments, que j'en sois conscient·e ou non. Quelqu'un qui pense savoir avec certitude qu'il est nul en maths peut souhaiter sincèrement devenir économiste, mais, sans même se poser de questions, il évitera tout cursus comportant des mathématiques. Combien sont celles et ceux qui ont le potentiel de changer le monde, mais ne le feront pas à cause de ce qu'ils croient savoir avec certitude de leurs aptitudes et de leurs défaillances ?

Le tarot ne cesse de nous enseigner à accepter les paradoxes. Nous pouvons ainsi considérer le savoir comme une chose belle et désirable, tout en comprenant qu'il impose des limitations à la réalité. Savoir peut élargir le spectre de ce que nous considérons comme possible, mais ce peut aussi devenir une boîte dans laquelle nous nous enfermons pour nous défendre inconsciemment de notre propre croissance. Être dans un état de non-savoir crée des ouvertures, propose de nouvelles voies et regorge de potentiel, alors même que ce que nous ne parvenons pas à saisir peut nous faire peur. Quand nos défenses tombent, de nouveaux contours et de nouveaux points d'appui apparaissent, et quand nous nous débattons pour ne pas sombrer, nous sommes beaucoup moins pointilleux sur ce à quoi nous nous raccrochons pour rester en vie.

Le Soleil

Un conte de fées très ancien et bien connu raconte l'histoire d'une grenouille et d'une jeune princesse. Les deux se lient d'amitié après que la balle d'or adorée de la princesse fût tombée dans un puits sombre et que la grenouille, qui sait plonger et évoluer dans les espaces obscurs et humides, lui a proposé d'aller la rechercher en échange d'un peu de compagnie. Dans les contes anciens, la balle d'or symbolise généralement le Moi, et, selon l'analyste jungienne Marie-Louise von Franz, elle a pour fonction « d'unifier les aspects sombres et lumineux de la psyché ».

Une grenouille qui vit au fin fond de lieux renfermés comme des puits et une princesse qui dort la nuit dans les hauteurs d'un château se rencontrent, et ce qui se produit alors est assez semblable à ce qui arrive quand nous commençons à déterrer les mystères cachés de notre psychologie. Je vous épargne les détails, je me contenterai de dire que quand la grenouille insiste pour manger dans l'assiette de la princesse et dormir sur son oreiller, cela entraîne contrariété, irritation et dégoût. Vous connaissez peut-être ce sentiment, assez semblable à celui que l'on peut éprouver quand on essaie de profiter d'un bon repas ou de trouver le sommeil, alors que quelqu'un nous a dit qu'on a été manipulateur ou que l'on s'aperçoit soudain avoir fait son maximum pour éviter de plonger au fond d'un puits de chagrin.

Tour d'abord, comment se fait-il exactement que certaines parties de nous-mêmes deviennent des grenouilles et soient précipitées dans ces puits ? Pour commencer, chacun de nous, sans exception, a fait l'expérience du rejet dès sa naissance. Et bien que cela paraisse aussi tragique qu'un conte des frères Grimm, ce sont des faits – pas un conte de fées. Depuis notre plus jeune âge, notre personnalité s'est développée en partie sur la base des signaux envoyés par les personnes qui s'occupaient de nous sur ce qui était acceptable ou ne l'était pas. Dès notre venue au monde, nous avons fait le tri entre ce qui est bien chez nous et ce qui ne l'est pas. Certaines qualités (le sourire, l'obéissance, l'amabilité) méritent d'occuper la grande chambre toute douillette au troisième étage du château. À l'inverse, certaines autres (la contestation, le désir vorace, le besoin de contrôle sur tout et tout le monde) doivent être reléguées dans les profondeurs du puits, bien loin du château.

Nos parents ou les personnes qui se sont occupées de nous avaient leurs préférences avant notre naissance, et ces préférences n'ont pas disparu quand nous sommes arrivé·e·s dans ce monde. Ils avaient certaines conceptions et certains rêves sur ce que signifiait être parents ou avoir un enfant. Ces idées nous ont été imposées, et – non parce qu'ils étaient de mauvaises gens, mais parce qu'ils étaient humains – celles et ceux qui ont pris soin de nous ont choisi notre nom avant même notre naissance. Avant que nous ayons eu la chance de montrer au monde à quoi ressemblent nos yeux quand nous sommes heureux·ses, ce que nous dégageons lorsque nous avons peur ou notre capacité à parfois entendre des couleurs. Au lieu de nous inviter à être vraiment ce que nous sommes, on nous a dit le plus souvent ce que nous devions être.

Comme l'a écrit le poète et conteur Robert Bly :

> La voilà, la tragédie. Nous sommes arrivés, nouveau-nés, « laissant dans notre sillage de glorieux nuages[7] », des confins les plus reculés de l'univers… bref, avec notre rayonnement à 360 degrés… et nous avons offert ce cadeau à nos parents. Ils n'en ont pas voulu. Ils voulaient une gentille petite fille ou un gentil petit garçon. Ça, c'est le premier acte de la tragédie.

Nous avons tou·te·s vécu ce rejet de ce que nous sommes vraiment, de notre identité profonde ou de notre destin, d'une manière ou d'une autre. Parce que quelqu'un comptait sur nous pour être autre chose, quelque chose dont il avait besoin dans sa propre histoire, et nous avons tenu ce rôle. Cette vieille blessure de rejet est semblable à une bête que nous trimballons. Il lui arrive de dormir, mais elle se réveille facilement, prête à

---

7. « *Trailing clouds of glory* » : citation d'un vers tiré du poème de William Wordsworth « Intimations of Immortality », paru en 1807 dans un recueil en deux volumes intitulé *Poems*.

sortir au moindre signe de désapprobation. La psychologue Alice Miller a écrit que même si nous nous sommes trahi·e·s, enfants, même si nous avons été infidèles à des parties de nous-mêmes et que nous les avons jetées dans les profondeurs du puits, nous ne pouvons nous reprocher d'avoir fait, au vu des circonstances, tout notre possible pour survivre. La meilleure chose, écrit-elle, est de faire le deuil de cette blessure. Mais je pense qu'il y a plus.

Le symbole de la balle d'or qui serait une force cherchant à unifier les parties consciente et inconsciente de notre vécu est un moteur puissant ; je le sais parce que vous ne seriez pas en train de lire ce livre si ce n'était pas le cas. Sans ce moteur, tendre l'oreille pour écouter les secrets du tarot ne vous intéresserait probablement pas. Si vous êtes ici, c'est parce que vous voulez découvrir la vérité. Et moi aussi. Sur la carte du Soleil, un bébé nu traverse un champ de tournesols sur le dos d'un cheval blanc ; la balle d'or – le soleil lui-même – est dans leur dos. Il s'agit ici de mettre en lumière et, ce faisant, d'entrer en relation avec les créatures que nous avons reléguées il y a longtemps dans les profondeurs des puits humides de la périphérie de notre conscience. La tâche consiste à suivre courageusement la balle qui rebondit dans les forêts ombragées pour voir ce qui s'y trouve.

Dans certaines versions du conte, la grenouille contrarie tellement la princesse qu'elle finit jetée contre un mur ; dans d'autres, elles s'embrassent. Mais dans toutes les versions de cette histoire, la fin reste la même : la grenouille se transforme en prince, et les deux personnages se rejoignent dans une sorte de communion harmonieuse. Voilà ce que nous espérons tou·te·s, lorsque nous prenons conscience de nos vieilles blessures et de nos vieux schémas : parvenir à les intégrer pour en faire un chemin menant à une version plus authentique de nous-mêmes.

Le Jugement

Ayant longuement exploré les bienfaits de pratiques telles que la pleine conscience ou la thérapie cognitive, je reste sceptique quant à la possibilité de choisir de ne pas penser à quelque chose. Par exemple, si je m'assieds en face de vous et vous dis de ne pas penser à un lapin turquoise, vous allez probablement vous mettre à penser à un lapin turquoise. Mais si vous vous êtes exercé·e à diriger votre attention grâce à la méditation ou à entraîner votre esprit de quelque façon qui marche pour vous, il y a des chances que vous parveniez à rediriger votre attention sur ce à quoi vous préférez penser. Et plus vous vous serez entraîné·e, plus vous parviendrez à y orienter votre esprit ou à l'y ramener quand il se mettra à vagabonder, ce qui ne manquera pas de se produire. Si vous avez tendance à avoir des obsessions, à vous inquiéter ou encore à vous laisser emporter par les fluctuations incessantes de votre esprit, cette capacité changera votre vie.

J'interprète généralement de deux manières la carte du Jugement dans le tarot : comme un appel à l'aventure ou comme une résurrection. Un appel à l'aventure est une invitation au changement ; il s'agit de laisser derrière soi l'ancien au profit du nouveau, d'oublier ce que nous ne sommes pas pour nous rappeler qui nous sommes. Les légendes nous enseignent qu'entendre un appel n'est pas la même chose que d'y répondre : nombre de héros ont d'abord refusé un appel avant de le suivre, parfois à de multiples reprises, tout comme nous pouvons refuser des occasions d'évoluer avant d'être prêt·e·s. Répondre à l'appel requiert une tâche psychologique très spécifique, celle d'oublier tout ce qui n'est pas utile au voyage pour se souvenir de tout ce qui l'est. C'est là qu'intervient l'entraînement à la pleine conscience, et c'est également là que nous commençons à travailler avec la métaphore de la résurrection, image récurrente de nombreuses illustrations classiques du vingtième arcane majeur.

Selon le théologien Richard Bulzacchelli :

> Avec la résurrection comme métaphore, nous choisissons de vivre comme si la vie avait un sens objectif et éternel, même si nous savons rationnellement que tout doit avoir une fin. Cela signifie choisir de laisser le passé derrière soi et de vivre en se dirigeant vers un nouvel avenir dans lequel on pourrait remplacer les erreurs et les pertes du passé par des choix plus judicieux et de nouvelles opportunités.

Autrement dit, le thème de la résurrection concerne le renoncement à ce qui serait susceptible de nous freiner et de nous empêcher d'avancer, ou son oubli, afin de faire place aux choses dont nous avons vraiment besoin, comme la clarté, la légèreté et l'agilité. On a vu plus d'un héros se débarrasser ici et là de ses biens, souvent de grande valeur (voyez le personnage du huit de Coupe, p. 153, s'éloigner des coupes d'or), pour fuir une situation dangereuse ou tenter de rentrer chez lui après avoir obtenu un trésor.

Bulzacchelli a écrit que dans la chrétienté, le récit de la résurrection dans lequel reparaît le corps entier de Jésus-Christ, et pas seulement son âme, nous apprend que « ce que nous recherchons vraiment est un sens qui perdure par-delà les frontières de la mort, et même par-delà celles du temps et de l'histoire ». La métaphore de la résurrection affirme que la vie a un sens et une valeur éternels qui échappent au dépérissement imposé à tous dans les domaines de l'espace et du temps. On retrouve le même thème dans des contes plus légers, notamment *Grenadine*, la version sarde de la Blanche Neige des frères Grimm : une jeune femme meurt après avoir été empoisonnée par des chaussures en or que lui avait offertes sa belle-mère, mais renaît grâce à l'amour d'un prince et de la mère de celui-ci, une reine bienveillante.

L'histoire chrétienne de Jésus et le conte venu de cette île méditerranéenne cherchent tous deux à attirer notre attention sur une chose qui subsiste en nous même quand elle est soumise aux forces dégénératives et toxiques de ce monde. Dans la résurrection, le souvenir ou le retour à la vie, il nous faut oublier une chose : les limites inhérentes à l'existence humaine dans ce monde matériel. À l'ère des réseaux sociaux – nous sommes inondé·e·s de contenus traumatiques à un niveau sans précédent dans l'histoire –, notre tâche est de trouver un moyen de continuer à vivre en accord avec ce qui nous est précieux, alors même que le monde brûle autour de nous.

Le Jugement, symbole de l'appel à l'aventure et de la résurrection, le demande : comment continuer à vivre en conformité avec ce que nous tenons pour bien et pour vrai, alors même que le monde s'effondre autour de nous ? Comment continuer à faire ce qui est bien, quand ce bien peut sembler futile face à des forces d'exploitation et de destruction démesurées ?

Le secret que nous livre Le Jugement est que nous devons rester attaché·e·s au sens « qui perdure par-delà les frontières de la mort [...] du temps et de l'histoire », que nous devons oublier ce que Joseph Campbell appelait « les choses inhumaines qu'exigent de nous » les systèmes dans lesquels nous vivons pour nous souvenir que notre vie a un sens, même si ce sens doit rester (en partie, du moins) mystérieux, et nous souvenir que toute vie a un sens.

Toute revendication de justice climatique, raciale, sociale ou de quelque forme que ce soit est un appel à l'aventure, et nous nous trouvons chaque jour à la croisée des chemins (symbolisée par la croix sur le drapeau de l'ange du Jugement), avec la possibilité d'accepter ou de refuser l'appel. Si nous choisissons la première option, nous devons oublier tout ce qui n'est pas utile au voyage et nous rappeler tout ce qui l'est. Les restrictions inhérentes au fait de vivre dans un corps humain, avec des niveaux d'attention limités et des capacités variables d'empathie, nous imposent bel et bien d'oublier consciemment certaines choses pour fonctionner. Mais pour avancer sans nous arrêter, nous devons nous rappeler l'attention profonde que nous nous portons les uns aux autres qui fait notre humanité, ce qui est juste, et enfin le sentiment d'appartenir à quelque chose de plus grand que la maison de chair isolée qu'est le moi.

Le Monde

Le physicien David Bohm, qui a consacré sa vie à mieux comprendre la nature de la réalité, a écrit qu'elle était « vaste, riche et dans un flux incessant de déploiements et d'épanouissements, avec des lois dont la plupart ne sont que vaguement connues et qu'il serait peut-être même impossible, finalement, de connaître dans leur totalité ». Et d'affirmer qu'en fin de compte, la réalité telle qu'elle est ne peut jamais être appréhendée.

Une manière de comprendre Le Monde, vingt et unième arcane du tarot, est de le voir comme le symbole d'une expérience de réalité absolue. Selon la formule du personnage mythique d'Hermès Trismégiste, la réalité absolue est « toutes les époques et tous les lieux, toutes les substances, les qualités et les grandeurs, réunis ». Dans un sens peut-être plus concret, la réalité absolue est liée à la pluralité et à l'inclusivité. L'objectif est de faire l'expérience de la vie telle qu'elle est, dans sa terreur et sa beauté, ses ambiguïtés et ses contradictions.

L'incarnation de ces idées se fait jour à travers Mercure, dieu de la mythologie considéré par les alchimistes comme un esprit de vérité. Si l'on vous a déjà qualifié de « mercurien·ne », cela peut vouloir dire que vous êtes enclin·e à des changements imprévisibles ou incohérents – un trait de personnalité que la plupart d'entre nous n'apprécient pas chez leurs proches. Mais dans son ouvrage *Psychologie et Alchimie*, Carl Jung cite un texte décrivant Mercure comme « l'esprit du monde devenu corps dans la terre ». Ce langage renvoie au concept d'une *anima mundi* interconnectée ou d'une âme dynamique du monde, fluctuante et complexe – une autre manière d'appréhender la réalité absolue.

Dans les thérapies comportementales modernes, on accède à la réalité absolue grâce à ce que la psychologue Marsha Linehan décrit comme la

« synthèse des contraires », une façon de faire coexister deux (ou plusieurs) vérités apparemment contradictoires. Dans la thérapie comportementale dialectique, le travail du thérapeute consiste à aider son patient à concilier besoin de changement et besoin d'acceptation radicale de soi. Ces deux besoins sont réels et essentiels au processus.

Je fais le lien entre les théories anciennes et les théories contemporaines pour montrer qu'il existe une continuité entre la manière dont on appréhende la réalité à travers le temps et l'espace. Mais l'objectif n'est pas d'affirmer qu'il existe une seule vérité durable, une seule réalité absolue. Le psychiatre Frantz Fanon, pionnier de la psychologie de la libération, critiquait la psychologie européenne en raison, entre autres, de son idée d'inconscient collectif universel qui omettait de traiter les « complexes » partagés dans l'inconscient – pensées ou sentiments cachés partagés, mais spécifiques à une communauté ou une culture. Selon Fanon, généraliser à partir d'expériences diverses était inapproprié. Il valait mieux faire preuve de curiosité vis-à-vis de la différence et s'intéresser à ce qui était vraiment présent. En ce sens, les généralisations sont l'antithèse du Monde. Selon la formule du conteur Daniel Deardorff, « la sagesse, c'est d'être inclusif. La sagesse tire parti de points de vue et d'intelligences multiples. Elle n'est jamais unilatérale. »

La marginalisation est un effet secondaire de l'existence d'une norme ou d'une structure qui se définit surtout par ce qu'elle n'est pas. Psychologiquement, ces structures sont les récits personnels souvent unidimensionnels que nous véhiculons sur ce que nous sommes (et ne sommes pas) et sur ce que nous faisons (et ne faisons pas). Ces récits rejettent tout ce qui dépasse les limites de ce que nous sommes disposé·e·s à reconnaître comme vrai, ou même possible. Sans surprise, ce processus se reproduit dans les structures démographiques qui définissent les endogroupes et les exogroupes, chacun dépendant de l'autre pour lui dire ce qu'il est en lui fournissant un exemple de ce qu'il n'est pas. Comme l'a écrit le mythologue Martin Shaw :

> La technique classique quand on veut faire de l'« altérité » une ennemie consiste à la minimiser, à la ridiculiser. Dans la mesure du possible, nous tenterons de renforcer notre mur de défense par le biais de la race, de la classe et du genre. Nous rejetons la création de liens. Nous ne savons peut-être pas ce que nous sommes, mais nous savons que nous ne sommes pas cela.

Cependant, pour Lewis Hyde, « il s'avère toujours qu'à un moment ultérieur ou à un autre endroit », on a besoin de tout ce qui est exclu de l'ordre dominant. Le but du Monde n'est donc pas d'identifier la similitude, mais de montrer la valeur de ceci et de cela à la fois. C'est la pluralité, la diversité, la place faite pour tou·te·s. Et ce n'est pas un processus figé, mais une évolution en cours, une idée d'exil et de retour à la fois. Un processus qui consiste à ériger des structures dont la nature est d'exclure, et à récupérer et restaurer ce qui a été entraîné au-delà des limites.

Avec le voyage du Mat vers Le Monde, il s'agit de ne pas choisir entre la périphérie ou le centre, la civilisation ou la nature, le masculin ou le féminin, le dessus ou le dessous. Il s'agit plutôt d'une liminalité sacrée. Avec quelque chose de mercurien, de dialectique, d'absolu. Je pense que le tarot lui-même est un exemple vivant de cette énergie. Tel Prométhée dérobant le feu au royaume des dieux pour en faire don aux humains, les cartes se meuvent de manière fluide entre les mondes et nous guident afin que nous fassions de même. Comme tous les fripons de la mythologie (parmi lesquels Loki, Coyote ou Hermès), les cartes jaillissent tel le danseur qui a un pied sur la terre et l'autre dans l'éther, laissant tomber des joyaux venant des Anciens dans des endroits inattendus, des centres de santé comportementale aux cercles de tarot communautaires en passant par des fêtes d'anniversaire ou des rituels personnels. Le plus important, c'est le but : il s'agit de voyager entre les mondes avec autant d'élégance que possible.

LES ARCANES MINEURS

L'AS DE BÂTON

Nombre des thérapies qui ont été et seront abordées dans ce livre sont des thérapies comportementales, qui se concentrent sur le comportement et l'influence des pensées et émotions sur le comportement, et vice-versa. Si je trouve le tarot aussi puissant, c'est entre autres parce que chaque carte, particulièrement dans les arcanes mineurs, parle directement aux quatre domaines de l'expérience humaine et nous aide à comprendre comment atteindre un niveau de compréhension et de compétence dans chacun d'eux. Pour comprendre chacun de ces domaines, l'as, qui représente le « un » et donc est la matière première de chaque famille, est un point de départ précieux.

Les Épées nous aident à comprendre la connaissance, les Coupes nous enseignent les émotions et les Deniers nous murmurent des secrets sur l'influence de nos pensées et nos ressentis. Mais le tarot comprend également un quatrième domaine, trop souvent ignoré dans les thérapies comportementales : celui de l'énergie, représenté par la suite des Bâtons. Dans le secteur de la santé mentale, on met l'accent sur une pratique basée sur les faits probants, c'est compréhensible. Ainsi, le domaine des énergies est souvent négligé, parce qu'il représente un aspect impossible à mesurer de notre être.

Les Bâtons unissent l'éthéré au corporel, comme l'indique leur représentation courante avec une extrémité par terre et l'autre dans les airs. Leurs racines sont à la fois spirituelles et matérielles, avec une extrémité dans la terre et l'autre dans le ciel. En alchimie, le bâton serait probablement associé au soufre, matière spirituelle associée à l'âme et considérée comme l'intermédiaire reliant l'esprit au corps. Aujourd'hui, on retrouve cette idée alchimique dans les neurosciences : l'image du Bâton peut évoquer le nerf vague, qui relie le crâne aux organes du système digestif, transmet au cerveau des informations concernant les différents organes et est souvent ciblé dans les approches « corps-esprit » du traitement des problèmes de santé mentale et physique.

Le Bâton est traditionnellement associé à l'élément Feu, la chaleur étant ce qui distingue les vivants des morts. Le Feu est une partie nécessaire de tout parcours thérapeutique. Même si l'on emploie des termes tels que « cognition chaude » et « dérégulation » pour l'évoquer, on parle d'une énergie qui a le potentiel de transformer des vies. Si l'on entre en thérapie, c'est parce qu'une énergie ardente (parfois brûlante, donc ingérable) nourrit des comportements inadaptés ou ravage des relations interpersonnelles sans montrer aucun signe de ralentissement. Souvent, il faut qu'un incendie d'un genre ou d'un autre saccage notre vie pour que nous réalisions qu'il est temps de guérir. Dans la doctrine religieuse, la notion de chaleur est utilisée pour décrire une pratique fervente de la foi, comme nous le rappelle Jésus dans le livre de l'Apocalypse (Nouveau Testament) : « Parce que tu es tiède, et que tu n'es ni froid ni bouillant, je te vomirai de ma bouche. » (Apocalypse 3:16)

Bien que nombre d'interprétations populaires associent les Bâtons à l'action, je crois qu'ils représentent ce qui précède l'action. Les Bâtons contiennent l'énergie qui nous inspire, nous motive et nous stimule. L'analyste jungienne Marie-Louise von Franz a écrit que « le Bâton est également associé à la Voie et est un principe directeur dans l'inconscient. La crosse de l'évêque, par exemple, était interprétée par l'Église comme l'autorité de la doctrine, qui montre le chemin et statue. Dans l'Antiquité, la baguette d'or ou baguette magique était l'attribut de Mercure et représentait sa capacité à organiser des éléments difficiles à résoudre dans l'inconscient. Si l'on possède un bâton, on n'est pas totalement passif ; on a un but. »

C'est pourquoi je considère que le Bâton concerne nos désirs ainsi que nos « appréciations intuitives » : cette toute première étincelle de réaction à l'intérieur de nous, avant que nous ayons le temps de réfléchir à ce qu'une chose signifie et, ce faisant, de réprimer nos émotions la concernant ou de nous livrer à un quelconque acte d'évitement. Bien que cette chose soit très souvent enveloppée dans un langage sec et dénué de magie, c'est fréquemment sur elle que les cliniciens travaillent en thérapie : la chose brûlante, la chose brute, la chose qui contient le Feu – là où se trouve le potentiel d'un renouveau de la vie et d'un nouvel apprentissage. C'est donc la matière la plus subtile et la plus difficile à mesurer de l'expérience humaine qui peut régir – et régit, de fait – le dense. Et quand nous apprenons à travailler avec elle, en la mettant au service de notre croissance et de notre évolution, c'est magique. Or la baguette magique n'est-elle pas un type de bâton ?

Le deux de Bâton

Si nous restons trop souvent coincé·e·s dans des situations délicates, c'est parce que nous ne savons pas comment gérer la déception provoquée par une chose qui n'est pas à la hauteur de nos espérances. Quand le seul moyen que l'on connaît de gérer la déception est de l'éviter, le risque est particulièrement grand de se retrouver coincé, car la vie est pleine de choses qui ne sont pas ce que l'on croyait qu'elles seraient. Il est important pour notre évolution personnelle d'apprendre à vivre avec ce point.

Goûter à quelque chose que l'on a passé des années à désirer pour finalement s'apercevoir que ce n'est pas du tout ce qu'on voulait peut ressembler à une mauvaise blague. Je me rappelle le nombre incalculable de fois où j'ai dû l'admettre : « Oh, bon sang, ce n'est pas ce que je pensais », sans être pour autant capable de composer avec la déception qui accompagnait la situation. Ne sachant ni comment me détacher du rêve que j'avais construit ni comment composer avec le deuil du projet, la solitude, la peur que rien ne s'améliore, la terreur très particulière de la privation, je restais au *statu quo* (avec un emploi, une relation, un espace de vie inadéquats) tout en sachant au plus profond, dans mes tripes et dans mon cœur, que ce n'était pas ce que je voulais. Avec le recul, la plupart du temps c'en était même très loin.

Le deux de Bâton représente un personnage dans une haute tour, vêtu de vêtements à la mode. Il a vue sur un panorama magnifique, mais regarde au loin, aspirant à autre chose. Dans la version des cartes illustrées par Pamela Colman Smith, la tête de ce personnage est coiffée d'une toque rouge, suggérant que la passion et la vie sont bien présentes, mais cantonnées au mental. Le reste du corps est drapé dans des tons neutres, ce qui symbolise la réalité de la vie quotidienne, laquelle a pris la couleur d'un champ stérile, le personnage n'étant pas dans l'espace propice à son évolution. Non que les paysages fantastiques ou les vêtements onéreux soient hideux ou désagréables, mais ce n'est pas là ce dont cette personne a réellement besoin. Si vous avez déjà vous-même vécu ce genre de situation, vous comprenez. D'abord, il y a un inconfort : le vêtement ne vous va pas bien, vous ne cessez de tirer dessus ou de l'ajuster, il vous fait vous sentir mal à l'aise en public. À mesure que le temps passe, il se met à vous faire mal : la ceinture comprime vos organes, le col roulé rend votre respiration difficile.

J'ai souvent vu cette carte comme un appel à l'aventure, tel celui ressenti par le jeune Siddhārtha Gautama, le Bouddha, qui menait une vie privilégiée de prince dans un palais, mais désirait plus. Si son histoire résonne auprès de tant de confessions et de croyances, c'est parce qu'elle évoque les récompenses attendant ceux qui ont le courage de suivre les aspirations de leur cœur, même – et peut-être surtout – quand elles sont en décalage complet avec ce que nos sociétés nous apprennent à vouloir. Siddhārtha, en renonçant à sa position et à ses possessions terrestres, a trouvé l'illumination et gagné la vie éternelle dans le cœur et l'esprit des êtres humains. Si ce n'est pas là une incitation à aller chercher ce dont on a besoin, je ne sais pas ce que c'est. Mais le chemin du Bouddha ne fut pas facile : il lui a fallu d'abord reconnaître combien il était déçu de ses conditions de vie, il a dû accepter que ce qui était suffisant pour d'autres ne l'ait pas été pour lui. Et c'est cette acceptation qui lui a permis d'avancer.

L'esprit humain est doué de la capacité de bâtir des rêves complexes et tellement puissants que, quand la réalité ne leur correspond pas, nous en restons perplexes, ne comprenant pas ce qu'il s'est passé. La plupart d'entre nous passons des années piégés dans la dissonance entre ce qui a été espéré et ce qui est. Mais il existe une autre option. Nous pouvons choisir entre rester coincé·e·s dans l'espace étroit qui sépare ce que nous voulions et ce que nous avons eu ou nous ressaisir et accueillir la déception qui accompagne l'acceptation d'une réalité qui n'est pas celle que nous avions espérée. Nous sommes amené·e·s à choisir entre deux expériences émotionnelles : la déception ou le sentiment d'être coincé.

Chaque choix aura ses effets secondaires. Si l'on choisit la déception, on éprouvera peut-être aussi un sentiment de désespoir, de peur, d'inadaptation, et on aura l'impression de se heurter à des croyances profondes et tenaces sur le monde et sa capacité de satisfaire nos besoins. Si l'on choisit de se sentir coincé, on fera sans doute l'expérience de la frustration, on aura le sentiment que nos instincts se sont émoussés au point que l'on ne sait plus à quel saint se vouer, on connaîtra une perte de vitalité et, dans les cas graves, une anhédonie (incapacité à prendre du plaisir) et une dépression. Mais il y a une chose que l'on doit savoir : les effets secondaires de la déception se dissiperont à mesure que l'on acceptera que nos choix ne correspondent pas à ce que l'on voulait et que l'on passera à autre chose. Si l'on choisit de rester bloqué, les effets secondaires de cette situation – la frustration, l'anesthésie des instincts, le sentiment d'être désorienté – ne feront que s'intensifier.

Certains d'entre nous apprennent en choisissant d'être coincés jusqu'à ce que cela devienne insupportable. Ce n'était pas le cas de Siddhārtha, mais nombre de héros commencent par rejeter l'appel à l'aventure. Sachez que vous avez parfaitement le droit de choisir de rester coincé. C'est un droit imprescriptible. Et n'ayez crainte : la déception restera là à vous attendre, jusqu'à ce que vous soyez mûr·e pour l'accueillir et prêt·e à l'accepter.

Le trois de Bâton

Un jour, lors d'un dîner, mon ami et thérapeute Charles Hattman m'a appris qu'un thérapeute faisait généralement l'une des deux choses suivantes dans son cabinet : soutenir son patient ou le contrarier. Je l'ai regardé, perplexe. Soutenir, d'accord. Mais pourquoi diable paierait-on pour se voir contrarié, alors que la vie s'en charge et que la contrariété est probablement la première chose qui nous conduit chez un thérapeute ? Il a poursuivi en m'expliquant que les blocages dont découle la peur du changement (qui génère les situations justifiant une thérapie), devaient être bousculés : ils devaient être vus, saisis et mis en lumière, puis questionnés et affrontés.

Il en va de même pour la lecture du tarot. Souvent, les gens qui demandent conseil aux cartes cherchent soit du soutien (avec la confirmation qu'ils sont sur la bonne voie) soit une impulsion vers un grand changement de vie (ils veulent être bousculés dans leur mode de raisonnement ou leurs comportements pour mieux comprendre ce qui les freine). Quand il y a mille et une raisons de ne pas faire une chose qui nous effraie, le tarot peut fournir des contre-arguments, des coups de pouce, ainsi que des modèles à suivre.

Le trois de Bâton suit le deux de Bâton avec une image qui contraste fortement : on passe du confort d'une vie cohérente et stable (deux de Bâton) au fait de se lancer seul dans les contrées sauvages aléatoires et incohérentes de ce que Joseph Campbell nomme « la vie non interprétée ». C'est une image du stade liminaire de l'initiation à la quête du héros mythique, le chemin de quelqu'un dont le rêve ne correspond pas au cadre dans lequel il se trouve ou qu'on lui a donné, et qui doit par conséquent s'aventurer dans la « forêt noire... de l'expérience originelle ». C'est un chemin vers quelque chose qui n'est pas encore cohérent, où l'on doit faire ses propres transcription et arrangement et où, comme disait Campbell, « on doit comprendre sa vie soi-même ».

Je rappelle régulièrement que, dans la hiérarchie des besoins établie par Maslow, la pyramide (controversée) des besoins humains commence par les besoins physiologiques les plus élémentaires : air, nourriture et abri, pour passer par l'appartenance et finir sur l'accomplissement personnel. En d'autres termes, si votre plus grande inquiétude dans la vie est un sentiment d'insatisfaction, de non-réalisation, ou un blocage dans la sphère créative… vous avez énormément de chance. Je ne veux pas vous faire culpabiliser d'être privilégié·e, juste vous rappeler que vous êtes en sécurité. Parce que quand on est en sécurité, on est plus libre de prendre des risques et de faire preuve de courage dans la vie. Alors, si vous vous trouvez effectivement entre deux mondes, mais que vous redoutez de sauter le pas, si vos besoins élémentaires sont satisfaits et plus encore, si vous vous posez des questions sur la meilleure façon de vous briser délibérément le cœur ou de vous retrouver dans la peau d'un débutant, et que vous en avez peur, ou de renoncer à ce qui pourrait compromettre le mode de vie dont vous êtes devenu dépendant·e… eh bien, vous avez de la chance. Et je pense qu'en avoir conscience vous fournit un bon tremplin pour vous lancer. Encore une fois, je ne sous-estime pas la difficulté de la chose : je sais à quel point il est facile de croire que c'est couru d'avance et que ça va mal se passer, alors qu'en réalité nous avons les cartes en main et nous menons la danse. C'est nous qui décidons de quitter le confort du village pour nous aventurer dans l'obscure forêt.

Le quatre de Bâton

Que nous nous intéressions au mystique ou non, nous passons une grande partie de notre vie à chercher. Selon le philosophe Josiah Royce, « nous avons beau être mortels, apparemment perdus dans les bois ou dans "l'étendue sauvage de l'air[8]," dans ce monde de temporalité et de hasard, nous gardons, comme les animaux égarés ou les oiseaux migrateurs, notre instinct de retour. Nous cherchons. »

Cette quête se manifeste classiquement par le fait de « chercher l'amour dans tous les mauvais endroits[9] », c'est l'errance du vilain petit canard qui va trouver tous les animaux, les uns après les autres, pour leur demander « C'est toi ma mère ? » et qui, ce faisant, éprouve un sentiment croissant d'exil. Nous sommes nombreux à l'avoir fait, et c'est un symptôme courant chez ceux qui ne se sont jamais vraiment sentis regardés ou compris dans leur foyer d'origine. Cette forme particulière de quête est peut-être la preuve du désir inné de foyer dans la psyché humaine dont parle Royce. Même si nous ne nous sommes jamais sentis chez nous, nous savons, nous sentons au plus profond de nous que nous avons forcément un foyer. Forcément.

Une blessure se produit quand on ne se sent pas à sa place de manière chronique, que ce soit parce qu'à la maternité on nous a certainement confondu·e·s avec quelqu'un d'autre et renvoyé·e·s dans la mauvaise famille, ou parce qu'on a passé toute une période à raser les murs dans la cour de récréation, sans jamais parler tout à fait le même langage que

8. Citation extraite d'une pièce de théâtre de P. B. Shelley, *Prometheus Unbound*, très connue des anglophones.

9. *Looking for love in all the wrong places*, titre d'une chanson de Johnny Lee (1980).

ses pairs. Et quand ce sentiment de ne pas être à sa place devient notre norme, on peut se mettre à confondre ce sentiment avec ce qu'est le foyer. En quête de familiarité par nature, nous sommes souvent attiré·e·s comme un aimant par des situations qui reproduisent ce à quoi nous sommes habitué·e·s, que ce soit bon pour nous ou non, qu'il s'agisse d'un manteau bien ajusté ou d'un manteau d'occasion bon marché dont le tombé n'est jamais absolument parfait.

C'est pour beaucoup d'entre nous une tâche importante du développement personnel que de rétablir un sentiment d'appartenance et d'être attiré par des situations positives et stimulantes, non par des répliques du sentiment d'exil avec lequel on est arrivé. C'est un voyage unique, différent pour chacun, et même si j'aimerais beaucoup vous en indiquer le chemin, c'est impossible. Je peux seulement vous dire une chose : repartir de zéro implique généralement de s'occuper de la blessure originelle, de ce moment où vous avez senti pour la première fois que vous étiez dehors, sans plus pouvoir rentrer. Il existe de nombreuses options pour traiter cette blessure. En voici quelques-unes.

L'option A consiste à faire l'expérience de l'appartenance parmi des gens et des situations qui désirent seulement certaines parties de vous. Ils décideront des parties qu'ils veulent, et il vous appartiendra de déterminer ce que vous ferez des autres. C'est un bon choix, si la douleur de la blessure originelle est trop difficile à supporter et que vous avez besoin d'un baume pour l'anesthésier et l'apaiser rapidement. Vous ne traiterez pas la racine du problème, et il n'est pas recommandé d'y recourir sur le long terme : ce choix est associé à l'aggravation des symptômes au fil du temps et, dans les cas graves, à leur propagation avec un sentiment d'exil qui ne peut qu'empirer.

L'option B consiste à fréquenter des gens qui acceptent à la fois vos qualités et vos faiblesses. Ils reconnaissent votre autonomie, vous laissent la latitude de vous éloigner de ce qu'ils jugent bien et admettent que quand vous dites stop, c'est stop. En d'autres termes, vous êtes respecté·e pour ce que vous apportez comme pour ce que vous n'apportez pas, ne pouvez pas ou ne voulez pas apporter. Contrairement à l'option A, l'option B est associée à une bonne estime de soi sur le long terme, à un sentiment de sécurité et à une créativité féconde. C'est un bon choix, si l'on a acquis les capacités d'adaptation nécessaires pour gérer la solitude qui émane de la blessure originelle, sans avoir besoin de l'anesthésier juste pour tenir la journée. Comme cette option comporte généralement une période d'attente, elle nécessite la patience et l'audace de croire que si vous tenez le coup, ça viendra. Comment savoir quand choisir cette option ? Ainsi que l'a écrit Clarissa Pinkola Estés, « vous le saurez parce qu'elle fortifie votre vie au lieu de l'affaiblir ».

Les Bâtons sont indissociables du Feu, et ici le quatre suggère que la stabilité de l'appartenance constitue un socle à partir duquel l'énergie créatrice peut s'étendre avec force et durabilité. Il est courant et normal pour celles et ceux qui recherchent leur foyer d'aller et venir entre l'option A et l'option B. Sachez simplement que, quelle que soit l'option à laquelle vous recourez actuellement, il n'y a pas de honte à vouloir appartenir à un groupe et à être aimé.

Le cinq de Bâton

L'une des idées qui m'ont aidée dans mon travail de guérison concerne la théorie selon laquelle nous aurions tou·te·s une « famille intérieure » hétérogène, constituée de plusieurs membres psychologiques. Quand ces membres sont en conflit, nous nous sentons généralement bloqué·e·s. Ce concept est issu du modèle de psychothérapie du système familial intérieur élaboré par Richard Schwartz, qui a écrit :

> C'est comme si chacun de nous contenait une famille de personnes dont chacune avait un âge et des intérêts, des talents et un tempérament différents. [...] Une fois que nous dépassons notre subjectivité culturelle pour nous considérer comme des individus cohérents et unitaires, le paradigme de la multiplicité prend aussitôt intuitivement tout son sens.

Quand il y a un conflit parmi les membres de notre « famille intérieure », nous tentons généralement de choisir notre camp et de faire taire toutes les parties en désaccord. Mais comme nous ne pouvons nous débarrasser d'aucun membre de la famille (nous pouvons en exiler certains, et il nous arrive de le faire, sans les faire disparaître pour autant... mais c'est là une autre histoire), en général nous nous épuisons à supprimer l'une ou l'autre partie du désaccord pour nous enfermer dans la croyance que nous nous sommes enfin « décidé·e·s ». Tout cela... pour changer d'avis quelques jours, quelques heures, ou parfois même quelques minutes plus tard.

Dans la lecture du tarot pour autrui, j'aime permettre à différentes cartes de représenter les parties en conflit à l'intérieur d'une personne qui se sent bloquée pour valider ensuite le droit d'exister de chacune de ces parties. Car même s'il est tentant de les rejeter, de parlementer avec elles ou de faire simplement comme si elles n'étaient pas là, je n'ai pas vu beaucoup de situations dans lesquelles cela ait fonctionné sur le long terme. Les parties que nous nous efforçons de faire taire ou de rejeter ont le chic pour revenir avec encore plus de vigueur et de conviction, ou pour surgir de manière inattendue et saper les décisions que nous avons réussi à prendre.

Quelqu'un qui se demande comment et quand troquer un travail confortable, mais peu épanouissant contre un autre qui lui correspondrait mieux ferait bien d'identifier chacune des parties en jeu afin de parvenir à une sorte de consensus entre elles. La reine de Denier peut représenter la partie de cette personne qui éprouve un profond besoin de sécurité, tandis que le valet de Bâton peut être la partie qui ressent un désir profond de prendre des risques et d'explorer. Sans doute cette personne a-t-elle grandi dans la pauvreté ou dans un environnement d'une relative insécurité concernant la satisfaction de ses besoins élémentaires. Auquel cas son besoin de sécurité est adapté et raisonnable. Mais aujourd'hui, sa réalité l'autorise à prendre des risques et à entreprendre un nouvel apprentissage : elle est parvenue à un stade où elle se sent en sécurité, et le valet de Bâton prend tout son sens.

Une chose curieuse, voire sacrée, se produit également dans le cadre de la pluralité, quand nous cessons d'essayer de prendre parti, que nous nous efforçons de voir les choses sous plusieurs angles et que nous nous ouvrons à des possibilités qui dépassent le cadre du « ou/ou ». Nous commençons alors à envisager de nouvelles façons de répondre aux besoins et aux préoccupations des membres de notre famille intérieure, qui ne nécessitent plus une approche du tout-ou-rien. Le besoin d'accomplissement et d'exploration du valet de Bâton pourra donc être satisfait… après la journée de travail ou pendant le week-end.

Quand nous prenons du recul et que nous accordons à toutes ces parties suffisamment d'espace pour qu'elles coexistent, nous nous apercevons que nous ne sommes pas obligé·e·s d'en choisir une au détriment d'une autre pour avancer. Les cinq personnages de l'illustration du cinq de Bâton se confrontent, sans que rien n'avance vraiment. Mais aucun d'eux n'est en danger, ils sont simplement différents. Finalement, c'est la partie de nous qui observe le cinq de Bâton avec du recul qui prend les décisions, et non une des parties de l'illustration. Avec l'expérience, quand nous contemplons les différentes parties, comme l'image nous invite à le faire, nous comprenons que la personne que nous sommes ne se résume à aucune de ces parties et qu'il n'est pas nécessaire d'en choisir une. Pour reprendre la formule de la nonne bouddhiste Pema Chödrön, nous pouvons être le ciel et considérer que « tout le reste, n'est que météo ».

Le six de Bâton

Les processus de guérison commencent souvent par une prise en compte, une reconnaissance des manifestations physiques des choses invisibles dont nous sommes porteurs. C'est par le comportement que nous exprimons ces choses de manière visible : c'est notre manière de parler tout haut de vérités qui, autrement, resteraient cachées. Notre façon de nous mouvoir peut révéler tant de choses sur ce qui se trouve sous la surface du corps physique, mais pour en prendre conscience, nous devons d'abord nous livrer à une sorte d'écoute profonde, souterraine. Le genre d'écoute que requièrent tous les processus de guérison.

Dans notre culture, la réussite est récompensée et vénérée, elle est rarement remise en question. Et comme tout ce qu'on accomplis, elle s'accompagne de causes et d'effets. En fonction de la nature de nos réalisations, ses effets peuvent aller d'une estime de soi plus saine, d'une meilleure confiance en soi et de limites personnelles plus fermement établies à une fierté excessive, une certaine rigidité ou de l'arrogance.

L'intention est importante, bien sûr, mais pas plus que l'effet produit. Quelquefois, nos motivations pour réaliser quelque chose sont profondément enracinées dans des valeurs personnelles et un désir d'utiliser les dons que nous avons reçus pour le bien de tous. D'autres fois, nous réalisons des choses avec l'intention secrète de prouver une fois pour toutes que nous sommes quelqu'un de bien ou de valable. Dans le premier cas, réussir procure généralement satisfaction, épanouissement et renforcement de l'estime de soi. Dans le second cas, on est davantage susceptible de se sentir épuisé, frustré et diminué. Comme on dit, on ne peut jamais être satisfait de ce dont on n'a pas besoin.

Ce que nous ne savons pas encore d'expérience, nous pouvons l'apprendre des mythes et des légendes. Tous les gardiens d'histoires savent et n'hésiteront pas à vous dire qu'une fierté excessive présage d'un conflit ou d'une punition. Les Grecs parlaient du jeune Icare auquel furent données des ailes de plumes et de cire fabriquées par son père, l'inventeur Dédale. Enivré par l'exaltation procurée par le vol – qui ne le serait pas ? –, Icare s'approcha trop près du soleil. Cette boule de lumière flamboyante fit fondre ses ailes de cire : précipité du haut des cieux, il s'écrasa sur le sol. Aussi dramatique que soit cet exemple, il nous fait comprendre que s'il est important de poursuivre une quête personnelle dans la vie, un sentiment disproportionné de son propre pouvoir s'accompagne souvent de conséquences désastreuses.

Le six de Bâton est souvent compris comme révélant des secrets sur la victoire. L'image d'une personne à cheval, portant une couronne de laurier, indique la reconnaissance et le fait d'avoir surmonté une épreuve. Si l'on considère l'ordre de chaque suite de cartes comme une sorte de signification chronologique (ce qui n'est pas obligatoire, mais peut enrichir notre compréhension), il peut d'abord sembler étrange que, succédant au chaos du cinq de Bâton, la carte de la victoire puisse être suivie du sept si stressant, du huit incertain, du neuf épuisé et du dix accablé. Si le six de Bâton représente la victoire, pourquoi mène-t-il au dix de Bâton, avec son image d'un travailleur au visage caché, indice d'épuisement professionnel et d'une estime de soi amoindrie ?

John R. O'Neill, consultant en capital-risque, a écrit que « chaque réussite actuelle peut être considérée comme porteuse d'une ombre qui peut devenir dévastatrice »... Quelle plaie ! Mais je pense que l'idée derrière cette déclaration est la suivante : ce que l'on considère comme un accomplissement n'est autre que le fait d'avoir réussi comme on en avait toujours rêvé, enfant. On se sent suffisamment bon, suffisamment gentil, suffisamment intelligent... enfin ! O'Neill poursuit en écrivant que « si l'ego se pavane, c'est que l'ombre est en fait aux commandes ». Quand on est fier, combien de fois est-ce parce que l'on est vraiment satisfait de ses efforts ? Combien de fois n'est-ce pas plutôt parce qu'on est soulagé de ne pas dévoiler les parties de soi-même que l'on considère comme mauvaises et indignes, pour continuer à les cacher derrière les apparences de sa vie ?

L'histoire d'Icare nous invite à réfléchir à ce qui arrive lorsque nous ne prenons pas le temps de comprendre pourquoi nous faisons ce que nous faisons, ni de ressentir ce que cela provoque au plus profond de nous-mêmes. L'homme ailé vole encore et toujours plus haut, simplement parce qu'il peut le faire, jusqu'à s'écraser. Je ne saurais vous dire le nombre de personnes avec lesquelles je travaille qui ont apparemment un boulot fantastique, une famille formidable, une belle maison, et qui se sentent pourtant menacées de manière chronique (sept de Bâton), dans le doute (huit de Bâton), épuisées (neuf de Bâton), sans but, et l'ombre d'elles-mêmes (dix de Bâton).

Si l'on s'aperçoit qu'on a toujours besoin d'avoir raison, qu'on est stressé à la moindre critique, qu'on refuse de s'engager dans tout ce qui pourrait être un défi ou qu'on se sent vide à l'intérieur, alors que les autres nous voient comme extrêmement chanceux, il est peut-être temps de nous demander quelle est notre définition du succès, d'où elle vient et comment la corriger, peut-être, pour qu'elle corresponde à notre réalité.

Le sept de Bâton

Étudiante de troisième cycle, j'assistais régulièrement à des séances de thérapie organisées pour des personnes auxquelles on avait diagnostiqué des troubles dépressifs et bipolaires sérieux. Le thérapeute qui dirigeait ces groupes, Charles Hattman (surnommé Charlie), Gémeaux, était maître dans l'art d'utiliser le langage et la conversation tant pour soutenir les gens que pour les bousculer.

Charlie disait de la colère que « personne n'explose en fait, ça n'existe pas, personne ne s'effondre », ce qui m'avait marquée. Pour lui, nous avons tellement peur de la colère (la nôtre et celle des autres) que nous avons créé un langage stigmatisant et hostile pour en parler, qui n'est pas vraiment utile. Il poursuivait en montrant au groupe comment utiliser la pleine conscience pour remarquer les signes physiques de la colère et être curieux de cette énergie, s'en faire une amie et finalement travailler plus efficacement avec elle.

Le langage est ici symbolique, et les « explosions » de colère, même si elles ne sont pas explosives au sens littéral du terme, existent bel et bien. Si nous parvenons à contenir notre réaction instinctive, celle de nous enfermer dans la honte après de telles expériences, ces explosions peuvent être des moments forts d'apprentissage. Être la cible de la colère de quelqu'un peut être effrayant, c'est incontestable, surtout si l'on a grandi dans un foyer où cette émotion était cause de maltraitances. Mais si l'on n'est pas en danger et qu'on peut apprendre à se maîtriser quand on en est la cible, on peut apprendre beaucoup de notre interlocuteur à partir de ce qu'il dit quand il est en colère. Et on peut en apprendre aussi beaucoup sur soi-même, à partir de ce que l'on dit quand on est en proie à cette émotion.

Quand la colère s'en mêle, les interactions avec les personnes qu'on aime peuvent se révéler douloureuses, mais parfois aussi nous offrir les meilleures occasions de guérir parce que c'est quand on se trouve dans ce que le psychologue Aaron Beck appelait les « cognitions chaudes » que nos blessures les plus anciennes deviennent visibles. Si l'on réfléchit à quel point notre comportement dysfonctionnel, dans nos relations d'adultes, découle du fait de ne pas avoir été suffisamment écoutés, enfants, et d'avoir dû ensuite élaborer des moyens complexes de voir nos besoins satisfaits par d'autres biais, souvent bizarres, il me paraît extrêmement important d'apprendre l'art de nous servir de nos relations intimes pour guérir.

Un excellent point de départ pour y arriver est l'écoute empathique profonde. Et s'il est irréaliste d'espérer pratiquer ce type d'écoute tout le temps, nous pouvons tou·te·s le faire quand nous sentons qu'un de nos proches se sent menacé, effrayé, agité ou en colère. Tant qu'il n'y a pas de danger, lorsque quelqu'un que vous aimez se rapproche du personnage du sept de Bâton (toutes griffes dehors, instable, prêt à en découdre), voyez si vous arrivez à faire taire suffisamment vos défenses pour l'écouter. À partir de là, vous aurez beaucoup de choses intéressantes avec lesquelles travailler.

Quand vous pratiquez l'écoute empathique, remarquez toutes les fois où vous entendrez des mots sans appel comme « jamais » ou « toujours ». Si vous le pouvez, répondez-y par : « J'entends que tu ne te sens pas entendu·e et que c'est un ressenti que tu éprouves depuis longtemps. Ça semble vraiment douloureux. » Cela ne veut pas dire que vous approuvez ou que vous faites quelque chose qui pourrait provoquer cette émotion. Cela signifie que vous êtes cocréateur·trice d'une autre expérience, pour quelqu'un qui s'attend très probablement à ne pas être écouté, voire à être puni pour les sentiments qu'il éprouve. Ce faisant, vous aidez cette personne à questionner la norme qui dicte ce à quoi les relations doivent ressembler et l'effet qu'elles doivent nous faire. Vous faites alors ce que font tous les thérapeutes : faciliter la réparation par le biais des relations.

Il est également bon de reconnaître que les émotions évoluent pour certaines raisons, et la colère ne déroge pas à la règle. Valider la colère chez nous et chez les autres n'est pas simplement un moyen de la faire disparaître – si votre objectif est de l'écrabouiller, en fait vous ne validerez rien. Des chercheurs en psychologie évolutionniste ont proposé une théorie « recalibrante » de la colère, selon laquelle cette émotion évoluerait pour nous aider à accroître notre pouvoir de négociation sociale et à exiger de meilleurs arrangements pour nous-mêmes, quand nous avons été offensé·e·s et que nous pourrions l'être à nouveau. Ainsi, quand on nous a fait du tort, pouvoir ressentir et transformer notre colère nous permettrait d'être sûr·e·s d'être mieux traité·e·s à l'avenir. Car aussi important qu'il soit d'être compatissant, empathique, compréhensif, aimant et gentil, il est également important et utile d'être en colère quand c'est nécessaire.

Le huit de Bâton

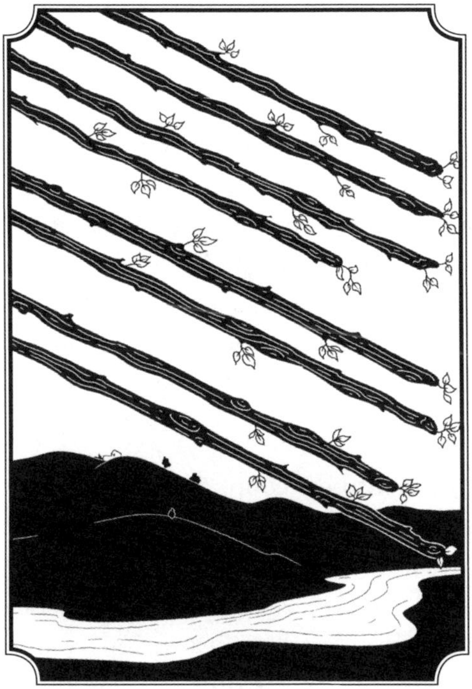

Deux ans avant d'écrire ce livre, j'ai discuté avec mon professeur de yoga à la terrasse d'un café, à Berkeley. Je pratiquais le yoga Ashtanga (style Mysore) avec lui depuis plusieurs années, et j'étais contente de le voir aussi en dehors des cours pour m'entretenir avec lui d'autres sujets que les postures ou l'énergie. J'étais de passage à Berkeley, dans la baie de San Francisco, que j'avais quittée pour vivre sur la côte est et je lui avouais timidement que je n'étais pas sûre d'avoir bien fait de partir.

J'avais fait tout un plat de ce départ, mais confrontée à la réalité de ma décision, je commençais à douter. Quand il m'a répondu quelque chose qui m'a fait l'effet d'un « attends, tu verras bien », j'aurais préféré qu'il me dise quoi faire. Au lieu de cela, il m'a expliqué que la vie entière était un équilibre entre le fait d'imposer sa volonté et de laisser faire. Que nous savions toujours quoi faire et quand le faire, alors que nous passions notre temps à tenter de contrôler ce sur quoi nous devrions lâcher prise.

Depuis, j'y ai beaucoup réfléchi, surtout quand je regarde le huit de Bâton que certains, parmi les tout premiers tarologues, interprètent comme l'annonce d'un mouvement rapide. C'est une carte qui me laisse toujours avec plus de questions que de réponses. D'où viennent ces bâtons ? Où vont-ils ? Quel est ce lieu ? Où sont tous ces gens ? Que signifie une énergie brute de rapidité quand rien d'autre n'y est lié ? Que faut-il faire rapidement ?

Les Bâtons symbolisent la matière subtile de la vie. Bien travailler avec ce qui est tacite nécessite une sorte d'ajustement qui soit réceptif aux aspects les moins visibles de notre expérience, aux domaines de notre être qui dépassent le seul stade physique. Pour moi, le huit de Bâton nous questionne sur ce qui se situe dans notre champ énergétique personnel et sur ce qui se situe au-delà. Plus concrètement, il nous demande de déterminer ce qui se trouve à l'intérieur de notre sphère d'influence, et ce qui ne s'y trouve pas.

Imaginez que vous lanciez huit bâtons dans les airs. Voici ce qu'il y aura dans votre sphère d'influence : la force que vous aurez employée, les coups d'essai que vous aurez effectués au préalable, la posture que vous aurez adoptée, la respiration que vous aurez choisie, ce sur quoi vous vous tiendrez. Tout le reste ne dépendra pas de vous : la manière dont les bâtons atterriront au sol, l'endroit où ils atterriront, le vent ce jour-là, la pente du terrain, l'obstacle qui viendra obstruer leur trajectoire, et ainsi de suite. Le huit de Bâton recèle des secrets sur la volonté et le lâcher-prise.

Mettons qu'un ami, que vous aimez vraiment beaucoup, ne vous contacte pas aussi souvent que vous le contactez. Vous avez le choix entre exercer votre volonté et dire quelque chose, ou laisser faire. En parler serait peut-être le mieux : dans les relations, communiquer ses sentiments est généralement considéré comme une bonne chose. Après avoir exprimé ce que vous ressentez, vous vous sentirez peut-être mieux, et votre ami sera peut-être content de l'occasion qui lui est offerte de vous être agréable.

L'autre option consisterait à accepter les dispositions dans lesquelles est votre ami. Car si cette attitude rejoint davantage la catégorie du « laisser les choses être ce qu'elles sont », ce n'est en réalité qu'une autre manière d'exercer sa volonté, en se montrant *disposé* plutôt que *déterminé à* faire quelque chose. Au lieu d'exercer votre volonté pour inciter votre ami à changer, vous pouvez tourner votre attention vers l'intérieur et cultiver votre désir d'autoriser à la fois votre ami à être qui il est et vous-même à avoir les sentiments que vous avez à ce sujet. « Laisser les choses être ce qu'elles sont », c'est accepter que vos deux attitudes fassent partie de l'engagement que vous avez pris l'un envers l'autre en nouant votre relation.

Il est un peu dommage que nous ne puissions voir l'état de la personne qui a lancé ces huit bâtons, car je pense que ce serait très instructif. La partie « laisser faire » de la vie souvent difficile parce qu'il est douloureux ou inconfortable que la réalité ne cadre pas avec ce que nous voulons. Nous exerçons alors notre volonté sur le monde, souvent sur autrui, pour ne pas laisser s'exprimer la vérité de ce qui est, et nos sentiments dans ce contexte.

Par exemple, il se peut que votre ami ne vous contacte pas aussi souvent que vous le contactez parce qu'il ne souhaite tout simplement pas vous parler aussi souvent que vous souhaitez, vous, lui parler. La pilule est dure à avaler, surtout si vous êtes sensible au rejet (qui ne l'est pas ?). Mais cela ne vous servira à rien d'aller bille en tête exiger qu'il vous appelle davantage. On ne peut tyranniser ou cajoler les gens pour les inciter à interagir avec nous. Je crois que c'est une règle dans les relations. L'approche la plus efficace sera probablement de commencer par vous occuper de vos propres sentiments. De permettre à ce qui est là d'être là. D'être de bonne volonté. Si finalement vous décidez de régler votre problème avec la personne, il vous sera utile de savoir ce que vous éprouvez, d'où cela vient, et ce dont vous avez besoin (même s'il s'agit juste d'être vu et entendu par quelqu'un que vous aimez).

Les bases sur lesquelles vous vous appuierez quand vous déciderez de passer de « c'est *mon* problème » à « c'est *notre* problème » sont capitales. Quitter la sphère dans laquelle on exerce sa volonté (« Il faut que tu fasses ça » ou « Tu dois arrêter de faire ça »), c'est un peu comme inviter la souffrance à la table, parce que dans la plupart des cas on n'a pas de contrôle sur ce que les autres font. On peut toujours imposer sa volonté à autrui, à l'envi. Mais si l'on ne s'est pas d'abord occupé de ses propres problèmes, on finit par lancer des grenades. Et c'est un fait que les gens sont beaucoup moins réceptifs quand on leur jette des bâtons de dynamite à la figure.

L'illustration du huit de Bâton évoque le difficile équilibre entre la volonté et le laisser-faire. Elle ne propose pas de sol dans lequel s'ancrer, pas grand-chose que l'on pourrait considérer comme une réalité ou un principe absolu. Il vous faudra faire preuve d'une présence obstinée. Tout comme l'image montre huit bâtons en mouvement, telle la photographie d'un moment qui ne sera plus jamais tout à fait le même, il n'existe pas deux situations identiques. Mais je pense que si nous nous imposons de travailler sur notre capacité à laisser faire (ce qui est en nous comme ce qui est dans le monde qui nous entoure), nous aurons de fait des bases solides quand nous exercerons notre volonté. Et c'est un très bon début.

Le neuf de Bâton

Des frontières personnelles saines sont comparables à des démarcations énergétiques qui sépareraient les pensées, émotions et comportements d'autrui de nos propres pensées, émotions et comportements. C'est difficile à comprendre si l'on a grandi dans un système où tout était emmêlé et dépourvu de ces délimitations. On peut alors ne pas savoir ce qui nous appartient et ce qui ne nous appartient pas, et cette opacité a probablement été source de beaucoup de confusion et de souffrance.

Il faut savoir que les limites personnelles peuvent être extrêmement gênantes. Il n'y a pas toujours une parfaite adéquation entre les situations que nous nous imaginons capables d'affronter et nos limites réelles, si bien qu'au final l'exercice de la réalité nous impose des limites. C'est un exercice d'acceptation. La fragilité de nos frontières vient souvent du souhait d'avoir moins de limites, d'être plus souple, plus résistant, imperturbable. Mais quand un seuil a été franchi, quand vous ne pouvez plus plier, quand vous ne supportez plus rien, quand votre rôle dans ce monde n'a plus de sens, rien de tout cela n'a plus d'importance.

Les ouvrages de développement personnel décrivent souvent trois qualités de frontières : fragiles, rigides et saines. Dans le neuf de Bâton, on voit un mur de bâtons qui, pour être honnête, ne paraît pas très solide. Les bâtons sont disposés de façon à créer une cloison, mais elle est pleine de fentes. Le personnage qui, suppose-t-on, a construit ce mur est mal à l'aise. Alors qu'une frontière digne de ce nom devrait supprimer le besoin de se tenir constamment sur ses gardes, une frontière fragile nous pousse à scruter sans cesse l'horizon pour repérer d'éventuelles menaces imminentes. Avec une frontière fragile, on ne sait pas clairement où l'on finit et où les autres commencent. Et je n'ai nul besoin de vous dire à quel point cela peut influer sur notre force vitale, rendant peu de choses possibles par ailleurs. À l'inverse, une frontière stable nous laisse à notre énergie, de sorte que nous pouvons nous concentrer sur notre guérison et notre épanouissement personnel.

Une frontière peut également être rigide. Avec une frontière rigide, rien ne rentre et rien ne sort. Le besoin de surveiller constamment les menaces est moindre, mais par là même toute intimité ou mise en relation est impossible. Je pense qu'il est naturel d'ériger des frontières rigides quand on réalise que nos murs étaient fragiles depuis bien longtemps et que cela nous a coûté cher. Selon le principe hermétique du rythme, c'est une compensation : « le mouvement de balancier se manifeste dans tout », y compris les frontières. Par conséquent, si vous avez été trop exposé·e, pendant trop longtemps, et que vous avez érigé une forteresse autour de vous pour compenser, dites-vous que vous êtes en train de devenir une personne dotée d'excellentes frontières : saines.

Ce que l'on veut, idéalement, c'est une frontière solide, visible à un kilomètre sans être inhospitalière. Il y a un passage dans le mur, mais le gardien est perspicace et observe une politique de tolérance zéro vis-à-vis des importuns. Il peut être utile d'assigner cette tâche à une partie particulièrement pragmatique de soi-même, une partie qui n'éprouve pas d'états d'âme quand il s'agit de protéger ce qui est précieux, qui le fait sans tourner autour du pot ni mâcher ses mots. Et il faut s'engager ensuite à suivre les conseils du gardien.

Paradoxalement, la première chose à faire pour s'aider et aider les autres à se sentir en sécurité est de poser des frontières solides et les défendre. Selon moi, avertir de la présence d'une frontière s'apparente un peu au fait d'obtenir le consentement éclairé de quelqu'un. Il est juste d'informer autrui des termes d'un engagement avant qu'il n'y souscrive. Cela vous protège et protège également l'autre de la possibilité que vous laissiez votre colère exploser parce que vous aurez trop souvent dit « oui », alors que vous auriez dû dire « non ». Être proche de gens qui donnent inconsidérément, sans avoir le sens de leurs propres limites, est effrayant.

Et si poser vos limites peut se révéler perturbant pour qui n'y est pas habitué – on pourra sans doute renâcler, menacer, taper du pied, voire punir –, je vous promets qu'à un certain stade, même si ce n'est pas immédiat, l'autre se sentira en sécurité. Car il saura exactement à quoi s'attendre de votre part.

Le dix de Bâton

Toute chose observable sur terre est limitée par ce dont elle a besoin pour rester en vie, ne serait-ce que de l'eau ou de l'oxygène. Une plante d'intérieur demande une certaine quantité de lumière et d'eau, sans laquelle elle mourra. Un gratte-ciel a besoin de composantes structurelles pour rester debout en cas de tempête. L'existence dépend de conditions particulières : sans elles, la destruction est assurée. Nous aurons beau essayer de défier cette loi de la nature, elle n'épargne aucun de nous.

Je considère les frontières personnelles comme des limites, parce que tout le monde a une limite, tandis qu'une frontière personnelle peut donner l'impression de ne concerner que les gens psychologiquement stables, sains, maîtres de leur vie. Que l'on choisisse de s'en servir ou non, il est absolument certain que nous avons tous des limites, des lignes rouges à ne pas franchir, des conditions excessives ou insuffisantes qui contribueront à notre croissance ou la trahiront.

Nous sommes nombreux·ses à avoir grandi dans un environnement où les limites n'étaient pas comprises, reconnues ou respectées. Ce n'est pas nécessairement que les adultes de notre vie se moquaient de nos limites ; il est probable qu'ils aient simplement eu du mal à reconnaître les leurs et qu'ils n'aient pas été à même de nous apprendre quand faire quoi, ni de voir où commençaient et où finissaient certaines limites. Qui plus est, si nos émotions ont été constamment rejetées ou niées quand nous étions jeunes, ou si nous avons été systématiquement puni·e·s quand nous exprimions des émotions moins nobles, comme l'anxiété, la peur, la colère ou la tristesse, nous avons peut-être développé une carapace qui nous rend quelque peu insensibles à nos limites. C'est inévitable, et ce n'est pas notre faute.

Au fil de ces années passées à travailler avec des gens, j'en suis venue à constater que la difficulté à établir des frontières personnelles était parfois le symptôme d'un sentiment d'identité fragile ou qui avait besoin d'être renforcé. Ne pas connaître ses limites personnelles peut venir d'un manque de curiosité pour ses désirs, ses besoins, ses goûts, ses dégoûts, ses valeurs et sa morale. En d'autres mots, d'un manque de désir pour ce qui fait que nous sommes nous. Une frontière est fondamentalement quelque chose qui protège, et, souvent, poser des limites fait peur. Mais si notre identité nous semble vague ou nébuleuse, et que ce que nous essayons de protéger n'est pas clair, même pour nous, il est probable que nous soyons moins motivé·e·s pour nous acquitter de la rude tâche d'y poser et maintenir des limites.

Un Moi flou est le genre de Moi qui peut être difficile à cerner, mais si nos parents ne savaient pas vraiment qui ils étaient, nous avons probablement atteint l'âge adulte sans savoir qui nous étions vraiment non plus. Si personne ne nous a encouragés à satisfaire nos propres désirs et besoins, nous avons peut-être appris à ne pas les prendre au sérieux. Et en conséquence, nous pouvons avoir beaucoup de mal, à l'âge adulte, à savoir ce qui est à nous et ce qui ne l'est pas : nous avons du mal à poser des limites dans nos relations. Encore une fois, quand le Moi n'a pas de repères clairement définis, l'entourer de limites peut paraître impossible.

Le personnage du dix de Bâton pousse une collection de bâtons vers l'avant, tête baissée et visage caché. Le visage symbolise la partie de notre être qui nous distingue des autres : c'est lui qui peut permettre à quelqu'un de me distinguer d'une autre personne qui serait, comme moi, de grande taille, avec des cheveux foncés et la peau mate. Un visage dissimulé, caché, évoque une personne qui n'a pas encore accompli cette tâche psychologique de se distinguer des autres. Incapable de séparer ses propres désirs et besoins de ceux d'autrui, elle est dans l'impossibilité de dire ce qu'il lui appartient de faire ou non. Elle assume trop de choses et ne tient pas compte de ses limites.

Il est difficile de savoir ce qui vient en premier : les frontières ou le Moi. Mais on peut dire sans risque de se tromper que sans une solide identité, nous aurons du mal à établir nos propres frontières. Alors, que faire ? Je pense que nous pouvons choisir d'adopter des comportements qui définiront nos frontières, que nous en ayons envie ou non, et qui soutiendront le sentiment d'identité naissant. Mais nous devrons accepter de ne pas savoir, pendant un temps, ce que nous protégeons exactement : c'est ce qui fait que la culpabilité, la peur ou le chagrin qui accompagnent généralement le fait de dire « non » en valent la peine. Nous pouvons y arriver.

Que faire encore ? Il est sans doute utile d'explorer ses limites personnelles. C'est là qu'on tourne en partie son attention vers l'intérieur, au lieu de toujours la diriger vers l'extérieur : les pensées, les émotions et les sensations qui apparaissent quand on interagit avec les autres. Ainsi, on remarquera ce qui est agréable et ce qui ne l'est pas, et l'effet ressenti quand une limite a été franchie. Posez-vous les bonnes questions : « Comment savoir quand j'en ai assez ? » « Comment savoir que ce seuil de saturation n'est pas encore atteint ? »

Un jour, j'ai entendu mon ami Charlie, dont j'ai déjà parlé un certain nombre de fois, dire en thérapie, à un groupe, que celles et ceux qui ne cessaient de repousser leurs limites oscillaient généralement entre le ressentiment (quand ils disent « oui ») et la culpabilité (quand ils disent « non »). Lorsqu'on persiste à dire « oui », expliquait-il, le ressentiment s'accumule. En revanche, plus on dit « non », plus on se sent à l'aise de le dire, et la culpabilité qui motivait auparavant tous nos « oui » s'atténue. La raison en est la suivante : la culpabilité est souvent mal inspirée. Elle prend racine dans un conditionnement qui nous pousse à croire que nous sommes responsables des émotions des autres, ce qui n'est pas le cas. La culpabilité est une aubaine pour quiconque est sur le chemin de la découverte de soi. Alors, si vous vous trouvez au carrefour de la culpabilité et du ressentiment, pensez-y et voyez si cela vous aide.

Le valet de Bâton

Feu le psychologue James Hillman pensait que chacun a un but qui se révèle dès l'enfance. Eu égard aux pressions exercées par l'environnement et au conditionnement familial qui pèse sur l'enfant, ce but serait souvent enterré pour resurgir plus tard sous la forme des symptômes d'une maladie mentale visant à alerter la personne qu'elle s'est éloignée de la voie à laquelle elle était destinée. Si je n'ai pas suffisamment réfléchi à cette idée pour savoir si je l'approuve, je trouve qu'elle donne indéniablement matière à réfléchir.

Hillman faisait souvent référence à la mythique « théorie de l'akène » selon laquelle nous venons tous au monde avec une vocation. Cette théorie nous enseigne que nous ne sommes pas uniquement soumis à l'influence de l'inné et de l'acquis, mais qu'il existe en chacun de nous quelque chose d'unique, une partie de notre être reliée à notre « daïmôn », lequel s'apparente au concept de génie chez les Romains et d'ange gardien chez les chrétiens : « quelque chose que vous êtes, que vous avez, qui n'est pas la même chose que la personnalité que vous pensez être. » Selon Hillman, la théorie de l'akène nous incite à « décroître », plus qu'à grandir, pour nous réaligner avec une énergie originelle, mystérieuse, qui nous rappelle qui nous sommes.

Le valet de Bâton représente l'énergie de la jeunesse et l'étincelle de vie avant qu'elle ne soit obscurcie ; quand on parle d'enthousiasme enfantin, je pense que c'est à cette énergie qu'on fait référence. Les enfants ont une capacité innée de discernement, ils savent exactement ce qu'ils aiment et ce qu'ils n'aiment pas. Si un aliment a un goût, un aspect ou une odeur bizarres, ils n'en veulent pas. Si un vêtement n'est pas confortable, ils le rejettent sans réserve. Pour un enfant, rien de plus ridicule que de porter quelque chose de rigide ou qui gratte. Pour quoi faire, avoir l'air d'un petit ange aux yeux des voisins ? Merci bien !

Un enfant désire faire plus tard le boulot qui lui paraît le plus chouette et le plus intéressant : astronaute, paléontologue, enseignant. Il ne se préoccupe pas des salaires, des bénéfices sociaux ou des congés. Quand on lui demande ce qu'il veut manger au dîner, il ne pense pas à la teneur en sodium des aliments ni aux calories. Il pense à ce qui va lui faire plaisir et aura bon goût. À ce qui va combler son désir dans l'instant. Je ne saurais vous dire le nombre d'adultes avec qui j'ai travaillé qui essayaient en vain d'identifier un désir qu'ils éprouvaient vraiment. Être branché sur cette énergie, c'est être disponible à ce qui nous enthousiasme, nous rend vivant·e·s et nous anime, et je pense que c'est là où Hillman voulait en venir quand il parlait de décroître. Selon la formule du mythologue Martin Shaw, à l'âge adulte, nous sommes trop nombreux·ses à « nous défendre sans relâche des expériences de notre propre beauté ».

Tous les valets du tarot – Bâton, Coupe, Denier ou Épée – symbolisent la jeunesse, l'innocence et l'émerveillement. De même qu'un enfant n'en finit pas de s'interroger sur le monde, le valet de Bâton nous questionne : Qu'est-ce que j'aime ? Qu'est-ce qui attire mon attention ? Qu'est-ce qui me saisit, m'illumine, m'interpelle ? Le valet de Bâton est une invitation à se reconnecter à ce que nous avons de brut et d'originel, à ce quelque chose que beaucoup d'entre nous abandonnons en entrant dans l'âge adulte.

J'aime penser au valet de Bâton comme au gardien d'une petite étincelle qui vit à l'intérieur de chacun d'entre nous. Et bien que cette étincelle soit parfois obscurcie par les jugements, les convictions profondes et les pressions sociales, ou ensevelie sous eux, le valet de Bâton la porte tant que nous sommes en vie. Semblable, sur le plan conceptuel, au daïmôn chez Hillman, ce valet pourrait être considéré comme une sorte de guide qui nous est assigné à la naissance et peut faire des siennes quand nous nous éloignons trop de ce que nous sommes censés accomplir dans ce monde.

> Au cœur de ce que nous avons le courage de nous abandonner à aimer sans réserve se cachent peut-être une vocation et un but bien particuliers qui, alors même que nous pouvons ne plus être en phase avec eux (ce qui est malheureusement fréquent), ne sont jamais bien loin. Et si nos jugements, nos croyances profondes, les pressions sociales et les exigences du modèle capitaliste enflent et se déchaînent dans

les couloirs de notre conscience, masquant le début du chemin vers ce que nous sommes venus faire en ce bas monde, le chemin est toujours là, caché mais là.

Aussi simpliste que cela puisse paraître, retrouver notre chemin vers l'étincelle de ce que nous aimons vraiment peut se révéler étonnamment difficile dans un monde qui mise sur l'oubli. Mais quand vous serez entré·e en contact avec cette étincelle, ne serait-ce qu'une fois, vous saurez. Et si vous écoutez attentivement, la suite des Bâtons vous montrera comment prendre cette étincelle dans le creux de votre main, comment la préserver pour qu'elle vous permette non seulement de vous réchauffer, vous, mais aussi des villages entiers.

Le cavalier de Bâton

Les alchimistes se servaient souvent du triangle pour représenter le Feu. Selon l'historien de l'art et occultiste Fred Gettings, c'était pour signifier que «le principe du Feu s'élève vers le haut, comme vers le royaume des cieux. La large base du triangle indique également que la force créatrice du Feu est bien établie ou stable, reposant fermement et en toute sécurité sur la terre.» Je vois ce concept du mouvement ascendant dans l'image du cavalier de Bâton: son cheval rue, se cabrant sur deux pattes. Si le Feu ne manque pas au tableau, une base stable semble faire défaut au personnage.

Deux interprétations populaires me viennent à l'esprit quand je vois le cavalier de Bâton: soit l'annonce d'un bouleversement soit une peur de l'engagement. Je n'aime pas beaucoup les interprétations immuables, mais j'utilise les stades du modèle de changement pour travailler avec les cartes de cour (le valet, le cavalier, la reine et le roi). Alors que le valet est en phase de réflexion, songeant à effectuer un changement et se sentant prêt à le faire, le cavalier rassemble ses ressources et passe à l'action, comme le symbolise le fait que tous les cavaliers du tarot sont à cheval. Il y a là du mouvement.

En l'occurrence, l'apparence sauvage et débridée du cavalier de Bâton ne correspond peut-être pas bien à l'image mentale que nous nous faisons d'une préparation appropriée au passage à l'acte. Mais en vérité, c'est souvent ce à quoi ressemble justement le fait de passer à l'action, et l'effet qu'il produit. Si la suite des Bâtons est liée à l'étincelle de vitalité qu'il y a en chacun de nous et que le changement que nous opérons concerne une reconnexion à cette flamme souvent insaisissable, mais transformatrice – elle favorise la créativité, entretient la passion et donne un sens à notre vie –, la première chose que nous dit le cavalier de Bâton, c'est que le passage à l'acte peut se révéler quelque peu chaotique.

Comprendre le cavalier de Bâton comme le fait de devoir briser un état de stagnation est également pertinent ici. Quand on a l'impression d'être figé dans une maison de glace, l'important n'est pas tant le pas de danse que l'on exécute pour rester en vie que le fait même de danser. C'est le mouvement qui va générer la chaleur, la chaleur qui fera fondre les murs de glace, et la fonte qui nous gardera en vie. On passera peut-être un certain temps à ne faire que gesticuler, à observer les murs pour voir s'ils commencent à suinter et à prier sans relâche pour qu'un morceau de ciel se fasse jour. Une certaine foi en l'invisible est nécessaire : c'est un message très important de la suite des Bâtons.

C'est également là que l'idée d'un lien entre le cavalier de Bâton et l'engagement entre en jeu. Quand, bloqué depuis longtemps, on se décide enfin à passer à l'action pour débloquer une situation, envoyer promener son train-train permet parfois de se sentir tellement bien qu'une nouvelle forme de blocage pourra se créer en réaction à la terreur de se retrouver à nouveau bloqué. On confond alors tout ce qui est stable avec une maison de glace, sécurité avec enfermement, et l'on ne cesse de danser. Mais sans ancrage, tel un triangle sans base, on surnage, part à la dérive, se perd.

Comprendre les stades du changement peut contribuer à normaliser ce que l'on peut vivre à un certain stade de son parcours. Souvent, quand on essaie d'atteindre un niveau de maîtrise plus important dans quelque chose, il faut accepter d'avoir temporairement l'air bête et de perdre le contrôle. Personne n'a besoin de le comprendre. Vous-même n'avez probablement pas besoin de le comprendre. Dans ce processus initial de reconnexion à notre étincelle, à tout ce qui pourrait faire fondre les pans gelés de notre vie et réintroduire un peu de chaleur dans nos journées, nous pouvons nous laisser emporter et aller trop loin. Nous pouvons souffler trop fort sur les flammes et brûler notre nourriture. C'est ainsi que l'on apprend, avec le temps, à maîtriser le Feu pour se nourrir sur le long terme. À faire la différence entre une flamme nourrissante et une flamme destructrice, entre les moments où l'on court vers quelque chose de précis et ceux où l'on ne fait que courir.

La reine de Bâton

Quels sont les mots qui décrivent avec le plus de justesse la reine de Bâton, la reine de Feu, l'élément décrit par Aleister Crowley comme « si proche de l'esprit que ce n'est nullement une substance, mais un phénomène, et pourtant si intégré à la matière qu'il est le cœur et l'essence même de toute chose » ? La reine de Bâton est la reine de l'esprit et de l'énergie qui anime, une véritable gardienne de la flamme.

Pour les personnages du tarot qui sont particulièrement réticents à l'idée d'être enfermés dans une case, j'ai trouvé utile de les contextualiser, en quelque sorte, en remontant jusqu'à leur première apparition dans les divers récits. Dans la mythologie grecque, Hestia est la déesse du Foyer, symbole à la fois du chez soi et de la nourriture, ce qui constitue la base du triangle qui faisait défaut au cavalier de Bâton. Le foyer, bien sûr, est l'espace où réside le feu, symbole alchimique de l'esprit. C'est aussi, dans la Grèce antique, l'endroit où l'on faisait toutes les offrandes aux dieux. Bien que Hestia ait été une héroïne méconnue de la mythologie grecque, selon certaines sources elle siégeait parmi les douze autres divinités de l'Olympe, aux côtés notamment de Zeus, Poséidon, Apollon et Aphrodite.

Dans la Grèce antique, nombre d'offrandes faites aux dieux impliquaient le feu : c'est pourquoi Hestia, discrète mais vénérée, recevait-elle la première et la dernière offrande à tous les repas. Privé ou public, l'âtre de la cheminée était un espace à protéger. On était tenu d'entretenir constamment le feu qui y brûlait ; ne pas le faire aurait été immoral. Hestia, la gardienne de cette flamme, était chez les Grecs associée à la nourriture (le feu permet la préparation des repas), à la chaleur et à la lumière, mais aussi aux autres divinités, puisque chaque offrande passait par elle. Sans âtre, il n'y avait ni nourriture, ni chaleur, ni lumière, et aucun moyen de communiquer avec le divin.

Certains affirment que la fumée emporte les prières jusqu'aux cieux, ce qui permet de comprendre que le Bâton, symbole du Feu, est aussi ce qui unit le haut et le bas. La reine de Bâton interroge donc sur la manière que nous avons de nous nourrir et de nourrir les autres, de générer de la chaleur et de la lumière. Elle nous questionne également sur la façon dont ces pratiques nous permettent de rester liés à quelque chose de plus grand que nous.

Joseph Campbell est célèbre pour l'importance qu'il a accordée au fait d'avoir pour soi un espace et un temps sacrés dans lesquels on ignore tout des nouvelles, de ce que font nos amis ou de ce que nous avons à faire pour la journée, et dont on profite pour s'ancrer et ouvrir les vannes de la créativité. Nombre d'entre nous n'ont pas de cheminée chez eux, ni d'âtre à proprement parler, mais Campbell semble nous suggérer de créer quelque chose qui remplirait cette fonction, un endroit où protéger et garder la flamme de notre esprit créatif, et où engager un dialogue avec des dieux symboliques, qu'il s'agisse de nos valeurs personnelles, de codes moraux ou spirituels, ou de divinités douées de la capacité d'influencer notre vie sur terre.

Si l'on vous a déjà chargé·e de démarrer ou d'entretenir un feu sans kérosène ni alcool à brûler, vous portez sans doute déjà en vous certains des secrets de la reine du Feu. Faire naître et savoir entretenir une flambée lente et régulière, un feu digne de ce nom, requiert savoir, dévouement et matériaux adaptés. Si vous êtes capable d'entretenir une petite flambée avec des débris de bois et du papier, vous savez poser les bases d'un feu plus important. C'est bien souvent notre créativité qui nourrit et illumine notre existence, quand tout est noir et glacé autour de nous. Partant, si vous tenez dix ans, chaque jour, votre journal intime, il se peut que vous allumiez les braises de mémoires que vous écrirez plus tard ou de tout ce que vous estimerez être votre « vrai » travail.

Comme pour tout, il existe des raccourcis pour allumer un grand feu (l'essence, par exemple), mais en y ayant recours, on élude une partie essentielle du processus, celle où l'on cherche les charbons ardents sous la cendre pour faire repartir le feu, comme celle où l'on semble partir de zéro, avec une étincelle sur un sol froid, et en continuant patiemment à partir de là. Même si les légendes regorgent de cas où un talisman offre un raccourci magique menant rapidement de nulle part à quelque part, il me semble néanmoins qu'opter pour la voie lente a une valeur intrinsèque, celle de prendre le temps qu'il faut pour apprendre quelque chose sans l'intervention d'une aide surnaturelle.

Je ne peux expliquer pourquoi, mais je vois un sens dans le fait d'apprendre à faire quelque chose à partir de rien, à effectuer le trajet du valet de Bâton à la reine de Bâton, à commencer avec une étincelle à protéger de ses mains pour qu'elle ne s'éteigne pas et arriver au feu de notre vie qui brûle sans faiblir – ce qui nous inspire, nous dit que nous sommes vivant·e·s, nous rappelle ce que nous sommes venu·e·s faire ici. Ne serait-ce que pour une raison, peut-être : lorsqu'il vacillera, nous saurons le ranimer.

Le roi de Bâton

Aaron Beck, fondateur de la thérapie comportementale et cognitive (TCC), a employé le terme de « cognitions chaudes » pour désigner les expériences psychologiques chargées d'émotions qui conduisent souvent à commencer une thérapie. Lors des séances, les thérapeutes vont parfois susciter des cognitions chaudes de façon à invoquer ce qui stimule le plus les participants, à voir ce qu'ils renferment et à trouver de nouveaux axes de travail. Ce n'est pas être cruel : tout comme le Feu alchimique, les cognitions chaudes recèlent certains matériaux parmi les plus efficaces à des fins de transformation.

De même qu'un alchimiste ferait brûler une substance pour éliminer ce qui n'était pas « réel », la chaleur psychologique agit sur l'expérience humaine. Colère, passion, désespoir et conflits intenses sont autant d'expériences qui consument nos défenses et font fondre le vernis de notre Moi « civilisé ». Le Feu a été qualifié de « juge » parce qu'il détermine ce qui reste et ce qui disparaît, ce qui mérite de survivre et ce qui doit ou devrait être détruit.

L'analyste jungienne Marie-Louise von Franz va plus loin : si un sujet « ne souffre pas, s'il ne brûle chez lui ni le feu du désespoir ni la haine, ni conflit ni fureur, ni mécontentement ni rien de ce genre, on peut être sûr qu'il n'y aura pas grand-chose à conscientiser et que l'analyse ne sera jamais autre chose que du blabla ». C'est pourquoi, même si le Feu est une force destructrice dans la vie d'une personne, il porte en lui le potentiel d'être un catalyseur de maturité. L'une des caractéristiques les plus souvent citées du roi de Bâton est son énergie débordante. Le roi est un symbole d'exaltation, et le feu, dans sa fonction la plus prestigieuse, a toujours un rôle à jouer. Il faut continuer à brûler, encore et encore, jusqu'à voir partir en fumée ce qui n'est pas vrai. Voilà le travail de toute une vie, c'est certain.

Une fois cernée la valeur des cognitions chaudes, que faire exactement avec un tel matériau ? Comment tirer parti de ce feu, plutôt que de le laisser se déchaîner jusqu'à ce qu'il devienne incontrôlable ? Tout d'abord, prêtez attention aux moments où vous avez eu un comportement que vous regrettez. Vous avez annulé votre projet d'aller à une soirée parce que vous étiez trop inquiet·ète à l'idée de rencontrer des gens ? Vous vous êtes querellé·e avec votre partenaire parce qu'il a dit quelque chose qui a réveillé votre peur de l'abandon ? Vous avez écrit un e-mail furieux à une personne à laquelle vous regrettez de ne pas avoir accordé plus de temps ?

Que vous passait-il par le cœur, la tête, le corps, dans ces moments-là ? Si, quand vous vous mettez à vous rappeler ce que vous avez fait, vous vous sentez détaché·e et ne percevez aucune chaleur, c'est que vous travaillez avec une énergie qui ne va pas être d'une grande utilité dans notre processus. Mais si vous parvenez à trouver une braise ardente qui vous brûle de l'intérieur, quelque chose qui vous donne envie de vous cacher le visage entre les mains, de honte ou de colère, tel un incendie de forêt ravageur, alors là, oui, vous avez vraiment atteint votre feu. Là, vous êtes en territoire alchimique. Et si vous avez le courage d'y pénétrer, vous activerez la partie de vous qui vit pour transmuter : c'est la grande énergie du roi de Bâton.

Vous vous demandez peut-être pourquoi on associe la suite des Bâtons à la cognition, alors qu'ils sont liés à l'énergie. Pour moi, le terme de « cognition chaude » est une façon de parler de quelque chose qui est beaucoup plus énergétique qu'intellectuel : c'est une réaction à ce que l'on pourrait appeler notre « évaluation intuitive » de quelque chose, l'expérience brute que nous en faisons avant que nos pensées et nos défenses ne se déclenchent. Pour entrer en contact avec cette matière en fusion, nous devons généralement contourner les épées de l'intellect et les histoires que nous racontons, qui nous empêchent de nous connecter avec ce qui requiert notre attention.

Ne vous étonnez pas de rencontrer des difficultés à accéder à cette matière chaude. Comme nous sommes nombreux·ses à avoir appris qu'il était mal de ressentir ce que nous ressentons, quand nous nous mettons à nous rappeler une colère ou un désespoir intenses, nous nous heurtons souvent à une barrière psychologique (« Je n'aurais pas dû éprouver ça ») qui nous empêche de les ressentir pleinement.

Dans ce cas, la cause n'est pas perdue, mais il faut bifurquer. Votre travail sera peut-être de creuser pour découvrir dans quelles circonstances vous avez appris qu'il n'était pas bien d'éprouver certaines choses. Ne soyez pas choqué·e si, ce faisant, vous tombez sur quelque chose de chaud.

Les thérapeutes ont recours à des questions pour exhumer vos charbons ardents des cendres du temps et du conditionnement. Ce faisant, ils demandent parfois à leurs patients de jouer le rôle de la partie irrationnelle qu'ils ont en eux, celle qui ne dit pas « Je sais que c'est puéril », « Je sais que ça semble immature », « Je sais que c'est ridicule, mais... ». Dans ce contexte, le sentiment noble, neutre et dénué de jugement n'est pas celui que l'on recherche. Plus c'est ardent, irrationnel et déraisonnable... mieux c'est. Ce que l'on veut, c'est dépasser la partie de soi qui sait qu'il ne faut pas ressentir les choses, outrepasser le cadre de la logique pour descendre jusqu'aux braises ardentes enfouies dans son cœur et son esprit. Là se trouve le territoire du roi de Bâton, et, selon les termes de l'ethnobotaniste Terence McKenna, c'est « là que l'alchimiste aime commencer ».

L'As de Coupe

En Occident, on considère généralement les émotions comme des expériences insulaires vécues par les individus, des phénomènes isolés : les miens, les vôtres ou ceux des autres. Mais je me demande, surtout quand je travaille avec la suite des Coupes (liée à l'Eau), si nous n'avons pas fondamentalement mal compris ce domaine de notre expérience.

Autrefois, les êtres humains comprenaient la psyché, ou l'âme, non comme une chose qui existait à l'intérieur de l'individu, mais plutôt comme une chose à l'intérieur de laquelle l'individu existait. On considérait comme acquis que vie intérieure et vie extérieure étaient liées. Aujourd'hui, on semble avoir oublié ce point. Nos histoires se résument généralement à ceci : ce que j'ai fait, ce que je peux faire et ce que je devrais faire pour avoir une influence sur le monde qui m'entoure. Nous nous demandons trop peu souvent ce que nos environnements pourraient exprimer à travers nous et nous sommes trop rarement suffisamment calmes pour en entendre la réponse.

La suite des Coupes est liée à La Papesse, qui représente pour beaucoup la pratique de la contemplation. Si l'on considère généralement que la contemplation est liée à la pensée, il s'agit plutôt du processus créatif d'un dialogue avec d'autres forces, comme les émotions. Le préfixe con- (« avec ») nous renvoie à un processus collaboratif, et le latin *templum* (« temple ») à l'espace sacré qui abritait une divinité. Contempler, c'est donc se lancer dans un dialogue spirituel qui, comme tous les dialogues, implique à la fois de parler et d'écouter. Ce que l'on écoute peut être une force invisible, comme celle d'esprits secourables, de courants énergétiques ou d'une Puissance supérieure. On peut écouter aussi quelque chose de concret : le clapotis d'une rivière sur des rochers, des chants d'oiseaux ou le bruissement d'une marmotte dans les hautes herbes. Cette façon d'être dans une relation de réceptivité par rapport à ce qui nous entoure semble aujourd'hui difficile à comprendre en Occident. Nous pensons en termes d'individus, de héros, de personnages qui accomplissent des tâches et surmontent des obstacles.

Mais, en plus d'être liées aux émotions, les Coupes symbolisent également une certaine réceptivité : une coupe peut *recevoir* de l'eau. La réceptivité implique une relation et nous interroge : À quoi ressemblerait une approche plus relationnelle de notre environnement ? Que se passerait-il si nous réorientions l'imagination vers une conception du Moi qui serait à la fois le rêveur et ce qui est rêvé ? Pourrions-nous envisager que ce que nous ressentons et vivons dans la maison de chair de notre corps ne soit pas toujours enraciné dans une expérience individuelle privée, mais puisse provenir d'un écosystème dont nous ferions partie ? Que se passerait-il si, par exemple, plutôt que de nous voir comme des promeneurs dans une forêt, nous nous considérions comme une vague d'énergie traversant la conscience d'une famille de séquoias ? Comment cela modifierait-il notre façon de nous mouvoir dans les environnements que nous habitons, et notre façon de nous identifier à nos expériences ?

Les émotions renvoient à la compréhension de nos expériences brutes, sans l'évaluation ni le jugement propres à la compréhension intellectuelle. On recourt plutôt à une connaissance intuitive, ressentie, de type cellulaire. L'astuce – et c'est ce qu'enseignent nombre de thérapies comportementales –, c'est d'apprendre à suspendre toute action assez longtemps pour que ce genre de connaissance puisse entrer en nous.

Un jour, dans sa chronique *Dear Sugar*, Cheryl Strayed[10] a donné à un lecteur le conseil suivant : « Ne vous appropriez pas les fardeaux des autres. » Et j'ai beaucoup réfléchi à cela au fil des années. Pour comprendre la suite des Coupes, il faut être au clair avec soi-même par rapport aux aspects de notre expérience dont nous sommes responsables. Par exemple, je peux être tenu·e pour responsable de mon comportement, mais pas de celui des autres – et c'est très bien ainsi. S'agissant de nos émotions,

---

10. NDÉ : « Dear Sugar » est une série de chroniques de Cheryl Strayed initialement publiées dans magazine littéraire *The Rumpus*. Ces chroniques ont évolué en podcasts animés par Cheryl Strayed et Steve Almond. Ils y abordent les questions des auditeurs pour leur offrir des conseils avec beaucoup d'empathie. Cheryl Strayed, *Ces petits riens qui font tout*, Michel Lafon, 2023 est inspiré de ces chroniques et podcasts.

il n'est pas toujours facile de dire à qui elles appartiennent. Je pourrais soudain ressentir la douleur sourde de ma grand-mère appuyant sur mes épaules, prendre une profonde inspiration, alors que je transpire du feu de la rage de ma mère, et me dire « Ça leur appartient à elles, pas à moi ». Mais quel bien cela me ferait-il ? Les émotions sont des courants énergétiques vivants, dotés de cycles de vie qui leur sont propres. Elles se perpétuent en suivant les lignes verticales et horizontales des relations humaines (à travers les générations, les communautés), jusqu'à arriver à l'endroit où elles peuvent être pleinement vécues et exprimées. Cela peut prendre un certain temps.

Il me semble que, quand une émotion arrive, il vous appartient de la gérer, d'où qu'elle vienne. Si une tempête survenait et inondait votre maison, chercheriez-vous à savoir à qui appartient l'eau responsable de l'inondation pour envoyer ensuite la facture à la masse d'eau la plus proche ? Quand la maison est inondée, savoir à qui appartient la masse d'eau ou le territoire sur lequel les nuages de pluie se sont formés n'a aucune importance. Personne ne se le demande, personne n'en a quoi que ce soit à faire. Si vous êtes concerné·e, c'est à vous de le gérer.

Si nous comprenons la magie comme quelque chose qui recourt au subtil pour influencer le concret, nous pouvons écouter la façon dont l'énergie subtile et invisible des émotions nous parcourt, nous et les autres, en se mêlant à l'espace intrapsychique. Nous pouvons nous ouvrir aux forces qui tentent de s'exprimer à travers nous et apprendre, peut-être, à prendre les choses un peu moins personnellement. Les problèmes que nous rencontrons dans l'espace émotionnel proviennent si souvent de la croyance que le chagrin est le signe que nous avons fait quelque chose de mal ou que nous devrions avoir honte d'être en colère. Nous ne sommes pas obligé·e·s de voir les choses ainsi. Les émotions proviennent de toutes sortes d'endroits : à l'instar de la coupe, nous pouvons faire de la place pour les accueillir.

L'as de Coupe est pour beaucoup assimilé au Saint-Graal, dont la quête a peuplé les légendes de l'Europe médiévale. Le Graal aurait renfermé des pouvoirs magiques de guérison, quand pour d'autres il s'agirait de la coupe dans laquelle Jésus a bu lors de la Cène ou celle qui aurait recueilli le sang du Christ sur la Croix. Dans *Le Conte du Graal*, le protagoniste Perceval n'y accède que lorsqu'il arrive au château du Graal et demande au Roi Pêcheur, gardien du Graal, blessé : « Quel mal vous afflige ? » Il n'aura eu besoin ni des qualités chevaleresques, ni de courage, ni de ruse : cette simple question, cette réceptivité, lui auront permis de remporter le trophée. Je crois que la leçon à retenir de cette histoire, c'est que prendre le temps d'être curieux des émotions (poser des questions, écouter, se montrer réceptif) est la clé qui permet d'atteindre quelque chose de sacré et précieux.

Le deux de Coupe

La projection est le transfert inconscient de ses pensées, de ses motivations, de ses désirs ou de ses émotions sur autrui. Elle peut être à la fois bénéfique et problématique. Par exemple, il est beaucoup plus fréquent de se lancer dans une nouvelle relation en y projetant un fantasme de ce que l'on espère trouver chez l'autre que de se mettre activement à regarder qui est réellement cet autre et d'en déduire la viabilité d'une rencontre.

Le deux de Coupe est illustré par deux personnages qui se fixent l'un l'autre, comme s'ils regardaient dans un miroir. La métaphore du miroir évoque le fait que ce que nous voyons lorsque nous regardons une autre personne est souvent le fruit de nos croyances fondamentales en matière de relations : notre cerveau ne cesse de mettre des modèles en correspondance, de rechercher des preuves que la dynamique que nous avons apprise dans l'enfance est bien celle de toutes les relations ultérieures. Songez au nombre de différends que vous avez eus avec des partenaires de vie que vous auriez pu transposer, au mot près, aux problèmes que vous avez rencontrés avec un parent ou un tuteur : « Tu ramènes toujours tout à toi », « Tu ne m'écoutes jamais », « Arrête de vouloir me dominer ». Songez au nombre de fois où ce « tu » que vous avez employé représentait en fait la personne qui était chargée de s'occuper de vous quand vous étiez enfant.

La projection ne survient pas seulement à l'occasion de disputes ou de discordes. Quand une relation naît harmonieuse ou merveilleuse (je me dis parfois qu'un bonheur merveilleux, surtout au début d'une relation, est peut-être l'indice qu'une projection est à l'œuvre), ce n'est pas que nous ne faisons pas de projections, mais que nos fantasmes respectifs s'avèrent alors compatibles et délicieusement opportuns. C'est lorsque nous rompons avec les projections d'autrui, ou qu'autrui rompt avec les nôtres, que les choses deviennent difficiles et souvent déplaisantes : des sentiments de trahison, d'abandon et de déception se font jour. Nous avons projeté nos tout premiers besoins insatisfaits sur un partenaire, et, pendant un temps, celui-ci a semblé capable d'y répondre. Mais quand il rompt avec ce scénario, quand il s'éloigne du programme psychique que nous lui avons imposé, la lune de miel prend fin. La peur gagne les cœurs qui se serrent, les relations se distendent, les gens se séparent.

Le psychologue Edward Teyber a écrit que l'une des toutes premières tâches d'un thérapeute de couple, au début d'un mariage, est d'aider chacun à abandonner les projections et les images déformées qu'il entretient vis-à-vis de l'autre. Il faut apprendre à voir qui est vraiment l'autre, à regarder réellement cette personne, plutôt qu'évoluer l'un à côté de l'autre sans jamais vraiment se trouver. Je n'ai aucune expérience dans le domaine du conseil conjugal, mais voici la philosophie que j'ai tirée des commentaires de Teyber : soyez curieux·se. Posez des questions. Méfiez-vous de vos suppositions. Prenez le temps d'explorer ce que vous espérez en fonction de vos aspirations les plus profondes, de votre enfance à aujourd'hui, et recherchez ensuite, autant que faire se peut, la réalité de ce qui vous est proposé.

La projection se manifeste aussi quand les sentiments se déplacent essentiellement de manière invisible d'une personne à une autre. La personne A « projette » une émotion (une rage ou une honte qu'elle n'est pas capable d'assumer, ou n'est pas disposée à assumer) sur la personne B en se comportant, en général inconsciemment, de manière à éveiller les mêmes émotions chez l'autre personne. La personne B éprouve soudain une colère ou une honte inexplicables. Nous adoptons cette identification projective en partie parce qu'elle nous permet d'affronter des émotions fortes, devant lesquelles nous sommes désarmé·e·s, que nous n'arrivons pas à assumer ou nous approprier. En les attribuant aux personnes qui nous entourent ou en les vivant à travers elles, nous mettons une certaine distance entre ces émotions et nous, ce qui nous évite de les assumer ou de s'y confronter pour les surmonter. Ces transactions invisibles que nous faisons avec nos proches sont parfois géniales, parfois très problématiques. Si c'est le cas, il peut être utile de se lancer dans une petite exploration de la situation. Que font ces personnes, que reflètent-elles ou expriment-elles, selon vous ? Et est-il possible que certaines de ces émotions vous appartiennent, à vous ?

Je pense utile de souligner que les émotions ne sont pas comparables à des possessions matérielles, dans la mesure où elles « n'appartiennent » peut-être pas à une personne ou à une autre. Nous pouvons donner nos émotions aux autres, et nous le faisons en permanence, à travers des comportements inconscients qui déclenchent chez eux les émotions que nous ne sommes pas capables de tolérer (songez à la personne peu sûre d'elle qui tentera délibérément d'éveiller la jalousie de son partenaire), et, au fil des générations, nous transmettons involontairement à nos enfants et petits-enfants ce que nous n'avons pas eu les ressources de traiter nous-mêmes.

La projection se manifeste donc de deux manières : poser un fantasme sur quelqu'un et attendre qu'il ou elle y réponde, ou encore « charger » les autres de ces expériences émotionnelles dont, pour x raisons, nous avons besoin de nous dissocier. Si l'eau est le symbole des émotions, c'est en partie parce que, tel l'archétype de l'arnaqueur, elle est fuyante : elle peut traverser les murs et les frontières de manière invisible, se déplaçant ici et là sans jamais être vue. Voici quelques indices qu'une projection peut être à l'œuvre : le niveau d'intensité des émotions en cause semble disproportionné par rapport à l'offense perçue ; on se sent désespérément prisonnier d'une relation intime, incapable de s'en libérer ; on est attiré de manière inexplicable par quelqu'un qui semble complètement incompatible avec nos objectifs de vie ; on est irrité ou dégoûté de manière (apparemment) irrationnelle par quelqu'un ; on affiche une attitude « typiquement » indisponible (affectivement ou physiquement), dépressive ou enragée.

Bien que la projection ait mauvaise réputation, le psychothérapeute David Richo écrit que ces produits de l'imagination relationnelle « nous montrent que les autres ne se présentent pas comme totalement autres. Ce sont des reflets/projections de notre propre histoire. Ils font partie de nous. Ce ne sont pas seulement "ils"... mais aussi "je". » Et c'est peut-être pour cela que l'intensité que nous éprouvons à l'égard d'autrui semble évoluer et s'estomper comme par magie dès lors que nous nous interrogeons sur nos propres blessures pour nous en occuper.

Le trois de Coupe

Au cours de ma deuxième année d'études supérieures, j'ai travaillé comme interne en psychiatrie, dans le service des consultations externes de santé mentale d'un hôpital communautaire, aux abords de Philadelphie. L'équipe de thérapie comportementale dialectique (TCD) se réunissait une fois par semaine pour passer en revue les concepts de TCD et permettre à ses membres d'échanger des conseils sur certains cas difficiles.

La TCD a été élaborée dans les années 1970 par un chercheur spécialiste de la question du suicide, et il a été prouvé que l'importance qu'il accordait à la pleine conscience, aux relations interpersonnelles, à la régulation émotionnelle et à la tolérance à la détresse est particulièrement utile aux personnes qui luttent contre des comportements autodestructeurs et suicidaires, comme à celles qui traversent des épisodes de crise psychologiques fréquents. En tant qu'interne, j'ai beaucoup appris sur le soutien à apporter aux sujets en situation de crise. Lors d'une réunion hebdomadaire, alors que j'écoutais les thérapeutes discuter des modalités de réaction face à une crise, j'ai appris une chose qui m'a prise un peu au dépourvu : parfois, notre manière de réagir face à une personne en souffrance peut renforcer la chose même que nous espérons empêcher.

Par exemple, si une personne qui bénéficie d'attention et de soins particuliers lorsqu'elle souffre est ignorée ou négligée le reste du temps, elle reçoit avant tout le message que souffrir est le meilleur moyen de voir ses besoins satisfaits. Dans ce cas, on ne peut s'étonner qu'elle reste souffrante. La « résistance » inconsciente au fait d'aller mieux et d'être bien portant, de peur de se voir retirer l'attention dont on est devenu dépendant, est bien réelle. Non seulement en milieu clinique, mais aussi dans le cercle des relations familiales, amicales, amoureuses ou sociales.

Bien sûr, quand les personnes auxquelles nous sommes attaché·e·s souffrent, il serait inadapté de les priver de notre attention de peur de leur envoyer le message que souffrance et démonstrations d'affection vont de pair. Alors, que faire ? Un praticien de TCD nous conseillerait peut-être de nous exercer à renforcer les expériences de bien-être en prodiguant attention et affection dans ces moments-là aussi, signifiant par là même qu'elles sont présentes dans les hauts comme dans les bas de l'existence. Le trois de Coupe montre trois personnages en train de danser, partager et alimenter leur joie. Comment y arriver ? Comment être présent pour celles et ceux que nous aimons quand ils souffrent, et augmenter leur bien-être ?

La vie est bien remplie, et il est facile de se complaire dans une posture de réactivité. D'éteindre les incendies. De s'occuper uniquement de ce qui nécessite un soulagement immédiat, sans plus. Cela ne paraît ni juste ni viable, si l'on espère construire un avenir sain et heureux – non dénué de souffrance, sans doute, mais pas non plus construit sur elle. Nous pouvons peut-être nous efforcer de garder à l'esprit qu'en tant que créatures sociales, l'attention de nos congénères est pour nous un moteur puissant. Indépendamment du fait qu'on nous accorde de l'attention parce que nous souffrons ou sommes dans le besoin, ou parce que nous sommes épanoui·e·s et joyeux·ses, quand les autres s'occupent de nous, ils communiquent quelque chose au plus profond de notre être. S'il est fréquent de voir des relations qui s'enracinent dans un renforcement mutuel de la douleur et de la souffrance, je crois qu'il est possible d'assister au même phénomène quand il s'agit de joie et de facilité.

Il est communément admis qu'il faut appeler un ami qui vient d'être confronté à une perte terrible, mais combien de fois appelons-nous nos amis simplement pour les écouter nous raconter dans les moindres détails la promotion qu'ils ont eue récemment ou un nouveau projet artistique sur lequel ils travaillent et qui les enthousiasme particulièrement ? C'est peut-être essentiellement ce qu'on exprime par une carte de félicitations ou en organisant une fête de fin d'études : le renforcement de sa réussite. Mais je pense que nous pourrions être beaucoup plus créatifs·ves lorsqu'il s'agit d'inventer de nouvelles façons, plus efficaces et plus puissantes, de nous encourager et de nous soutenir les uns les autres dans nos moments de joie.

Le quatre de Coupe

Le quatre de Coupe fait partie des cartes étranges qui semblent me révéler un secret différent chaque fois que nous nous croisons. Le chiffre quatre évoquant souvent la stabilité et les Coupes étant liées à l'eau, il est logique que la base de cette carte, comme l'eau, ait tendance à changer de forme, tout comme l'eau selon le contenant dans lequel on la verse. Dans une certaine mesure, il en est ainsi pour toutes les cartes, mais c'est particulièrement vrai pour celle-ci.

Le personnage assis au pied de son arbre pourrait être en train de se reposer, de méditer, d'intégrer des informations ou de procrastiner – ou tout simplement s'ennuyer ferme. J'ai lu des interprétations disant que cette carte parlait d'égocentrisme et d'entêtement. Je l'ai vue associée à un manque de réceptivité. Trouver un sens à n'importe quelle situation exige que nous tendions l'oreille pour entendre la vérité de ce qui est exprimé. Les cartes nous fournissent un microcosme où cultiver l'idéal selon lequel il ne faut rien prendre pour argent comptant. Chaque détail compte et suggère un lien avec quelque chose de potentiellement important. En l'occurrence, nous voyons ici trois coupes, par terre. Une personne les regarde, les bras croisés sur la poitrine. Une main sortant du ciel lui tend une quatrième coupe, mais elle ne semble pas vraiment ouverte à l'idée de la recevoir. De quoi s'agit-il ?

Je pense que cette carte est liée au problème suivant de l'être humain : nous avons oublié comment écouter. Le confort de nos intérieurs exige moins d'attention que jamais auparavant, et plus nous avons de confort, moins nous avons besoin de nous appuyer sur les indices que nous donne notre environnement. Nos capacités d'écoute, rouillées, sont parfois évidentes lorsque nous analysons l'imagerie brute d'une carte et que nous ne savons comment comprendre son langage. Nous appréhendons les cartes du tarot comme beaucoup d'autres choses dans ce monde : des objets qui permettent de faire avancer nos projets et de renforcer nos positions, et non comme des entités en elles-mêmes, qui auraient quelque chose à nous apporter si seulement nous savions écouter. Je pense que cette carte concerne entre autres le fait de ne pas écouter.

Nous ne cessons de projeter notre monde intérieur (croyances, désirs, rêves) sur le monde extérieur. Nous décidons de ce que nous voulons manger au dîner sans tenir compte de ce qui est de saison. Nous construisons des logements dans des lieux qui ne sont pas destinés à l'habitation humaine. Nous extrayons des ressources naturelles sans jamais nous arrêter pour nous demander ce que nous pourrions donner en retour, excepté si donner en retour implique qu'au final nous obtiendrons davantage – et encore, ce n'est pas systématique.

Souvent, même quand nous pensons donner, nous prenons. Nous donnons pour nous sentir bien, conformes à la croyance que nous sommes vertueux, et pour être perçus comme tels par autrui. Quand nous donnons, combien de fois nous fondons-nous sur une estimation réelle de ce qui est nécessaire ou vraiment demandé ? Peut-être que, quand nous coupons un rameau de romarin, nous faisons une petite prière ou une bénédiction rapide pour témoigner notre gratitude à la plante. L'arbrisseau l'a-t-il demandé ? Et s'il avait demandé quelque chose, l'aurions-nous entendu ? Vous est-il même venu à l'esprit de l'écouter ? Ou avancez-vous dans la vie en prenant, les bras tranquillement croisés sur la poitrine ?

Ce n'est peut-être pas tant que nous ne voulions ou ne sachions pas être réceptifs·ves, c'est peut-être plutôt que nous craignons de l'être. Nous redoutons de lâcher nos projets pour écouter ce qui veut advenir. Nous ne savons comment tolérer la réalité émotionnelle de choses qui ne vont pas dans notre sens. Parfois, nous nous sentons plus en sécurité en projetant ou en imaginant ce que les choses devraient être, en nous croisant les doigts et en priant pour un solution favorable, même si cet immobilisme est souvent source de souffrance. Pourquoi n'existerait-il pas une autre façon de procéder ? Une façon qui nous permettrait d'écouter ce qui nous est offert, de décroiser les bras, de tendre la main et de l'accepter ?

Le cinq de Coupe

Les interprétations populaires du cinq de Coupe montrent que le personnage représenté sur la carte est tellement préoccupé par les trois coupes renversées à ses pieds qu'il néglige les deux autres restées debout. Ce qui peut certainement se comprendre comme une métaphore du pouvoir, du point de vue adopté et de la différence qu'il peut y avoir entre vivre une situation et la dépasser. Beaucoup font remarquer que s'il pouvait simplement se retourner, le personnage de cette carte verrait l'opportunité plutôt que la perte.

Je pense toutefois que nous passons à côté de quelque chose de crucial si nous n'apprenons pas d'abord à regarder en face les coupes que nous avons renversées. Bien sûr, si nous les regardons trop longtemps, nous risquons de nous changer en statue de pierre ou de nous enliser dans l'auto-apitoiement, l'autocritique ou le désespoir. Mais l'astuce serait peut-être de reconnaître que nous avons la capacité à la fois de regarder et d'apprendre de ce que nous voyons. Nous pouvons ressentir les répercussions d'une situation dans toute leur ampleur – un faux pas ou une persistance dans l'erreur ayant peut-être entraîné une expérience profondément douloureuse ou une perte tragique – et laisser ensuite les conséquences matérielles et émotionnelles nous enseigner. Ayant éprouvé tout le poids d'un épisode douloureux, nous pouvons, avec autant d'intensité, tourner les talons et aller de l'avant vers ce qui se révélera peut-être même un cadeau. Éprouver les répercussions de nos comportements dans toute leur ampleur nous permet de pénétrer dans l'espace où nous pouvons apprendre à faire mieux.

La honte permet difficilement d'y arriver. Celles et ceux qui luttent contre un comportement compulsif font souvent l'expérience d'une honte intense après avoir succombé à une habitude dans laquelle ils avaient juré de ne plus retomber. L'intensité de la honte qui entoure le comportement « interdit » suscite une réaction d'évitement qui met la personne dans l'incapacité de regarder en face ou de ressentir totalement un faux pas et ses conséquences. Avec la honte, on vit non seulement le fait d'avoir fait quelque chose de mal, mais aussi celui d'être soi-même mauvais, et cela prend souvent racine dans des choses anciennes, apprises tôt dans l'existence. La honte limite notre capacité de nous retourner pour regarder ce qui s'est passé en adoptant le point de vue que toute « erreur » est une occasion d'apprendre. La recherche a montré que la compassion était un remède efficace à la honte parce qu'elle n'exigeait pas que nous nous aimions, ni même que nous nous appréciions pour faire preuve de gentillesse, mais seulement que nous prenions acte de notre souffrance et nous sentions motivé·e·s pour la soulager. Regarder nos erreurs en face pour voir comment moins souffrir une prochaine fois est un bon début pour diminuer une souffrance inutile sur le long terme.

Cependant, si nous ne parvenons pas à regarder nos erreurs en face (prendre conscience des émotions, sensations du corps et pensées suscitées), nous nous privons d'une occasion précieuse de comprendre réellement pourquoi ce comportement, en matière de ressenti, n'est pas bon pour nous. Comme le dit un dicton jamaïcain, « Qui ressent, sait ». Cette sage philosophie est ici parfaitement opportune.

Examiner un comportement dont nous avons honte nous donne l'espace nécessaire pour explorer ce qui nous a conduits à l'adopter, ce qui peut l'avoir déclenché et ce qui se passait à l'intérieur ou à l'extérieur de nous à ce moment-là. Si ce comportement était une réaction à une émotion douloureuse, nous y trouverons également la possibilité d'identifier d'autres capacités d'adaptation auxquelles recourir une prochaine fois ; au lieu de continuer ce qui est dépassé et que nous détestons, nous développerons de nouvelles facultés afin de gérer nos émotions et mieux tolérer la souffrance. Si nous ne parvenons pas à nous regarder en face parce que nous sommes pris·es dans un processus d'évitement motivé par la honte, il nous est impossible d'apprendre.

Le six de Coupe

Arthur Waite a écrit que le six de Coupe était « une carte associée au passé et aux souvenirs, au fait de regarder en arrière – par exemple vers son enfance ». Elle est souvent interprétée comme une carte de nostalgie et de douceur.

Il est logique que la nostalgie fasse partie de la suite des Coupes, liée à l'eau : l'eau est liée à la vie, et la vie à la création. La créativité est un processus qui donne la vie ; c'est la manière dont on se ménage un espace pour donner vie à quelque chose ou préserver la vie perdue. Le mythologue Martin Shaw a décrit l'art comme « une représentation élégante de l'immense chagrin qui est la rançon de la vie ». Et c'est là que la nostalgie entre en jeu. Le travail créatif est un effort rituel pour vivre quelque chose qui résiste aux dimensions hostiles et impitoyables du temps qui passe. Je n'emploie pas ici le mot rituel à la légère, mais bien pour décrire le fait de convoquer à sa mémoire des états émotionnels très particuliers, de s'en souvenir et de les inscrire dans le temps et l'espace pour ne pas les oublier.

Le moine bénédictin David Steindl-Rast a écrit que « l'intellect filtre pour extraire ce qui est vrai [de la réalité] ; la volonté tend vers ce qui est bien. Mais la réalité recèle une troisième dimension : la beauté. Notre être tout entier résonne avec ce qui est beau. » Quand nous faisons l'expérience de la beauté, écrit-il, nous nous mettons à parler des émotions, et plus nous sommes touché·e·s émotionnellement parlant, plus nous cherchons à célébrer cette expérience. Et c'est là que nous commençons à créer du rituel. Tous les rituels, selon lui, sont liés à l'appartenance et la célèbrent.

Dans le contexte du six de Coupe, on pourrait considérer le rituel comme quelque chose que l'on ferait pour inscrire, se remémorer et revivre des expériences de résonance émotionnelle passées. Peut-être cela consiste-t-il à retourner contempler les mêmes panoramas ou à réciter les mêmes prières. Peut-être s'agit-il d'un comportement dont nous avons découvert il y a bien longtemps qu'il avait le pouvoir de nous apaiser ou de nous calmer, de sorte que c'est devenu un rituel – peut-être même une cérémonie. Ce que nous faisons et refaisons, encore et encore, peut célébrer ou reproduire des émotions du passé pour le meilleur ou pour le pire. Si, il y a longtemps, nous avons fait quelque chose qui nous a donné un sentiment de sécurité ou de puissance, il semble logique que le désir de retrouver ce sentiment nous ait poussé·e·s à transformer cette chose en rituel et qu'on l'ait reproduite des centaines de fois pour la transformer en ce que Steindl-Rast nomme un « lieu sacré personnel ».

La redéfinition de comportements répétitifs en rituel et de rituel en comportements consiste à conserver et célébrer des expériences de beauté, d'appartenance ou tout autre état émotionnel désiré. Cette redéfinition est considérable pour de nombreuses raisons. Tant de rituels sont stigmatisés, considérés avant tout comme des fautes morales, qualifiés de dysfonctionnels ou d'inadaptés, de malsains, de désavantageux, et ainsi de suite. Mais autant que je sache, le comportement fonctionne ainsi : nous ne faisons rien qui ne nous serve d'une manière ou d'une autre.

La tendresse dans l'image du six de Coupe révèle un secret. Plutôt que de nous flageller pour ce que nous faisons et refaisons à l'envi, alors même que nous voudrions l'éviter, pourquoi ne pas considérer ces comportements comme extrêmement intelligents ? Comme une création de rituels qui inscriraient, préserveraient et faciliteraient un retour à des expériences émotionnelles sacrées pour nous ? Si nous pouvions valider le fait que, dans un monde terrifiant, se sentir en sécurité est sacré, se sentir apaisé est sacré, peut-être pourrions-nous alors comprendre pourquoi – l'eau souterraine évolue sous une couche de surface qui est bien plus qu'il n'y paraît – nous faisons ce que nous faisons, avant de juger. Au lieu de nous dire bloqué·e·s, impuissant·e·s ou perdu·e·s, nous pourrions nous qualifier d'amoureux·ses de la beauté et de l'appartenance, et d'une résonance émotionnelle profonde. Ne serions-nous pas des amoureux qui essayent seulement de se remémorer un sentiment sacré ? Et alors, si nécessaire, nous pourrions commencer à explorer de nouvelles façons de nous souvenir de ces sentiments-là, de nouveaux rituels qui nous permettraient de nous sentir en sécurité et apaisé·e·s.

Le sept de Coupe

L'imagination est si puissante qu'elle peut non seulement stimuler des émotions intenses à partir de rien, si nous ne savons pas comment travailler avec elles, mais aussi nous conduire à un comportement qui peut modifier la réalité physique de notre vie. Mettons que quelqu'un ait fait quelque chose dont j'imagine que c'est une attaque délibérée à mon encontre. Conséquence de cette attaque imaginaire, la colère m'envahit. Je décoche à cette personne un texto furieux dont je ne peux pas annuler l'envoi. Je ne le sais pas, mais elle vient de perdre un être cher, et ce n'est pas par méchanceté qu'elle s'est comportée ainsi à mon égard, mais parce qu'elle était sous le choc.

C'est donc une réaction en chaîne qui s'est produite : mon imagination a éveillé des émotions qui ont déclenché à leur tour une action. En prenant conscience de ce mécanisme et en nous exerçant, nous pouvons limiter nos réactions irréfléchies et plus aptes à instaurer une distance entre des événements intérieurs intenses et notre comportement. Mais je soupçonne que même en s'y attelant, la plupart d'entre nous ne seront jamais entièrement libres de ces impulsions (preuve, s'il en faut, du pouvoir de l'imagination, pour le meilleur ou pour le pire). Et il est important de le savoir, car une fois qu'on en a conscience, on peut apprendre à le maîtriser. Au lieu d'envisager le pire, pourquoi ne pas imaginer des scénarios dans lesquels on se débrouillerait très bien tout seul, dans lesquels on accepterait que les choses se passent mal, et dans lesquels on aurait tout ce dont on a besoin pour gérer la situation ?

Le sept de Coupe représente un personnage qui ne se tient pas devant une, mais sept coupes. Apparemment, il a un choix à faire. Et s'il n'est pas toujours possible de commander à son imagination, parfois ça l'est. Si vous tirez cette carte, pourquoi ne pas imaginer que la situation pour laquelle vous consultez pourrait connaître une fin merveilleuse, et non désastreuse ? Au lieu d'entrevoir une issue qui ne vous plaît pas, visualisez-en une qui ait grâce, compassion et puissance.

Voilà une chose extraordinaire que l'esprit : l'imagination permet de faire apparaître le monde que l'on veut. Et si l'on est en mesure de diriger cette capacité grâce à une intention, elle peut changer concrètement notre réalité. Car ce même mécanisme psychologique qui imagine le pire et suscite tout un tas d'émotions négatives peut aussi imaginer les dénouements les plus positifs et favoriser des émotions positives, qui peuvent à leur tour favoriser les comportements les plus exemplaires et généreux qui soient.

Le huit de Coupe

Il y a plusieurs années, je dînais avec un groupe de psychologues à l'occasion d'une conférence sur les sciences du comportement à laquelle j'assistais parce que je travaillais pour l'éditeur qui publiait leurs livres. L'un des convives, qui travaillait sur des interventions rapides permettant à ses patients d'évoluer, me confia qu'il y avait tellement de gens qui ne revenaient jamais en thérapie après la première séance qu'il fallait considérer chaque séance comme si c'était la dernière. Ce qui nous amena à aborder la question suivante : si l'on n'avait qu'une séance avec une personne coincée dans une situation quelconque, avec quoi voudrait-on qu'elle reparte ? S'il ne devait y avoir qu'une seule qualité à développer, je crois que je privilégierais les capacités d'adaptation.

Je passe beaucoup de temps à réfléchir à la façon dont on se retrouve bloqué dans les mauvaises situations, à faire trop longtemps des choses qui ne fonctionnent pas et, dans certains cas, du mal aux autres comme à soi-même. Je ne crois pas vraiment aux approches « pot-pourri », quel que soit le domaine. Mais ce qui est certain, c'est que si de nombreuses personnes restent coincés dans des situations difficiles, c'est parce que foncièrement elles se pensent incapables d'affronter les émotions qu'entraînerait le fait de partir : douleur, solitude, anxiété, peur, stress, rejet, colère, désespoir, et ainsi de suite. Convaincre quelqu'un que ce qu'il fait ne fonctionne pas n'est pas suffisant pour amorcer le changement, si les facultés d'adaptation ne sont pas acquises. Souvent nous en convaincre nous-mêmes ne suffit pas non plus.

Dans l'ensemble, les gens qui savent qu'ils s'en sortiront, quoiqu'il arrive, sont plus disposés à partir quand la situation le leur impose. Ils savent qu'ils s'en sortiront parce qu'ils ont les capacités nécessaires pour affronter la situation, une sorte d'assurance psychique qui leur permet de gérer les conséquences du mouvement dans leur vie, librement, plutôt que de rester coincés devant une porte close.

Le huit de Coupe représente un personnage qui s'éloigne de huit coupes étincelantes : belles, éclatantes et précieuses à certains égards, mais pas suffisamment. Ce « pas suffisamment » est suggéré par l'espace vide de la pile, où une neuvième coupe devrait se trouver. Cette carte est souvent interprétée comme le symbole d'un départ difficile, d'un éloignement qui demande confiance (aucune destination n'est représentée), intuition (il n'y a pas de chemin) et aussi quelque chose qui tiendrait du non-visible (le personnage a la capacité de faire face à tout ce qu'il en coûte de cheminer en portant le fardeau de la perte des huit coupes qu'il a laissées derrière lui).

Quand on lit le tarot, on travaille avec quantité de gens qui posent plusieurs variantes de la question « Dois-je rester ou partir ? ». Au fil des années, j'ai remarqué qu'il y a très peu de gens pour qui savoir intellectuellement qu'ils doivent partir suffit à les convaincre de le faire. Les coupes présentes dans cette carte sous-entendent qu'afin d'accomplir la rude tâche de partir, il faut acquérir certaines aptitudes dans le travail de ses émotions. Les capacités d'adaptation, lorsqu'elles sont saines, sont un talisman que l'on sort de sa poche quand il devient nécessaire de se briser soi-même le cœur.

Savoir gérer correctement la douleur et le chagrin nécessaires au lâcher-prise est extrêmement important dans la vie. Il est fondamental de se sortir de situations dans lesquelles on est coincé, parce que le départ diminue le besoin compulsif de les affronter de manières qui ne feraient qu'empirer les choses. En outre, c'est seulement quand on se bâtit des capacités d'adaptation satisfaisantes que les choses que l'on a réprimées peuvent émerger afin d'être intégrées : toutes les choses que l'on évite en refusant le changement. Et c'est là une partie importante de la guérison. Quand on possède les facultés d'adaptation nécessaires pour gérer les retombées émotionnelles des choix délicats que nous avons faits, on peut accomplir des choses difficiles, plutôt que de vivre en évitant les émotions contre lesquelles on se croit désarmé. Paradoxalement, l'évitement rend très vite la vie de moins en moins gérable. Les capacités d'adaptation sont une compétence fondamentale pour prendre les décisions difficiles qu'une vie heureuse exige.

Le neuf de Coupe

J'interprète le tarot pour de nombreuses personnes qui cherchent à savoir ce qu'ils veulent. En thérapie, la mise au point des valeurs est souvent une tâche à laquelle on s'attelle dès le début, l'idée étant que pour qu'une personne soit motivée et effectue le rude travail de procéder à des changements dans sa vie, il lui faudra probablement en entrevoir le bénéfice. Dans le contexte de la thérapie d'acceptation et d'engagement (TAE), les valeurs sont définies en identifiant ce qui confère un sens et un but à notre vie. Elles nous servent en quelque sorte de boussole, que nous pouvons consulter pour vérifier que nous avançons bien vers ce qui nous est précieux, plutôt que de nous en éloigner.

Savoir ce que l'on veut est souvent étonnamment difficile. Le neuf de Coupe, généralement considéré comme une carte liée à la réalisation des souhaits, nous invite à explorer ce que nous désirons vraiment. Ce peut être difficile pour quantité de raisons, l'une d'elles étant fréquemment la non-correspondance entre la réalité tangible de notre vie et nos désirs, de sorte qu'accepter ce que nous voulons nous demande aussi d'accepter la souffrance de ne pas l'avoir. Et bien que le processus de mise au point des valeurs se produise généralement en début de thérapie, je me suis aperçue qu'identifier ce qui était important pour soi et articuler ses désirs sur cette base constituait souvent un processus de guérison à part entière.

Ainsi que nous l'avons vu avec Le Chariot et La Force, c'est une chose que de traverser la vie comme si c'était une course d'obstacles, en réalisant des tâches qui nous sont assignées par d'autres. C'en est une autre de nous tourner vers l'intérieur pour déterminer ce qui a réellement de la valeur pour nous, quand nous n'y avons jamais été invité·e·s et que nous avons encore moins été encouragé·e·s en ce sens ou valorisé·e·s. Faire un vœu semble amusant jusqu'à ce qu'on réalise que l'on n'a aucune idée de ce que l'on souhaite, jusqu'à ce qu'on se rende compte que l'on n'est même pas sûr de ce que l'on ressent quand on veut vraiment quelque chose et que l'on n'est pas plus convaincu qu'on le saurait si on le ressentait. L'expérience de découvrir un vide là où il devrait y avoir un souhait est profondément perturbante.

J'insiste sur ce point pour relativiser le fait de ne pas savoir ce que l'on veut ; j'ai vu la honte que ce constat pouvait susciter. Je ne peux vous dire le nombre de fois où j'ai entendu, au milieu de larmes que l'on ravalait, quelque chose du goût de « J'ai vingt-trois ans… », « J'ai cinquante-six ans… » ou « J'ai cent cinquante-sept ans… » suivi de « … je devrais quand même savoir qui je suis, maintenant ». La honte ne vous aidera pas à déterminer ce que vous souhaitez. Heureusement, il existe un remède efficace contre la honte : la compassion envers soi-même. Ne pas savoir ce que l'on veut prend souvent racine dans des choses que l'on n'a pas choisies et dont on n'est pas responsable. Voici quelques raisons qui expliquent qu'avoir un souhait puisse être difficile :

- Vos émotions ont été constamment invalidées dans l'enfance, de sorte que vous ne vous faites pas confiance pour ressentir ce que vous aimez et ce à quoi vous aspirez.
- Vous avez été confronté·e dans votre vie à beaucoup de frustration en essayant de faire en sorte que vos besoins soient satisfaits, ce qui complique maintenant la tâche. Pour vous sentir en sécurité, vous avez appris à vous sentir impuissant·e face à tout ce que vous voulez vraiment, ou à vous y fermer rapidement.
- Les personnes dont vous dépendiez dans votre enfance étaient imprévisibles ou changeantes, si bien que vous avez développé la capacité d'analyser les besoins d'autrui et de les satisfaire au détriment des vôtres. En conséquence, vous avez vécu vos propres besoins comme nécessairement dictés par ceux d'autrui, de sorte qu'il vous est aujourd'hui difficile de démêler les uns des autres.
- Vous avez élaboré une stratégie de protection que l'on appelle couramment « le perfectionnisme », ce qui signifie que vous organisez votre vie de façon à éviter d'entrer en contact avec toute indication potentielle que vous seriez inadapté·e, imparfait·e ou indigne d'amour. Souhaiter ou essayer de nouvelles choses menace directement votre carapace.

- Dans votre enfance, votre entourage n'était pas doué de capacités d'adaptation, vous n'en avez donc pas développé non plus, et vous éprouvez une peur intense des émotions qui accompagnent le fait de vouloir quelque chose et de ne pas l'obtenir. Alliés à une croyance que ces émotions sont ingérables, les enjeux liés au fait de souhaiter véritablement quelque chose sont simplement trop élevés.

Le désir d'un cœur jaillit d'une estime de soi suffisamment solide pour que ses préférences ne dépendent pas de facteurs extérieurs. En d'autres termes, quand on sait qui l'on est, on peut mettre en balance ses désirs et besoins et ceux du groupe. Il y a énormément de facteurs qui interviennent dans le mûrissement d'une estime de soi naissante, et sans doute un nombre infini de façons de l'anéantir. Si bien que l'adolescence, qui devrait être la période où l'on travaille à découvrir qui l'on est et ce que l'on aime, n'est pour beaucoup d'entre nous que l'annonce de ce que nous ferons dans toutes les décennies de notre vie. Et souvent, cette quête n'est pas entamée qu'une seule fois, mais se répète à plusieurs reprises, à mesure que nos conditions de vie évoluent, et nos désirs et besoins avec elles. Parfois, le plus difficile consiste à apprendre à faire le bon vœu.

Le dix de Coupe

Dans l'édition d'ouvrages de développement personnel, chaque livre doit avoir une « accroche » qui est une promesse de ce qu'il va apporter lecteur. Cette promesse doit contenir à la fois un problème et une solution. C'est ainsi que fonctionne la création de produits destinés à la consommation de masse. On convainc les gens qu'il existe un problème dans leur vie, puis on leur propose la solution.

La « promesse » la plus importante et la plus problématique dans les domaines de la psychologie et du comportement est celle du bonheur durable ; c'est la solution au « problème » engendré par presque toutes les émotions autres que le bonheur. L'idée de départ affirme qu'être heureux est le but de la vie, ce qui est extrêmement malin du point de vue marketing, parce qu'en arrivant à faire croire aux gens que le but de la vie est de se sentir bien tout le temps, on peut miser sans risque sur le fait que tant qu'ils seront en vie, ils connaîtront des moments de tristesse, d'anxiété, de jalousie et d'insatisfaction. Si ne pas être heureux tout le temps devient un problème, on peut vendre éternellement des produits qui promettent de le résoudre. S'il est facile de vendre des produits qui promettent le bonheur, cette logique conditionne les gens à se considérer comme des ratés. Ils continuent donc à acheter des produits dans l'espoir que cette fois, le « problème » sera réglé. Il est rocambolesque de penser qu'éprouver des émotions soit un problème pour les hommes et les femmes ; ce « problème » est insoluble.

Si l'on croit que le but de la vie est le bonheur, cela implique alors que la tristesse est un échec. Quand un état émotionnel terne ou pénible est catalogué comme un « problème » à résoudre, plutôt que comme une partie naturelle et saine de l'expérience de la vie (partie d'un mouvement de flux et reflux inéluctable, auquel nous appartenons tou·te·s), on rejette une moitié de ce qu'est la vie. Et après, on se demande pourquoi on se retrouve coincé et dans un tel pétrin.

En 2017, des chercheurs en psychologie positive ont publié des résultats selon lesquels l'émodiversité – qu'ils définissent comme « l'étendue et l'abondance relative des émotions ressenties par les individus » – serait plus importante pour le bien-être que le bonheur. En demandant à 175 adultes âgés de quarante à cinquante ans de noter leurs émotions positives et négatives sur trente jours, ils ont découvert que ceux qui faisaient état d'une gamme d'émotions plus large souffraient moins d'inflammation, un processus biologique lié à la fois à la morbidité et à la mortalité précoces, mais aussi aux états émotionnels.

Le dix de Coupe est une des cartes les plus intéressantes du jeu de tarot. Les interprétations populaires soutiennent qu'il relève de l'atteinte d'un objectif ou du « ils vécurent heureux jusqu'à la fin des temps ». Mais c'est également une carte de « représentation », ce qui signifie que les personnages seraient en scène. Comme au théâtre, les choses peuvent ne pas être exactement ce qu'elles semblent. On voit sur la carte une famille dont les membres se tiennent par la main, dansant et offrant une représentation très convaincante de ce qu'est la joie. Mais dans le ciel, l'arc-en-ciel de coupes raconte une tout autre histoire, celle de la variation de l'énergie émotionnelle de la carte. Dans la vraie vie, les liens décrits ici (la famille, l'intimité, le sentiment d'appartenance) n'appartiennent pas au monde des Bisounours. Ces liens connaissent aussi l'anxiété, la perte, l'envie, la déception, la peur, la colère, le désespoir. S'il n'en était pas ainsi, pourquoi l'arc-en-ciel serait-il multicolore ? Pourquoi ne se résumerait-il pas à une seule bande, d'un jaune éclatant ?

Il est naturel que l'émodiversité soit un indicateur de bien-être. Plus nous sommes à même et désireux·ses d'éprouver un nombre important de variations émotionnelles, plus nous sommes libres, car nous ne dépendons plus de stratégies d'évitement rigides pour nous sentir en sécurité. En général, les gens qui ne veulent absolument pas éprouver certaines choses sont plus susceptibles de se laisser enfermer dans des impasses comportementales. Mais se barricader pour se couper de sentiments que l'on redoute peut coûter cher. Par exemple, en structurant votre vie pour éviter l'anxiété de certaines situations sociales, vous perdrez l'accès aux relations humaines. En organisant votre vie pour éviter l'incertitude qui accompagne le changement, vous récolterez un sentiment d'indolence constant et durable. Imaginez-vous regarder un arc-en-ciel et essayer de ne pas en voir la couleur verte. Il faudrait pour y parvenir que vous fermiez complètement les yeux, et donc que vous manquiez le reste.

La psychologie positive peut donner l'impression d'être la branche « amour et lumière » de la psychologie, mais elle englobe de fait l'amour, la haine, la joie, la douleur et toutes les émotions intermédiaires. Les praticiens ont reconnu que si la psychologie positive permettait de se départir d'humeurs sombres et de comportements inadaptés pour développer des bases plus saines, elle était bien moins efficace lorsqu'il s'agissait de dépasser cette base pour passer du stade où l'on va plutôt bien à celui de s'épanouir. Ces dernières années, les recherches se sont donc concentrées davantage sur le contraste erroné entre les aspects prétendument positifs et négatifs de l'expérience humaine. Plutôt que de classer les expériences en « négatives » ou « positives », on a mis l'accent sur le bien-être dans sa globalité – ce qui inclut la vaste palette de ce que nous vivons comme positif ou négatif, bon ou mauvais, et qui est la substance même d'une vie pleinement vécue.

Le valet de Coupe

Dans le modèle de psychothérapie du système familial intérieur, chaque personne est considérée comme une agglomération de plusieurs parties. À l'intérieur de nous vit une communauté plurielle d'âges, de souvenirs, de pulsions et de tempéraments divers. Selon ce modèle, la partie de nous qui conserve les traumatismes de l'enfance est souvent très jeune. Elle renferme de vieilles croyances et stratégies d'adaptation, dont nous n'avons souvent pas conscience jusqu'à ce que nous identifiions les moments et les lieux où se manifeste cette partie et que nous commencions à mieux la cerner, généralement grâce à un travail de guérison.

Il y a plusieurs façons d'envisager le valet dans le tarot. L'une de mes préférées consiste à le voir comme la représentation des jeunes membres d'une famille intérieure. Le valet de Coupe se prête à cette approche en raison des qualités symboliques d'innocence et de sensibilité qui lui sont traditionnellement associées. Arthur Waite a écrit que le valet de Coupe, jeune et honorable, était « volontiers serviable [...] d'une jeunesse studieuse » et que, dans une lecture du tarot, il représentait souvent « des nouvelles, un message ; l'application, la réflexion, la méditation ». Pour Rachel Pollack, le poisson peut symboliser des « talents et une sensibilité médiumniques », et le valet de Coupe représente « un moment particulièrement propice à la méditation et à l'imagination ».

Je considère que le valet de Coupe est porteur de l'énergie d'un enfant sensible. Ce qui signifie que, dans un monde cruel, il représente l'enfant « trop sensible ». Comme on a dit et répété aux personnes de ce type, tout au long de leur enfance, qu'elles étaient trop sensibles, devenues adultes, une part psychologique d'elles-mêmes trouvera peut-être certaines émotions inacceptables et insupportables. Comme elles auront intériorisé des reproches tels que « arrête de pleurnicher », « calme-toi » ou « tu es trop sensible », des émotions naturelles de tristesse, de solitude et de peur seront chez elles associées et mêlées à la honte.

La tristesse, la solitude et la peur sont suffisamment difficiles en elles-mêmes pour avoir besoin d'être mâtinées de honte. La honte est un puissant moteur des comportements, qui peut éveiller un besoin intense de repousser et d'éviter les autres émotions qui l'accompagnent. Souvent, ce besoin d'évitement se traduit par des actions qui, en définitive, rendent la vie plus douloureuse.

Si vous vous reconnaissez dans cette description, sachez tout d'abord que vous n'êtes pas *trop* sensible. Il est tout à fait possible de revenir en arrière pour dissocier une émotion de la honte afin qu'elle paraisse moins intense lorsqu'elle se manifeste dans le présent. Pour y arriver, vous devez créer un espace, seul·e ou en présence d'une personne de confiance (un ami, un partenaire de vie ou un thérapeute), pour travailler sur ce sentiment initial. La tristesse, la solitude, la peur : vous n'avez jamais rien fait de mal en éprouvant ces émotions.

Vous aviez besoin de validation et d'un espace pour ressentir ces émotions, mais on vous a puni·e et ridiculisé·e. Si l'on se rappelle que Waite interprète le valet de Coupe comme le porteur de bonnes nouvelles, la bonne nouvelle ici, c'est qu'il n'est pas trop tard. Vous pouvez aujourd'hui obtenir la validation dont vous avez besoin et faire de la place pour toutes vos émotions. La validation et la création d'un espace pour elles sont au cœur d'une grande partie du travail thérapeutique. Les cartes du tarot sont une passerelle, et le valet de Coupe une porte nous permettant de revenir à une époque de sensibilité et de tendresse, grâce à quoi nous pouvons corriger ce qui doit l'être.

Le cavalier de Coupe

La manière dont je comprends les gens et les relations humaines doit énormément aux centaines d'ouvrages de sciences du comportement que j'ai parcourus lorsque j'étais dans l'édition. Je sais qu'il y a des expériences qui ne peuvent pas (et ne devraient sans doute pas) être réduites à des données scientifiques, mais je suis toujours curieuse des théories scientifiques sur des sujets comme l'amour et les relations sentimentales. Dans un livre intitulé *ACT & RFT in Relationships*, une équipe spécialiste du comportement tente de comprendre les relations amoureuses à travers l'étude du langage et du comportement. Entreprise ambitieuse, qui n'en est pas moins noble.

Selon ses auteurs, JoAnne Dahl, Ian Stewart, Christopher Martell et Jonathan Kaplan, on s'expose à un échec de la relation amoureuse quand on considère l'amour comme un état émotionnel (ce qu'entretiennent les contes de fées et les comédies romantiques), et en particulier comme un état devant être toujours agréable. S'intéressant aux composantes comportementales de l'amour, les auteurs soulignent qu'il est problématique de considérer automatiquement les émotions comme des déterminants du comportement, parce que les sentiments sont sujets à des fluctuations rapides et parfois extrêmes.

Il arrive que l'on éprouve ce qui nous paraît être « le grand amour » et qu'à d'autres moments, on n'en soit pas très sûr. Après une grosse dispute, on peut éprouver de la colère et même de la haine vis-à-vis de l'autre. Laisser l'émotion dominer son comportement rend les relations humaines potentiellement très instables.

Dans la réalité, l'amour et les relations intimes font parfois mal. Quand nous éprouvons de la colère ou même de la haine vis-à-vis d'un partenaire, est-ce que nous avons nécessairement cessé de l'aimer ? Bien sûr que non. Croire que l'amour est une émotion peut détruire les relations. C'est réduire un lien complexe à quelque chose d'unidimensionnel qui doit procurer une joie et un plaisir constants. C'est faire de l'amour une notion autocentrée plutôt que transcendante, une ouverture qui peut nous aider à franchir les limites solitaires de notre Moi. Le pouvoir transformateur de l'amour est inhérent à sa capacité de nous faire entrer en communion avec quelque chose de plus grand et peut-être de plus vrai que ce que nous comprenons comme notre Moi individuel. Rien à voir avec le fantasme selon lequel l'amour équivaut à se sentir bien tout le temps. Les auteurs définissent-ils ainsi l'amour non comme une émotion ou un sentiment, mais comme un ensemble de comportements.

Tous les cavaliers du Rider-Waite-Smith sont à cheval, ce qui symbolise l'action, le comportement que l'on peut voir quelqu'un adopter. Le cavalier de Coupe concerne précisément le domaine de l'Eau, une énergie de connexion qui se manifeste généralement dans les relations humaines. L'idée de l'amour qui serait un ensemble d'actions fonctionne bien parce qu'elle permet à l'amour d'être ressenti de diverses manières (douloureux, stressant, parfois ennuyeux), auxquelles nous souscrivons néanmoins. Plutôt que de nous demander quel effet l'amour véritable devrait produire, nous pouvons nous poser la question suivante : « Quand j'aime, à quoi cela ressemble-t-il ? » Quand on voit l'amour comme un ensemble d'actions plutôt que comme un sentiment particulier, il se transforme en un réservoir sûr pour les émotions inconfortables qui peuvent surgir. Ainsi, l'amour devient un instrument de guérison. Il est alors une force au service de l'évolution du genre humain.

Enfin, l'idée de concevoir l'amour comme un ensemble de comportements est brillante parce qu'elle peut s'appliquer aussi à l'amour de soi. S'aimer soi-même peut sembler difficile quand on ne nourrit pas particulièrement d'affection à son propre égard. Mais si l'amour est un ensemble d'actions, l'amour de soi n'en est pas nécessairement un prérequis : l'amour de soi peut être au contraire l'effet secondaire d'un comportement aimant, de choix ancrés dans l'instinct de conservation, de limites personnelles respectées et de vulnérabilités accueillies alors même que l'on se concentre sur ce qui nous est précieux. Nous pouvons agir avec amour pour les autres et pour nous-mêmes, et laisser les émotions aller et venir.

La reine de Coupe

Dans toute relation axée sur la guérison, notamment celle entre un thérapeute et son patient, l'écoute attentive est primordiale. À l'inverse, dans la relation traumatisante, la vérité de l'autre est niée, ignorée et évitée. Notre imagination fantasme ce que l'autre est ou devrait être (projection), quand nous devrions prendre le temps de cultiver la volonté et la force morale d'être attentif·ve·s à ce qu'il est vraiment, à sa situation et à ce qu'il peut offrir dans une relation.

Je pense que si les relations deviennent facilement traumatisantes, c'est parce qu'il peut être très difficile d'accepter la vérité de la situation dans laquelle se trouvent les gens. Nous considérons souvent le moment présent comme un lieu intrinsèquement beau ou idyllique, mais la vérité diffère : sans nos fantasmes pour l'adoucir, la réalité peut être terriblement douloureuse et terrifiante. Quand nous regardons quelqu'un à travers le prisme de ce que nous aimerions qu'il soit ou que nous interprétons la façon dont il se manifeste comme étant quelque part liée à nous – reflet de notre incapacité à être aimé·e et de notre faible valeur –, il n'y a pas d'écoute profonde. Or c'est dans l'écoute profonde que la guérison devient possible.

La reine de Coupe est assise en bordure de mer. Elle n'est pas dans l'eau, mais entretient une relation privilégiée avec elle. Elle tient d'une main légère, mais avec une profonde attention, un très grand calice symbolisant peut-être la matière émotionnelle d'autrui. Le calice se trouve à une distance sûre et raisonnable de son corps, de son cœur, ce qui symbolise peut-être son propre champ émotionnel. Elle a un sens aigu des émotions qu'elle doit trier et de celles qui sont réservées aux autres, et elle sait comment agir dans le respect de ce savoir. C'est une image de ce que les professionnels de santé appellent « l'empathie exquise », que Richard Lawrence Harrison a définie comme « un engagement empathique sincère, sensible, bien délimité et caractérisé par une grande présence ».

La première fois que j'ai entendu parler de l'empathie exquise, j'étais étudiante en troisième cycle à l'université et je cherchais comment faire face au chagrin et à l'anxiété qui m'accablaient en tant qu'interne d'un centre communautaire psychiatrique sans moyens. J'y ai découvert l'existence du « réflexe de redressement », le besoin compulsif d'intervenir pour « régler » les problèmes des gens à leur place. Il ne m'a pas fallu longtemps pour comprendre que ce besoin s'enracinait dans la croyance quelque peu illusoire et problématique que c'était à moi de « régler » tout et n'importe quoi.

Quand j'ai pris le temps d'analyser ce qui sous-tendait le réflexe de redressement, j'ai vu qu'il avait peu à voir avec le désir de prodiguer le bon soin, mais qu'il me renvoyait au besoin que j'avais de prendre de la distance par rapport au malaise que j'éprouvais face à la souffrance d'autrui. Agir en étant mû par le besoin compulsif de faire disparaître cette souffrance – aussi compréhensible et humain que cela puisse être – est aussi une façon de dire non à l'instant présent et de faire de l'écoute attentive une tâche impossible. Il est ici moins question de guérison et de rétablissement que de diversion et d'évitement. S'agissant de souffrance émotionnelle (la nôtre ou celle des autres), la présence est généralement le tout premier remède dont on a besoin. Et dans la mesure où nous sommes incapables d'être présent·e·s à nos propres souffrances, nous sommes mal armé·e·s pour nous occuper correctement des souffrances des autres.

Dans son livre *Attente de Dieu*, la philosophe Simone Weil écrit que « [la] capacité de faire attention à un malheureux est chose très rare, très difficile ; c'est presque un miracle ; c'est un miracle ». Dans la légende du Graal, poursuit-elle, le trésor sacré est revenu au premier chevalier qui a su demander au Roi Pêcheur, gardien du Graal : « Quel mal vous afflige ? » Cette seule et simple question a suffi à guérir le roi et autorisé l'accès au trophée. Il n'y a eu aucun problème à « régler ».

Le roi de Coupe

Ayant tendance à intellectualiser (par nature et par mon éducation), j'ai souvent été déconcertée par les Coupes et le domaine de l'Eau. Elles manquent de précision, défient la logique, glissent entre les doigts. Les définitions ne semblent pas fonctionner de la même façon dans leur cas que pour les autres familles. Les Coupes sont fuyantes et déroutantes. On peut avoir l'impression qu'elles n'ont pas de frontières : elles n'offrent rien à quoi se raccrocher.

La compréhension dans ce domaine requiert une émotion brute et une expérience directe, auxquels on ne peut, semble-t-il, accéder qu'à un niveau souterrain, sous le seuil de l'esprit qui verbalise et raisonne. Comprendre l'Eau signifie s'abandonner à ses courants, au lieu de vouloir la mettre dans des récipients, derrière des étiquettes auxquelles on pourrait recourir pour raconter des histoires ou faire de l'art. Ce qui nous est demandé m'évoque une scène de *Titanic* dans laquelle Jack, à la recherche de Rose, descend un escalier menant à un étage inondé du bateau. Il se jette dans les flots et passe ainsi de la marche à la nage. C'est exactement l'effet qu'à sur moi le domaine des Coupes. On peut discuter, conjecturer et réfléchir pendant des années, mais à un moment donné il faut se jeter à l'eau. Et je m'en excuse par avance, les eaux dont nous allons parler ici seront peut-être saumâtres.

Les émotions et l'imagination ont une manière d'évoluer qui défie toutes les frontières physiques du temps et de l'espace. Notre façon de ressentir et d'imaginer peut passer d'une expérience intrapersonnelle, privée, à une expérience interpersonnelle, avec deux personnes ou plus, et ce, de manière instantanée et invisible. La douleur et la rage peuvent transcender les frontières spatiales, chronologiques, énergétiques ou psychiques, passant d'un corps à un autre à la fois horizontalement (entre individus d'une même époque) et verticalement (entre personnes de générations différentes). Si, comme moi, vous avez grandi dans les années 1990, vous vous souvenez peut-être d'une série, *Les Incroyables Pouvoirs d'Alex*, dans laquelle l'héroïne se transformait à sa guise en un liquide mercuriel et se déplaçait de manière fluide et souvent imperceptible entre les pièces et les espaces. Les émotions sont un peu comme elle.

Les émotions et l'imagination transcendent ce que nous considérons comme des limites personnelles, en cela qu'elles sont vécues à la fois individuellement et collectivement. Un sentiment ou un fantasme peut être privé, mais également partagé par deux personnes, un groupe ou une famille. Dans le monde entier, depuis des temps immémoriaux, des civilisations géographiquement isolées les unes des autres ont construit et raconté des histoires dont les thèmes et les personnages se font écho ou se ressemblent. Vous allez éprouver certaines émotions sans savoir d'où elles viennent. Vous n'arriverez pas intellectuellement à en retrouver l'origine, et je ne pense pas que vous en ayez nécessairement besoin.

Les reines appartiennent au monde de l'imagination, les rois à celui de la volonté. Mais la volonté du roi de Coupe, roi de l'imagination, est particulière. Plutôt que d'exprimer sa volonté par l'effort physique, par exemple, qui se rapporte à la puissance ou à la détermination, le roi de Coupe fait preuve de bonne volonté, de dispositions, d'un exercice plus réceptif de la volonté. Flottant sur la mer dans un état d'acceptation, il s'est préparé, et il est prêt, à faire ce qu'il faut pour rester à flot à mesure que le niveau de l'eau monte. Il s'agit là d'une acceptation active.

Un roi peut représenter un personnage suffisamment compétent pour trouver une solution là où les autres en sont incapables. Les émotions se transmettent souvent au fil des générations jusqu'à ce qu'elles arrivent à quelqu'un qui dispose des ressources et capacités adéquates pour les dissiper, en d'autres termes pour leur dégager un espace qui leur permette d'émerger, de se déployer et de s'exprimer pleinement. L'eau est depuis longtemps un symbole de naissance et de vie, et je dirais que les émotions (associées à l'eau) veulent simplement ce que veut toute autre forme de vie : naître, disposer d'un espace sûr pour s'exprimer pleinement et finir par mourir, à l'instar de tout ce qui est vivant. Alors que notre premier réflexe, en tant qu'êtres humains, est de refuser à nos émotions ce droit fondamental, le roi de Coupe le protège.

Les émotions sont pareilles à l'eau dans la mesure où elles peuvent être puissantes et envahissantes. Elles peuvent nous « submerger », exactement comme l'eau. Quand une émotion surgit, et elle le fait rapidement, nous pouvons perdre notre lien à la terre et devoir faire un effort conscient pour nous ancrer. L'une de mes conceptions favorites du roi de Coupe vient de l'interprétation d'Aleister Crowley du cavalier de Coupe[11], personnage « prompt à réagir au sentiment d'attraction et, ainsi stimulé, facilement gagné par l'enthousiasme, mais peu endurant. Son nom est écrit dans l'eau. » Les émotions aussi sont comme cela. Promptes à être réveillées, incroyablement convaincantes au moment où elles sont stimulées, mais rarement engagées sur le long terme. Dire qu'une chose est écrite dans l'eau, c'est dire que sa durée de vie est pour le moins brève.

Maîtriser le domaine des émotions signifie comprendre leur cycle de vie. Voici un talisman qui m'a aidée à intérioriser cette compréhension : le traumatologue Bessel van der Kolk a écrit que les êtres humains pouvaient supporter de souffrir davantage quand ils savaient que la douleur serait limitée dans le temps. En d'autres termes, connaître intellectuellement la nature éphémère des émotions est un outil qui nous aide à accomplir la tâche nécessaire d'en faire l'expérience. C'est ainsi qu'une émotion se frayera un chemin pour sortir d'un individu, d'une famille, et enfin d'une lignée. Si vous ressentez quelque chose d'important et de profond, songez à votre royauté. Songez que vous êtes peut-être celui ou celle qui possède les outils et le tempérament pour maîtriser la chose et la dissiper, une fois pour toutes.

11. Le tarot de Thoth ne contient pas de roi, et si le cavalier et le roi ne sont pas interchangeables, le symbole du masculin semble pouvoir s'appliquer ici au domaine de l'eau.

L'AS DE DENIER

À la naissance, on reçoit son propre petit lopin de terre, un corps, et avec lui, la capacité de choisir son comportement. Avec le temps, on apprend que quoiqu'il puisse nous arriver intérieurement (quels que soient les pensées et les émotions qui nous animent), on peut au moins partiellement choisir la façon dont on réagit concrètement. Les Deniers nous rappellent la nécessité de comprendre la sphère d'influence qui est la nôtre – notre comportement et ce que nous choisissons physiquement de faire dans le monde –, et attire notre attention sur le pouvoir que nous obtenons de cette compréhension.

Dans mes interprétations du tarot, j'associe les Deniers au comportement parce qu'ils sont liés à l'élément Terre et parce que le corps, ce véhicule grâce auquel nous manifestons notre comportement, renvoie au seul des quatre domaines de l'expérience qui soit matériel.

En outre, la pièce de monnaie est un symbole de valeur. Son lien avec le domaine comportemental suggère fortement que ce qui nous est précieux s'exprime à travers ce que nous faisons physiquement. En d'autres termes, ce à quoi nous tenons s'exprime à travers la façon dont nous avançons dans le monde. Ce qui ne veut pas dire que nos choix ne puissent trahir, parfois, ce qui compte pour nous : c'est bel et bien le cas. Dans ces moments-là, il peut y avoir une partie plus forte et plus bruyante de nous-mêmes pour laquelle le plus important est de se sentir en sécurité ou éviter l'inconfort. Globalement, la suite des Deniers est une exploration de ce dont nous avons besoin pour déterminer ce qui est important pour nous, et agir en conséquence.

Sur chacun des as du tarot, la main qui apparaît dans le ciel fait écho au thème de « l'aide surnaturelle » dans les légendes. Un être magique ou pseudo-magique se présente sur le chemin du héros pour lui remettre un talisman qui l'aidera au moment où il en aura le plus besoin. Le talisman ici concerne une connaissance qui vous sauvera : si le comportement est facilement influencé par les autres domaines (pensées, émotions, et énergie), ce n'est pas une fatalité. Avec de la pratique, on peut cultiver un certain degré de souveraineté comportementale, ce que les sciences du comportement appellent la « flexibilité comportementale ». Quoi que fasse l'esprit, on peut développer la capacité d'avancer en accord avec ses valeurs.

Ce talisman-là s'accompagne de quelques précisions annexes qui, je pense, vous seront utiles. Premièrement, le comportement se définit comme une action que l'on peut voir s'accomplir. Par conséquent, si la pensée me vient que j'ai faim, ce n'est pas un comportement. Mais si je prépare quelque chose à manger, c'en est un. Deuxièmement, le comportement peut être dirigé par les autres domaines, comme ceux des pensées ou des émotions, mais il n'est pas tenu de se soumettre impérativement à ces ordres.

L'exemple de la faim illustre l'interaction entre les événements intérieurs subtils (pensées, émotions et énergie) et les événements comportementaux concrets, qui conduit ici au fait de s'alimenter. Nos pensées s'exclament : « J'ai faim ! », et le corps réagit en préparant un délicieux repas.

Là où le bât blesse, c'est quand nous faisons tout ce que nos pensées, nos émotions et notre énergie nous imposent, sans discrimination aucune. Voici un rapide exemple de la façon dont cette interaction peut se retourner contre nous. Mettons que nous soyons invité·e·s à une fête et que notre esprit génère une pensée telle que « Je vais peut-être y dire quelque chose de stupide ». Cette pensée renferme une consigne implicite : « Reste à la maison ». Nous nous entraînons à un comportement souverain – ou à une certaine souplesse psychologique – quand nous reconnaissons que nous pouvons quand même décider d'y aller ou pas. Et nous exerçons cette souveraineté comportementale quand, s'il est conforme à nos valeurs d'aller à cette fête, nous y allons.

Il faut savoir encore que si des événements intérieurs sont susceptibles d'influencer notre comportement, le contraire est également vrai. Notre comportement peut influencer ce que nous ressentons. Même si nous n'avons pas toujours envie de faire ce que nous savons être le mieux pour nous – partir en promenade, appeler un bon ami, sortir du lit, par exemple –, nous le faisons quand même. Et ce comportement aura un effet sur notre énergie, nos émotions ou nos pensées.

Les interprétations populaires de la suite des Deniers renvoient communément les pièces de monnaie à la carrière et aux finances, mais je pense qu'elles symbolisent des valeurs humaines plus profondes d'appartenance et de sécurité. De ce point de vue, la véritable sécurité peut être liée au fait de savoir que nous maîtrisons, dans une certaine mesure, ce que nous faisons ou ne faisons pas, quoi que nous dise notre esprit. Nous pouvons penser et ressentir quelque chose sans agir en conséquence. Nous pouvons décider par nous-mêmes de ce qui compte pour nous et avancer en accord avec ce savoir, quelles que soient les pensées ou les émotions que nous pouvons avoir à un moment donné.

Si l'appartenance est liée à un sens de la communauté et qu'une communauté est une assemblée d'êtres partageant des valeurs communes, alors la capacité de déterminer nos valeurs et de maintenir le cap sur elles est ce que l'écrivain Tokopa Turner nomme une « compétence d'appartenance » : le sentiment de participer, en tant que cocréateurs·trices, à quelque chose de plus grand que l'individu, de participer à ce que les hermétistes appellent « le Grand Œuvre de la création ». De mon point de vue, c'est de cette participation qu'il s'agit dans la suite des Deniers.

Le deux de Denier

Mes amis et moi plaisantons souvent sur le concept de faire quelque chose « pour le plaisir » ou « pour s'amuser ». Nous nous demandons ce qu'il recouvre exactement, combien il peut être difficile de le mettre en pratique, et pourquoi il paraît tellement facile pour certains de s'amuser, alors que d'autres – par exemple, nous – ont du mal à se détacher des dimensions plus pénibles de l'existence. Une importante partie du travail de guérison concerne les dossiers épineux et douloureux qui nous maintiennent prisonniers·ères de schémas et de structures obsolètes. Mais si la joie sans la douleur n'est qu'une représentation partielle de la vie, il en va de même des périodes trop longues passées du côté sombre de l'existence, sans rire ni amusement.

Pour mieux comprendre l'amusement, j'ai fait ce que quiconque ayant tendance à aborder la vie sous l'angle de l'intellect ferait : un peu de lecture. Et c'est là que je suis tombée sur le travail de la psychiatre Shimi Kang. Dans une interview[12], Kang explique que notre cerveau présente des boucles de rétroaction qui nous donnent des informations sur la manière de créer un équilibre dans notre vie. Quand nous avons faim, nous mangeons. Quand nous sommes fatigué·e·s, nous dormons. Quand nous nous sentons seul·e·s, nous téléphonons à un ami. Mais dans la vie moderne, nous sommes tellement déconnecté·e·s de ces boucles de rétroaction que beaucoup d'entre nous ne se rendent même pas compte qu'ils ou elles ne se sentent pas bien parce qu'ils ou elles n'ont pas dormi ou ne mangent pas

12. NDÉ : entretien paru sur le blog www.acacamps.org/article/camping-magazine/anxiety-importance-play-interview-shimi-kang-md.

assez, ou qu'ils ou elles ne font pas les choses qui nourrissent leur esprit et leur corps. Nous sommes devenu·e·s tellement doué·e·s pour analyser et psychologiser que nous en avons oublié comment écouter les messages simples que notre corps nous envoie. Très souvent, nous ne savons même plus que nous devrions l'écouter.

Nos ancêtres n'avaient peut-être pas besoin de savoir qu'ils devaient écouter les messages du corps, ils le faisaient. Parce que leur survie en dépendait. Les commodités de la vie moderne font que nous ne sommes pas vraiment obligé·e·s d'écouter, ou du moins que nous ne nous sentons pas vraiment obligé·e·s de le faire – jusqu'à ce que nous tombions malades, soyons épuisé·e·s ou diminué·e·s. En lisant le travail de Kang, je me suis aperçue que l'équilibre ne concernait pas seulement les besoins fondamentaux, comme manger et dormir, mais aussi le fait de s'amuser, de jouer et d'éprouver du plaisir. Surtout pour celles et ceux qui consacrent un temps considérable à des choses sérieuses et difficiles.

Donald Winnicott, pionnier dans le domaine du développement de l'enfant, a décrit le jeu comme un processus dans lequel un paradoxe devait être « accepté, toléré et non résolu ». Il estimait que le jeu nécessitait de neutraliser l'instinct de prudence du cerveau. Et intuitivement, cela paraît logique, car le jeu nécessite que l'imagination se déploie pour faire l'expérience d'une réalité qui se situe quelque part entre le matériel et l'imaginaire. Dans un monde comme le nôtre, qui a désespérément besoin de gens capables de rêver de nouvelles réalités, cela me paraît être une compétence cruciale pour la vie.

Kang explique que le jeu active le cortex préfrontal et nous permet d'apprendre à entrer dans des espaces d'imprévisibilité. Les pièces de monnaie du deux de Denier sont en l'air, mais peuvent tomber à n'importe quel moment ; elles existent dans un état de mouvement constant, comme indiqué par le signe de l'infini qui les entoure et garde ensemble. Je trouve que c'est une représentation visuelle géniale de ce qui se produit quand nous jouons. Le jeu est vital, explique Kang, parce que « sans lui, il nous est difficile de développer de nouvelles idées et de nouveaux concepts. Nous devenons des perfectionnistes qui n'ont pas le droit à l'erreur, parce que l'erreur les met mal à l'aise. »

On voit aisément le lien entre un perfectionnisme saturé de règles et une réticence ou une difficulté à s'intéresser au jeu. Celles et ceux qui dirigent leur vie d'une main de fer ne laissent que peu de place à l'imprévisibilité. Or c'est l'imprévisibilité qui fait que le jeu diffère du plaisir de déguster un repas dont on sait qu'il va être délicieux ou d'un échange avec un ami qui partage notre enthousiasme sur un sujet qui nous passionne. Le bon repas ou la discussion plaisante contiennent un type de plaisir qui est contrôlé. Ils ont leur importance, mais des vertus de guérison différentes, surtout chez la personne qui mène une vie excessivement sérieuse et sait qu'elle a besoin de s'amuser tout en ayant du mal à supporter le caractère imprévisible du jeu.

Deux semaines avant d'écrire ces lignes, je suis allée faire de la luge avec un enfant de six ans, dans trente centimètres de neige fraîche. Nous avons descendu la colline si lentement que nous avons dû nous servir de nos bras pour arriver en bas. C'était amusant. Et je crois que ce qu'il y avait d'amusant, c'est que ce n'était pas ce à quoi je m'attendais : il y avait là une pointe de surprise et l'impression de ne pas contrôler la situation, mais ce n'était ni effrayant ni dangereux. Peut-être y a-t-il jeu quand on s'abandonne à des situations dans lesquelles nos idées sur ce que sont les choses et la façon dont elles vont se passer peuvent être bouleversées agréablement et en toute sécurité. Ce faisant, peut-être apprend-on qu'on peut aussi faire, en toute sécurité, des erreurs dans d'autres domaines de la vie. Peut-être.

Le trois de Denier

Un moine, un architecte et un sculpteur se rencontrent à l'intérieur d'un bâtiment. Ils travaillent ensemble sur un projet, semble-t-il. Au sein de leurs domaines d'expertise respectifs, on peut supposer sans risque de se tromper qu'ils ont chacun leurs forces et leurs faiblesses. Les frontières qui les séparent – ce que chacun d'eux est capable de faire ou non – sont, à l'instar de toutes les frontières, à la fois ce qui les différencie et ce qui les réunit. En ce lieu de confluence se trouve une porte.

C'est le théoricien critique Homi Bhabha qui est à l'origine du terme d'« hybridité » dans le contexte de l'identité culturelle. Il définit ce terme comme « une image dédoublée et dissemblante donnant l'impression d'être dans au moins deux endroits à la fois ». De cette hybridité émerge un troisième espace : « quelque chose de différent, de nouveau et de non reconnaissable, une nouvelle zone de négociation du sens et de la représentation ». Sur le trois de Denier, trois personnes avec trois identités distinctes pénètrent dans un espace partagé, suggérant que quelque chose se crée dans la rencontre de leurs contributions uniques respectives.

Cette image nous demande de considérer que si une frontière est une limite, c'est aussi un lieu de rencontre. Un lieu où nous identifions et nommons ce que nous pouvons et ne pouvons pas apporter, et où nous situons nos limites dans les relations avec autrui. Ces contours, qui montrent et prennent en compte les limites personnelles, laissent place à l'émergence de quelque chose qui n'est possible que dans cette confluence particulière d'énergies.

Il existe aussi des limites à l'intérieur de chacun de nous, où pareillement se rencontrent différentes parties de nous-mêmes. Carl Jung parlait d'une

« fonction transcendante » qui semble rejoindre l'hybridité de Bhabha. La fonction transcendante se rapporte au fait de comprendre ce qui peut émerger quand des parties conflictuelles à l'intérieur de nous se rencontrent et s'affrontent, et d'y trouver de la valeur. Quand on est déchiré entre obligation et désir, par exemple, quelque chose de nouveau est susceptible d'émerger, une troisième chose qui associe ce que l'on devrait faire et ce que l'on veut faire. En ménageant un espace pour cette tension, ce qui apparaissait auparavant comme un nœud très serré peut commencer à se relâcher un peu.

Dans une autre interprétation du trois de Denier – et je pense que considérer plusieurs points de vue correspond bien aux secrets de cette carte –, l'architecte peut représenter l'esprit logique, fidèle aux faits probants et aux données physiques – ce que la thérapie comportementale dialectique (TCD) appelle l'« esprit rationnel ». Le sculpteur peut symboliser ce que cette thérapie nomme l'« esprit émotionnel », la partie imaginative de l'esprit, qui puise davantage dans le ressenti et l'invisible pour faire des choix. Quand une personne reçoit à la fois des instructions de l'esprit rationnel et de l'esprit émotionnel, une troisième voie peut apparaître, une voie du milieu appelée l'« esprit sage ». C'est peut-être elle que représente le moine.

Je trouve le travail de Jung intéressant, entre autres raisons, parce qu'il recourt à la terminologie de l'alchimie pour décrire des expériences psychologiques. Il explique que le « solvant », cet agent qui a la propriété de combiner deux substances apparemment opposées, intervient non sous l'effet de la logique ou de l'émotion seules, mais grâce à un processus énergétique, « tout comme une cascade est un intermédiaire entre ce qui est au-dessus et ce qui est en dessous ». La combinaison de deux choses en crée une autre complètement différente. Parfois, nous devons être le réceptacle qui contient ces deux choses, attendant patiemment l'émergence de ce troisième terme si précieux.

Il faut faire de la place non seulement à ce que nous pensons et ressentons (et à ce que les autres pensent et ressentent), mais aussi à ce qui survient dans les zones où ces différentes énergies entrent en conflit. C'est, dit Jung, dans le maintien de cette tension qu'émerge « un troisième terme dans lequel les contraires peuvent s'unir ».

Le quatre de Denier

J'ai fait du yoga presque tous les jours pendant des années, et cette pratique m'a beaucoup apporté. Ce que j'en ai retiré de plus précieux, et de loin, a été l'occasion de m'entraîner à la transcendance et d'accepter les limitations, ou blocages, par l'intermédiaire du corps physique.

J'ai commencé avec un professeur nommé Peter Sanson, pour qui réaliser une posture de yoga revenait à créer un circuit avec le corps. Il enseignait que l'utilisation ciblée de la respiration et du regard permettait à l'énergie de circuler à travers la posture ou le circuit, et de diriger de plus en plus cette énergie vers les zones de blocage. Il était très clair sur le fait que procéder ainsi nécessitait non de la force, mais une curiosité empreinte de douceur.

D'expérience, je comprends bien comment la force peut exacerber les blocages (se manifestant souvent sous la forme d'une blessure), alors qu'une douceur mêlée de curiosité est souvent plus efficace pour les dissoudre lentement ou les faire disparaître complètement.

Notre réaction naturelle aux blocages est le plus souvent marquée par de l'hostilité et de la violence. Je ne compte pas les fois où des professeurs m'ont demandé « Pourquoi forcez-vous ? », et il m'aura fallu beaucoup de pratique pour me rappeler que personne ne me chronométrait ni ne me notait sur ma capacité de faire prendre à mon corps des positions particulières, de réagir différemment à un déclencheur ou de faire quelque chose que je n'avais jamais fait et qui donc me faisait peur.

Quand j'enseigne la lecture du tarot comme je la pratique, je m'inspire beaucoup de la tradition de la thérapie narrative, choix tout naturel, puisque la lecture du tarot est à maints égards un exercice de narration.

Appréhender les défis qui se présentent à nous par le biais de la narration permet en quelque sorte de pirater l'intellect afin de modifier la position que nous adoptons par rapport à nos problèmes ou nos « blocages », en les recadrant et en changeant de perspective. Établir un nouveau rapport à une difficulté change généralement notre comportement en conséquence. Comme l'a écrit la travailleuse sociale Mary Van Hook : « Les histoires ne reflètent pas la vie, elles la façonnent. »

Ainsi, le seul fait d'identifier quelque chose comme étant un blocage signifie qu'un mouvement se produit. Quand on se heurte à un mur, ce n'est que parce qu'on essaie de déplacer l'énergie dans une direction différente, de franchir une nouvelle porte ou de creuser un nouveau tunnel. Et l'on doit parfois tâtonner un peu ou apprendre à utiliser un outil différent pour dépasser la difficulté. Identifier un « blocage », une « limite » ou un « défi » est en soi une contestation, c'est affirmer que l'on rejette ces contraintes et que l'on n'a aucunement l'intention de bâtir sa vie sur une limitation injustifiée.

Le quatre de Denier m'évoque précisément le mot « blocage ». On voit sur la carte une pièce qui recouvre le sommet de la tête du personnage, faisant barrage à la conscience ; une autre devant le cœur, faisant barrage à la création de liens et à la compréhension ; deux sous la plante des pieds, faisant barrage à l'action. Le denier étant un objet matériel, il me fait penser à la pratique des Āsanas, l'une des composantes matérielles du yoga et des nombreuses voies spirituelles passant par le corps physique. Prendre des postures avec un corps qui a des limitations et des zones de blocage est une manière des plus efficaces pour explorer ses attitudes et ses récits, se débarrasser de ses blocages ou apprendre à mieux vivre avec eux.

Face à n'importe quel type de blocage, il faut d'abord être suffisamment conscient·e pour remarquer sa présence – qu'il soit physique, comportemental, énergétique, émotionnel ou psychologique –, plutôt que de tenter de l'éviter ou d'en venir à bout coûte que coûte. L'évitement et le recours à la force aggravent généralement les blocages : le premier en renforçant la croyance qu'il est dangereux de s'y frotter, et le second en lui accordant encore plus d'énergie, au lieu de s'atteler patiemment au véritable travail de « déblocage ». Peut-être devrions-nous garder à l'esprit qu'explorer nos blocages ne présente pas de danger et qu'il est possible de les aborder avec douceur, en nous autorisant à laisser tomber si c'est « trop ».

Je pense qu'identifier un blocage est en soi une petite victoire. Ce n'est peut-être pas votre avis ni celui de votre entourage, mais c'est le mien parce que vous savez alors que vous êtes prêt·e à faire le travail nécessaire. Identifier un blocage vous permet de commencer à fouiller en vous pour trouver les parties malléables, celles qui cèdent un peu, où la transformation pourrait se produire peu à peu. En chemin, vous découvrirez les qualités de l'esprit les mieux adaptées à ce travail. Parmi celles que j'ai trouvées utiles pour m'attaquer aux blocages, je citerai la douceur, la curiosité, l'humour et la patience. Vous verrez ce qui marche pour vous.

Le cinq de Denier

L'une de mes citations préférées est celle de l'écrivain voyageur Pico Iyer, qui écrit : « Le paradis est un lieu où vous ne pensez à aucun autre lieu ». Elle m'incite toujours à me dire que, si c'est cela le paradis, l'enfer est peut-être l'endroit où l'on a tout ce qu'on a toujours voulu, mais sans pouvoir y accéder : on ne peut cesser d'y penser à autre chose, à une autre personne ou à un autre lieu.

Pour Joseph Campbell, l'éternité n'était pas une question de temps linéaire infini, mais plutôt une dimension où « toute pensée en termes temporels s'arrête ». Il disait : « L'éternité ne se situe pas “après”. Elle n'a même pas de durée. Elle n'a rien à voir avec le temps. [...] Si vous ne la percevez pas ici et maintenant, vous ne la percevrez [nulle part ailleurs]. » Pour moi, cette citation signifie que l'éternité est l'expérience par laquelle on accède à l'instant présent.

Je ne sais pas ce qu'il en est pour vous, mais dans 99 % des cas, quand j'entends les mots « instant présent », mon regard devient vitreux. Ces mots me semblent banals et peu réfléchis. Il n'y a pas de promesse immédiate ou de valeur inhérente au fait d'être présent, et je me suis souvent demandé pourquoi je voudrais – ou pourquoi quiconque pourrait vouloir – quitter un monde imaginaire, dissocié en toute sécurité de la réalité, au profit d'un endroit qui peut être si douloureux, lourd et terrifiant.

D'abord, avant de commencer à y inviter des tas de gens pour de fausses raisons, reconnaissons tout simplement que l'instant présent n'est pas un village utopique quelconque. Le présent n'est pas toujours un lieu facile à occuper ; cela exige des compétences. Des compétences qui, comme toutes les autres, nécessitent qu'on les exerce et, en général, qu'on désapprenne certaines choses. Mais voici pourquoi c'est important, pourquoi cela vaut la peine qu'on le fasse : la capacité à être présent est une condition préalable pour se sentir épanoui. Et si l'on n'y parvient pas ici, on n'y parviendra nulle part. Si vous vous réveilliez un jour et que tous vos rêves s'étaient réalisés, sans la capacité d'être présent, vous seriez tout aussi mal armé pour profiter de ces choses que lorsque vous ne les aviez pas.

Le cinq de Denier est un des secrets les moins subtils du tarot. Il active tout de suite beaucoup de choses et se dévoile facilement aux étrangers. Il murmure des choses sur le fait d'être triste, seul, exclu, abandonné et sans ressources. Malgré cette boule dans la gorge, sa voix n'a aucun mal à parler ouvertement de ses épreuves. Je pense que ce qui rend la situation aussi triste, c'est que la chaleur et le lien dont ces vagabonds ont manifestement tant besoin est à leur portée immédiate – on peut pratiquement voir, à la lumière qui pointe aux fenêtres, les étreintes, les couvertures bien chaudes et les morceaux de viande bien tendre sur les fourchettes –, mais ces personnages ne peuvent pas ou ne savent pas comment entrer dans le bâtiment. L'un d'eux regarde à droite, l'autre droit devant, mais ni l'un ni l'autre ne regardent directement ce dont ils ont le plus besoin.

Malheureusement, c'est une expérience à laquelle beaucoup d'entre nous peuvent s'identifier. On obtient le poste, le partenaire de vie ou le foyer que l'on a toujours voulu, et cela nous fait du bien pendant un temps. Mais d'une manière ou d'une autre, cela ne suffit toujours pas. Assez rapidement, on se retrouve en train de parcourir les offres d'emploi, de se demander si l'on est avec la bonne personne – parfois, cela vire à l'obsession – et de consulter des listes d'appartement dans d'autres villes quand on s'ennuie. Se rendre compte des bienfaits que l'on a est une capacité à la fois psychologique et physique, ce qui explique peut-être que les plus riches de ce monde soient des puits sans fond, qui dévorent de manière obsessionnelle tandis que le monde autour d'eux meurt de faim.

Dans la langue des symboles, le froid – l'hiver, la neige, la glace – représente un manque ou une perte de sentiments. Cela donne un indice quant à la raison pour laquelle on peut avoir tant de mal à être dans le présent et éclaire un chemin qui permet de savoir comment accéder à ses charmes comme à ses défis.

Nous apprenons d'abord à quitter le présent pour nous insensibiliser ou nous protéger de choses auxquelles nous ne savons pas faire face. Mais si partir de cette façon peut nous permettre de les éviter, cela nous empêche aussi de nous relier à ce qui est bon pour nous. Dans la méthode de psychothérapie somatique Hakomi, ce départ est décrit comme un obstacle au nourrissement, un champ de force psychique auto-érigé qui nous empêche d'absorber les éléments nutritifs des choses que nous vivons, telles que l'intimité, les relations aimantes ou tout ce qui est pour nous synonyme de réussite.

Cet obstacle se traduit parfois par des conjectures compulsives sur l'avenir, des ruminations sur le passé ou les efforts interminables que nous faisons pour contrôler les pensées et les émotions des autres, et ce, afin de détourner l'attention de nos propres pensées, émotions et comportements. Cela ressemble parfois à une insensibilisation générale, que, sans surprise, on qualifie de « gel » (*freezing*) dans certains domaines de la pratique médicale.

Ces portes de secours et ces stratégies de sortie nous ont aidé·e·s à survivre il y a bien longtemps. Nous ne disposions pas alors de meilleurs moyens d'être en sécurité, mais ce n'est plus le cas maintenant. Nous n'avons pas besoin de rester là, figé·e·s dans nos vieilleries personnelles, condamné·e·s à nous nourrir des vieux aliments pourrissants qui nous maintenaient jadis en vie, mais sont désormais à la limite du toxique. Nous n'avons pas besoin d'ingurgiter des aliments rances ou des médicaments périmés, alors qu'il y a de la nourriture fraîche ici, dans le présent. Il existe des élixirs puissants qui agissent rapidement et n'ont quasiment pas d'effets secondaires. Des fruits délicieux et des fleurs odorantes, et les étreintes les plus chaleureuses. Et – je ne vais pas vous mentir – il y a aussi un goût amer, ici. Il y a des odeurs âcres et nauséabondes, et des pertes déchirantes. Mais vous possédez ce qu'il faut pour les affronter. Cela vous demandera de la pratique, et, au final, il faudra que vous jugiez par vous-même, mais être ici ne présente aucun danger pour vous.

Le six de Denier

Travailler dans le social m'a fait beaucoup réfléchir aux hiérarchies, surtout lorsqu'elles sont bâties sur une structure binaire : se sentir bien ou ne pas se sentir bien. J'ai commencé mes étude du comportement social en regardant les choses à travers le prisme du contextualisme fonctionnel, philosophie qui postule que le comportement est au service d'une fonction dans un contexte donné. Je me suis assez vite aperçue que je me sentais attirée de façon presque magnétique par les guérisseurs·ses, les aide·s ou les enseignant·e·s dans le domaine des relations, tant professionnelles que personnelles. Et il m'a semblé impératif pour le bien-être de toutes les parties impliquées que j'analyse pourquoi il en était ainsi, ce que je retirais de ces pratiques et quelles fonctions elles avaient pour moi.

Cette enquête m'a aidée à comprendre que quand on construit des hiérarchies, dans n'importe quel type de relation (qu'il s'agisse d'un thérapeute qui entretient une position de pouvoir en ne dévoilant rien de lui-même ou d'un partenaire de vie qui essaie constamment d'« aider » l'autre sans jamais lui demander ce dont il a besoin), on investit dans une structure qui distribue de manière inégale les soins, les ressources, la vulnérabilité et, par conséquent, le pouvoir. Quand tous les soins ou l'attention sont dirigés vers une seule personne, on empêche celui ou celle qui les prodigue d'être vu·e ou reconnu·e. Et je pense que cela provient souvent d'une aversion inconsciente pour le fait d'être vu, d'une peur profonde de l'intimité, qui est considérée comme dangereuse, et d'un sentiment que ce dont on a besoin et ce que l'on veut peut nous trahir ou révéler les façons que nous avons d'être trop, pas assez, ou totalement brisés. C'est ce que je vois quand je regarde le six de Denier, et je ne peux pas faire comme si je ne le voyais pas.

Je n'ai pas travaillé comme thérapeute en dehors de ma formation de troisième cycle, mais j'ai passé des années à étudier les psychothérapies et à participer au processus thérapeutique en tant que patiente. L'une des choses qui rendent aussi fascinante la relation entre le thérapeute et le patient est que sa fonction première est la guérison ; cela signifie que monsieur et madame Tout-le-Monde peuvent glaner beaucoup d'enseignements dans les recherches qui ont été effectuées sur ce qui concourt à créer une relation réparatrice ou qui contribue à la rendre destructrice. La psychanalyste Izette de Forest a écrit que les analystes qui hésitent à s'impliquer personnellement dans leur travail (en autorisant leurs propres émotions à remonter et à participer au processus thérapeutique) avaient peur de leurs propres « pulsions [...], faiblesses [...], manque de connaissance de soi » et que si rester figé dans le rôle du professeur permettait au thérapeute de conserver une image de force et de sagesse, cette position était fondée sur une anxiété et une insécurité fondamentales : elle alimentait une sorte de dépendance par rapport au thérapeute qui, au final, était contraire à l'intérêt de la personne qui consulte. Je dirais que dans nos relations personnelles, si nous jetions un œil à ce qui se cache derrière notre tendance compulsive à donner et à prendre soin d'autrui, nous pourrions découvrir que la compulsion à donner comme si nous étions des puits sans fond trahit une peur profonde de l'abandon. Et qu'en nous rendant indispensables à quelqu'un, nous pourrions bien faire croire à tort à notre cœur que cette personne ne nous quittera jamais, ou détourner l'attention de névroses personnelles dont nous craignons qu'elles ne l'incitent à nous rejeter.

Le personnage du six de Denier, qui donne des pièces de monnaie à ceux qui mendient, le fait de façon mesurée et tellement mécanique qu'il est impossible de voir le désordre complexe de ce qu'il est (comme nous tous), et j'ai l'impression qu'il préfère peut-être qu'il en soit ainsi. En revanche, ceux qui mendient mettent pratiquement leur âme à nu – paumes tendues, visages tournés vers le ciel dans une posture de vulnérabilité complète. En outre, le fait de donner des pièces (plutôt que quelque chose qui aurait une valeur réelle et durable, par exemple l'émotion que l'on éprouverait en écoutant attentivement ces gens ou en partageant avec eux un accès à des ressources permanentes) rend fortement discutables la qualité et les effets de cette relation.

Quand nous ne permettons pas à autrui de nous connaître, nous nous rendons intouchables pour ceux dont nous nous occupons. Or, ce qui rend la guérison possible, c'est un contact dynamique et réciproque, de cœur à cœur. Après tout, c'est dans le cadre d'une relation profonde que l'on nous a infligé nos blessures les plus anciennes, donc c'est peut-être dans le cadre d'une relation profonde que l'on pourra traiter correctement les racines de ces blessures.

Le sept de Denier

J'ai longtemps pensé que le sept de Denier était une carte qui parlait de se mettre au travail et de voir son travail récompensé, du sentiment que l'on éprouve quand on a investi du sang, de la sueur et des larmes dans un projet et qu'on obtient les résultats escomptés. Puis j'ai commencé à utiliser le tarot de Thoth d'Aleister Crowley et Lady Frieda Harris, et le mot « échec » inscrit au bas de leur sept de Denier m'a laissée perplexe. J'ai appris avec le temps que ce genre de perplexité pouvait être une bonne chose. Pour celles et ceux qui ont des oreilles pour entendre, cela signifie qu'un nouveau secret est sur le point de leur être révélé.

La première fois que j'ai entendu la citation « on ne peut jamais être satisfait de ce dont on n'a pas besoin », je venais de terminer mon troisième cycle d'études universitaires. Je me rappelle avoir eu le sentiment que j'étais censée être vraiment enthousiaste et fière, mais que ce que je voulais, c'était tout oublier pendant un moment et aller voir mes amis en Californie. Dans les légendes, il est parfois question de tâches difficiles, dans lesquelles un protagoniste doit séparer des milliers de graines de pavot d'une motte de terre ou pourfendre un dragon puis semer ses dents comme des graines dans le sol pour trouver un trésor. Le troisième cycle universitaire était une quête impliquant nombre de tâches difficiles de ce genre, et comme il en va de la réalisation de toute tâche ardue, il y avait des décisions très importantes à prendre après-coup concernant ce qui importait vraiment et la meilleure manière d'avancer forte de ce savoir.

Il existe un conte de Hans Christian Andersen dans lequel une petite fille vend des allumettes dans la rue en plein hiver en échange de quelques pièces de monnaie. Ces allumettes pourraient lui permettre de faire un feu qui la réchaufferait toute la nuit, mais elle doit les vendre pour pouvoir rentrer chez elle. Malgré tous ses efforts pour échanger quelque chose d'essentiel contre une autre de valeur bien moindre, la petite fille échoue et finit par mourir. Dans un autre conte, une mère dans la misère réchauffe des pierres sur le fourneau pour que ses enfants puissent les sucer et s'imaginer qu'ils sont en train de manger des pommes. Ce qui me rappelle beaucoup le sept de Denier. Voilà une personne qui s'est tuée à la tâche, et pour quel résultat ? Pour un champ de disques métalliques, des objets qui n'ont aucune valeur intrinsèque ou nutritive. Une récolte qu'on ne peut ni mâcher, ni avaler, ni digérer. Un échec complet.

Je parie que nous avons tous sucé des pierres en feignant d'être rassasiés. Et si vous n'avez jamais bradé quelque chose d'essentiel en échange d'une autre qui vous laissait grelotter, eh bien vous êtes une exception. Ces questions concernant ce dont nous avons vraiment besoin, ce qui nous nourrit vraiment et ce que sont nos vraies valeurs ne sont pas sans importance, mais il n'est pas facile d'y répondre. En partie parce qu'il faut distinguer les besoins de l'âme des besoins liés à la survie et que, dans un environnement capitaliste, les deux peuvent être incompatibles – et le sont très souvent. Au point que savoir ce dont nous avons vraiment besoin peut nous donner sérieusement l'impression de séparer des graines de pavot d'une motte de terre.

La majorité d'entre nous se sont fait du mal à cause de mauvaises affaires conclues à la hâte. Nous avons échangé attention et énergie – nos ressources les plus précieuses, non renouvelables – au profit de choses à usage unique, jetables, dépourvues de propriétés vraiment régénératrices. Mais nous avons beau sucer des cailloux, échanger des allumettes contre des centimes, nous ne sommes pas stupides. Même les pires affaires que nous avons conclues dans notre vie ont servi un objectif à un moment donné, et si nous voulons faire mieux, il peut être utile d'en savoir plus sur ce qu'était cet objectif.

Peut-être espérions-nous être sauvé·e·s. Peut-être redoutions-nous ce que nous aurions pu éprouver en partant. Peut-être avons-nous fait fausse route et peut-être le savions-nous, mais peut-être n'étions-nous pas prêts à renoncer à notre rêve. Pour être sincères quant à nos besoins, nous devons d'abord examiner honnêtement ce qu'ils pourraient être. Mais trop souvent, on ne se livre à un tel examen qu'après avoir bradé des biens précieux qu'on ne récupérera jamais et souffert de maux de ventre à force d'avaler des choses qui ne nourrissaient pas. Et bien sûr, nous pouvons qualifier tout cela d'échec. Mais nous pouvons aussi dire que c'est une partie vitale d'un processus dans lequel nous apprenons à conclure le genre d'affaires qui nous rapproche de ce dont nous avons besoin.

Le huit de Denier

Dans la thérapie d'acceptation et d'engagement (TAE), les patients sont encouragés à identifier leurs valeurs puis à déterminer ce qu'ils sont disposés à accepter – ce qu'ils seraient prêts à ressentir et à vivre intérieurement – afin de prendre un engagement envers ce qu'ils estiment précieux et de le respecter. L'engagement est à l'évidence un élément clé de la TAE, et ce processus est unique puisqu'il ne demande pas seulement de s'engager, mais cible directement les raisons pour lesquelles on a du mal à tenir les promesses que l'on se fait à soi-même.

Le mot « engagement » peut donner l'impression que l'on a une obligation vis-à-vis des autres. C'est bien souvent le cas : on emploie le terme, par exemple, pour parler d'entrer dans l'armée ou de se marier. Mais dans la TAE, l'engagement renvoie à l'importance de se rallier à sa conception personnelle de ce qui compte vraiment, et pas à ce que quelqu'un d'autre a décrété que l'on devait vouloir. Ainsi, même quand il implique une autre personne, l'engagement est au bout du compte une affaire que l'on conclut avec soi-même.

Caitlín et John Matthews, spécialistes du mysticisme occidental, ont évoqué l'engagement en ces termes :

> Les techniques du chaman, du magicien et du mystique reposent sur une pratique continue et un effort répété, éclairés par un engagement spirituel, et sont concentrées sur une intention éthique. [Elles] comprennent au début des pratiques aussi ingrates que la méditation répétitive, l'entraînement de l'esprit, l'affinement de la perception et l'introspection.

Dans le huit de Denier, un artisan est assis seul devant un établi. Il se trouve plus près de la périphérie de la ville que de son centre, signe de solitude et d'absorption dans sa tâche. Il martèle sans relâche un denier qu'il a fabriqué et dupliqué nombre de fois, ce qui symbolise la monotonie de la « méditation répétitive » que requiert la maîtrise de cette discipline. En l'occurrence, le concept de répétition est peut-être plus métaphorique que littéral, représentant le travail souvent banal et ingrat nécessaire pour nourrir les racines d'une croissance nouvelle. Car « si l'on néglige les racines de l'arbre afin de chercher à atteindre les fruits des branches, écrivent Caitlín et John Matthews, on risque de s'apercevoir que les fruits ne se sont pas développés parce que les racines n'ont pas été nourries ».

Je ne pense pas qu'il soit difficile d'argumenter en faveur du respect des engagements, mais je pense que la discussion est incomplète si l'on n'explore pas ce qui rend la chose difficile. Voici quelques-uns des facteurs que j'ai observés et qui rendent difficile de tenir le cap :

- La peur de l'échec, déguisée en apathie, est fréquente chez les gens qui croient que l'échec est la pire chose qui puisse arriver et qu'il faut donc l'éviter à tout prix. Parmi les symptômes, on peut observer des récits intérieurs tels que « Pourquoi essayer, alors que j'ai déjà essayé cent fois et que ça n'a pas marché ? ». Eh bien, sachez que tout « marche » toujours, dans le sens où il y a systématiquement déploiement et repli, arrivée et départ. C'est juste que les choses ne se déroulent pas toujours exactement comme nous le voudrions. Ce qui nous amène à la raison suivante.
- Le sentiment que tout nous est dû et que la vie nous doit les résultats que nous souhaitons est perceptible chez les personnes qui, selon les termes du rappeur Jay-Z, ont tendance à « se concentrer sur le résultat final sans accomplir le travail nécessaire pour l'atteindre ». Préoccupées par le fruit, elles ne s'intéressent pas ou s'intéressent trop peu à la réalité qui veut que le cycle de vie d'un fruit implique du travail – ces parties ennuyeuses, épuisantes ou fastidieuses du processus : elles se sentent excessivement accablées par la pensée de devoir travailler pour quelque chose. Parce que s'engager implique de devoir faire parfois quelque chose alors qu'on n'en a pas envie, les gens qui estiment avoir le droit à une stimulation et un plaisir constants connaissent souvent des moments difficiles.
- L'évitement d'événements intérieurs qui inspirent l'aversion est une autre des raisons pour lesquelles il peut être difficile de respecter ses engagements. Les adeptes de l'évitement prennent des engagements auxquels ils renoncent (vite) quand

ils s'aperçoivent qu'aller de l'avant exigera de ressentir quelque chose qui leur fait peur : anxiété, chagrin, doute, peur, sentiment de ne pas être à la hauteur, ennui… et j'en passe. Il pourrait être bon pour ces personnes d'identifier ce qu'elles n'ont pas voulu ressentir par le passé puis de développer leur capacité et leur tolérance à la détresse pour l'affronter. Car malheureusement, des renoncements répétés à ses engagements entraînent l'apathie, et l'apathie rend beaucoup de choses plus difficiles.

- Le fait de se tromper d'objectif, enfin, peut expliquer la difficulté à tenir un engagement. Parfois, on ne parvient pas à s'engager parce que ce qu'on a identifié comme précieux représente tout pour quelqu'un d'autre, mais absolument rien pour soi. Quand vous luttez sans relâche pour progresser en direction d'un objectif qui vous semble cher, il est peut-être simplement temps de réévaluer l'importance que cet objectif revêt réellement pour vous. Un objectif qui n'a pas de valeur réelle – impressionner les autres, décrocher des évaluations favorables auprès de critiques imaginaires ou prouver votre valeur (qui n'est d'ailleurs pas remise en question) – peut aisément expliquer pourquoi vous ne progressez pas.

Le chemin qui mène à ce qui est précieux commence par l'identification de ce qui vaut pour soi la peine d'être poursuivi, et le voyage est souvent long, ardu et incertain. Il exige de la discipline, laquelle caractérise quiconque fait l'apprentissage de l'engagement et récolte par là même la connaissance qui fleurit grâce à ce processus. Le « processus » est un mot indissociable de la suite des Deniers. Pour citer Clarissa Pinkola Estés : « Le travail, c'est de continuer à faire le travail ».

Le neuf de Denier

Je songe souvent à la maturité comme à la capacité de prendre de bonnes décisions au nom de son futur Moi. On comprend ainsi que tout ce que l'on sème, on le récoltera plus tard, le meilleur comme le pire, et l'on sème avec sagesse – ce qui revient parfois à faire des choses dont on n'a pas envie ou à renoncer à une gratification à court terme.

C'est la marque d'une personne sage de savoir (après nombre de longues soirées passées enferrée jusqu'au cou dans les sables mouvants d'une situation pénible) que ce n'est pas un tiers qui la tirera d'affaire, mais elle-même. Quand on a la maturité suffisante, on comprend que le *je* de demain est le *je* d'aujourd'hui. Et, plus important peut-être, ce *je* est quelqu'un que l'on a appris à connaître assez pour se sentir protecteur à son égard, même quand c'est difficile. Que cette carte arrive aussi tardivement dans la suite nous rappelle que, à l'instar de toutes les relations de confiance, ce niveau de connexion avec soi-même nécessite du temps et de la patience.

La psychologie humaniste est apparue dans les années 1960 en tant que « troisième force » d'une thérapie, après respectivement la psychanalyse et le comportementalisme. L'approche humaniste repose sur le postulat que nous sommes tou·te·s animé·e·s d'une volonté fondamentale d'atteindre ce que Abraham Maslow appelait « l'accomplissement de soi », c'est-à-dire la réalisation de nos talents et potentiels.

Ron Smothermon, médecin associé au mouvement du potentiel humain (issu de la tradition de la psychologie humaniste), a écrit : « Nul n'est assez puissant pour vous obliger à mener votre vie de manière responsable. Vous n'y êtes pas obligé et vous n'aurez même pas tort si vous ne le faites pas. Et il y aura des conséquences. Et si vous choisissez de gérer de manière responsable les problèmes que vous rencontrez dans votre vie, vous n'aurez même pas raison de le faire. Et il y aura des conséquences. »

En tant qu'adulte, vous êtes seul, au bout du compte, à décider de gérer votre vie de manière responsable ou non. Personne ne viendra vous imposer ce que vous avez à faire aujourd'hui pour être bien plus tard. Personne n'insistera pour que vous différiez une gratification instantanée au profit d'une récompense à long terme, ou pour que vous fassiez quelque chose de difficile pour favoriser votre tranquillité et votre bien-être futurs. Chacun est trop occupé à essayer de bénéficier de ces bonnes choses lui-même. Et honnêtement, la meilleure partie de tout cela, c'est que vous pouvez faire ce que vous avez à faire, ou pas. C'est à vous de décider.

L'une des leçons les plus importantes de la suite des Deniers concernant le comportement est d'identifier les domaines de la vie sur lesquels nous avons du pouvoir et d'apprendre à employer notre énergie dans ces domaines afin de vivre notre potentiel. Pour citer Lewis Hyde, « chaque être dans ce monde doit trouver les opportunités correspondant à sa nature ».

La plupart du temps, nous n'avons aucun contrôle sur nos pensées, nos émotions ou les accès d'énergie que nous vivons, mais au moins, dans une certaine mesure, nous en avons sur notre comportement. Quand nous sommes parvenu·e·s à un certain niveau de compétence dans les secteurs de la cognition, de l'émotion et de l'énergie, nous nous apercevons que nous sommes plus à même d'effectuer de bons choix comportementaux au moment même où nos pensées, nos émotions ou nos pulsions nous incitent à agir autrement. Il est intéressant de voir comment les quatre domaines du tarot s'appuient les uns sur les autres, comment la maîtrise d'un domaine permet d'accroître sa compétence dans les autres. Je pense en particulier que les jardins représentés tout au long de la suite des Deniers sont un clin d'œil à la nature interdépendante des quatre domaines, à la façon dont l'énergie, les émotions, le comportement et les pensées interagissent et peuvent soit fortifier et renforcer, soit se créer mutuellement des problèmes.

La femme représentée sur la carte du neuf de Denier se tient confortablement dans un cadre verdoyant, un oiseau posé sur la main. Il existe un conte ancien du peuple sotho, à l'extrémité sud de l'Afrique, dans lequel un héros libère tous les êtres humains du ventre d'un monstre. Ceux-ci commencent par faire de lui leur roi, mais ne tardent pas à se retourner contre lui. Malgré moult efforts pour revenir dans les bonnes grâces du peuple et échapper à ses tentatives d'assassinat, le héros s'aperçoit qu'il ne peut rien faire pour changer le cœur et l'esprit des gens. Il se livre à eux, et quand il meurt, son cœur se transforme en oiseau et s'envole.

L'oiseau – tant dans le récit que sur cette carte – symbolise la liberté. Le personnage ne devient libre que quand il accepte de ne pas contrôler les autres, mais seulement lui-même. Je pense que l'oiseau de la carte représente le type particulier de libération qui se produit lorsque nous savons que, quoiqu'il arrive, nous pouvons choisir de laisser survenir ce que nous ne pouvons contrôler – y compris nos propres pensées et nos émotions indésirables. Notre liberté réside dans l'acceptation que, quoique nous puissions penser ou éprouver à un moment donné, nous avons toujours la possibilité de faire des choix au nom de notre futur Moi.

Le dix de Denier

J'ai rédigé le premier jet de ce livre dans une minuscule cabane dans les arbres, qui surplombait un jardin botanique sur les collines de Berkeley. Même si, à cette époque, j'étudiais le tarot et écrivais sur le sujet depuis des années – on m'avait même confié la tâche de lui consacrer un livre entier –, c'est là que j'ai découvert le concept d'*anima mundi*, ou « âme du monde », dans les écrits du psychologue James Hillman.

L'idée que le monde a une âme est ancienne – elle viendrait des Grecs, même s'ils ne sont probablement pas les seuls à l'avoir entretenue –, et elle fait référence à un réseau intrinsèque de connexions entre toutes les formes de vie. Elle suggère qu'au lieu de comprendre la psyché, ou l'âme, comme une chose existant à l'intérieur du corps humain, il faut la voir comme tissée dans la trame de tout ce qui est vivant et, par conséquent, comme une chose à l'intérieur de laquelle nous existons tous. Il paraît que c'est une philosophie très ancienne de la psychologie, qui n'est autre que l'étude de l'âme.

Pendant que j'écrivais ce livre, nous avons été confiné·e·s en raison de la pandémie de covid-19. J'ai profité de ce privilège de devoir rester isolée et je me suis intéressée aux légendes du pays de certains de mes ancêtres – l'Italie du Sud et la Sardaigne – et j'ai parcouru les collines d'East Bay où je les récitais tout haut en imaginant que les oiseaux et les arbres écoutaient. Cela me paraissait un moyen concret et efficace de passer d'une conception anthropocentrique de l'âme (centrée sur l'humain) à une situation plus proche de l'*anima mundi* écologique.

Quand je regarde le dix de Denier, il me semble évident que cette carte dépeint une notion écologique de l'âme. Les Deniers sont disposés selon la forme de l'arbre de vie kabbalistique, matrice de sphères interconnectées définie par le spécialiste du mysticisme juif Eliezer Segal comme « dix forces créatives qui interviennent entre le Dieu infini et insaisissable [...] et notre monde créé ». En pratique, l'imagerie intergénérationnelle et inter-espèces du neuf de Denier, qui représente des personnes jeunes et âgées ainsi que des êtres humains et des chiens, évoque l'interdépendance. Elle suggère que tous les personnages sont connectés et que, partant de ce fait, des idéaux tels que la liberté et la guérison sont intrinsèquement plus que des aspirations individuelles.

Sur la compréhension moderne de l'âme comme existant à l'intérieur de chaque individu, la psychologue Mary Watkins a écrit que « le confinement de l'âme à l'intériorité a rempli une fonction défensive, nous protégeant des tragédies et des parodies qui se jouent en notre sein ». Si nous devions nous jeter du haut de l'édifice de l'individualisme et abandonner nos protections ou si, comme le dit Watkins, nous devions « libérer notre attention de ses limites imposées par ses quêtes purement personnelles, nous nous sentirions petits, parmi quantité de fragments qui [sembleraient] n'avoir aucune cohésion » et, particulièrement important, « il [serait] nécessaire d'accepter le sentiment d'être submergé et inadapté à la situation ».

Le dix de Denier m'apparaît comme le « petit secret » qui correspond le plus étroitement au grand secret du Monde, un secret dans lequel, une fois dépassé le fait de voir les choses en termes de couples d'opposés – soi et l'autre, l'individuel et le collectif, l'intérieur et l'extérieur –, on découvre la diversité, la pluralité et l'expérience bouleversante de la création de liens.

En confinant l'âme à l'intériorité, nous justifions aussi le fait d'accumuler les ressources : nous prenons plus que ce dont nous avons besoin pour éviter le sentiment terrifiant d'être « [petits], parmi quantité de fragments qui semblent n'avoir aucune cohésion ». Nous agissons par intérêt personnel plutôt que dans l'intérêt du groupe. Trop effrayé·e·s à l'idée de renoncer à nos cloisonnements, nous abandonnons notre qualité de membres d'une communauté au profit d'un contrôle illusoire. Que nous faudrait-il, alors, pour retrouver cette qualité ? Que devrions-nous être prêt·e·s à ressentir pour nous défaire de la bouée de sauvetage de l'individualisme et de l'idée que la liberté d'un seul individu est suffisante ?

Si je suis loin d'avoir les réponses à ces questions, je pense que la suite des Deniers renferme bien des secrets, notamment sur ce que nous savons précieux et sur la façon d'agir en accord avec ce savoir. Non dans un sens spirituel vague, mais dans un sens concret, matériel.

Selon la formule de l'historien de la culture Thomas Berry, « nous devons dire de l'univers qu'il est une communion de sujets, et non une collection d'objets ». La pandémie de covid-19 aura peut-être été la meilleure occasion de nous rappeler directement et collectivement notre appartenance à cet univers. Nous sommes des créatures à l'intérieur d'un réseau, et notre travail consiste à élaborer une compréhension plus écologique de la façon dont nos choix individuels en matière de comportement affectent le monde, et vice-versa.

Le valet de Denier

La suite des Deniers est liée à l'Impératrice, qui est pour beaucoup un symbole de la nature, la fertilité et la création. Dans *Le Livre de Thoth*, Aleister Crowley écrit que la princesse des Disques – qui, sans être l'équivalent du valet de Denier d'Arthur Waite, partage avec lui quelques caractéristiques – « porte en son sein le secret de l'avenir. Elle est forte et belle, poursuit Crowley, avec l'air de se morfondre intensément, comme pour prendre conscience de merveilles secrètes. »

Lon Milo DuQuette, dans son interprétation du tarot de Thoth, écrit que la princesse des Disques, à l'instar de Déméter, déesse grecque de la Moisson et de la Fertilité, « surgit dans sa gloire de la terre et crée son autel au milieu d'un bosquet d'arbres stériles et moribonds, auxquels sa présence fertile rendra une santé verdoyante ». Un autel vert érigé dans une forêt d'arbres malades : s'il existe une image plus puissante, fertile et étrange que celle-là, je ne suis pas certaine de la connaître.

Apprendre de nouveaux comportements est une façon d'ériger un autel vivant dans les zones de notre vie qui se sont asséchées, raidies, ou sont devenues stériles – ces espaces qui, au fil des années, ne voient plus de récoltes ou dont on attend une moisson qui ne vient pas. Ces lopins de terre sont ceux de notre vie sur lesquels ce qui parvient tant bien que mal à pousser est faible, cassant ou malade. Le valet de Denier symbolise la façon dont ce genre d'autel vivant – les choix comportementaux qui sèment les graines de nouvelles normes, habitudes et schémas – contient ce que Crowley appelait « le secret de l'avenir ». Un autel a toujours un lien avec le temporel : c'est un espace où s'accomplissent des rituels qui recréent un mythe et donnent vie au passé. C'est aussi un espace à partir duquel nous regardons vers l'avenir, en brûlant fidèlement des offrandes en échange de quelque chose que nous espérons. Peut-être le corps physique est-il aussi un autel, un espace dans lequel nous réalisons des actes de dévotion, les offrandes étant nos comportements.

L'American Psychological Association définit la pathologie comme « tout écart par rapport à ce qui est considéré comme sain ou adaptatif ». Selon cette définition, le comportement pathologique est celui que nous adoptons de manière compulsive et automatique, ou qui semble échapper à notre contrôle, même quand il fait des dégâts. Changer de comportement est une façon d'édifier une sorte d'autel vivant qui ne serait pas seulement un hommage à un nouveau mode de vie, mais également un défi à ce qui, en nous, était auparavant automatique et dénué de magie ou de merveilleux. En traversant la suite des Deniers, nous rassemblons ce qui est nécessaire pour construire des autels vivants grâce à notre comportement, comme si cette sagesse était un bouquet de fleurs sauvages : elle nous propose des enseignements pour faire disparaître les blocages, identifier ce qui est précieux et apprendre à s'engager et à gagner en maturité.

Le valet de Denier représente la capacité émergente d'utiliser le comportement avec dévotion. Une fois que nous savons faire de la magie avec la matière dense de nos actions physiques, nous pouvons en faire n'importe quand, n'importe où et comme nous le souhaitons. Alors, chaque nouveau comportement devient pareil à un objet posé sur un autel : choisi avec soin, placé à dessein, lié à l'avenir et à la moisson abondante que nous espérons.

Le cavalier de Denier

Dans les stades du modèle transthéorique du changement élaboré par James Prochaska et Carlo DiClemente, le stade de l'action correspond à la phase du changement où une personne a activement commencé à adopter de nouveaux comportements. Ce stade survient après qu'une personne s'est engagée à changer de comportement parce qu'elle a compris les raisons pour lesquelles ce changement sera bénéfique. Mais le nouveau comportement n'est pas encore habituel et demande quelques efforts. C'est un moment particulier dans le processus consistant à opérer un changement, et il s'accompagne de défis particuliers.

L'une des difficultés les plus fréquentes au stade de l'action est le sentiment de ne pas être totalement d'accord pour opérer un changement. Vous essayez peut-être d'arrêter de fumer, mais vous rêvez tout éveillé de cigarettes pendant votre pause déjeuner. Ou bien vous essayez de moins utiliser les réseaux sociaux et vous luttez contre l'envie incessante de regarder votre téléphone plusieurs fois dans l'heure. Une partie de vous est encore figée dans votre ancienne habitude. Elle redoute même la nouvelle habitude, et c'est parfaitement normal.

Il est normal de s'engager sur le plan comportemental en faveur d'un changement (c'est-à-dire d'avancer en accord avec la décision prise de faire quelque chose de nouveau), mais on peut avoir à le faire en étant animé d'une certaine ambivalence. Le comprendre aide beaucoup. On peut connaître de fortes envies, des besoins compulsifs, des désirs, de vives aspirations, des peurs d'abandonner une ancienne habitude… tout en faisant ce qui doit être fait. J'ai lu un texte qui qualifiait le cavalier de Denier de « bâtisseur ». Ce que l'on construit ici est peut-être, avant tout, un comportement souverain, la capacité d'avancer dans la direction de son choix – quoi que les pensées, les émotions ou les sensations puissent dire.

On a décrit le cavalier de Denier comme n'étant pas particulièrement intelligent, mais je pense que c'est trompeur. Je pense plutôt que ce cavalier fait ce qui doit être fait sans trop réfléchir et sans états d'âme. Il représente la partie de chacun de nous qui a la capacité de passer outre aux fluctuations constantes de l'esprit, notamment aux fortes envies de revenir à un ancien comportement ou aux pensées obsessionnelles concernant ce à quoi nous avons beaucoup de mal à renoncer. Il est représenté immobile – solide comme un roc – et symbolise la stabilité du corps qui est nécessaire quand tant de choses se passent à l'intérieur. Si cela n'apparaît pas clairement sur l'image, je me plais à imaginer que son esprit lui hurle de faire demi-tour.

Quoi que son esprit puisse lui dire ou ne pas lui dire, il tient bon. Il peut rester assis là aussi longtemps qu'il le faudra. Et ce faisant, il apprend un secret : les envies fortes ne durent pas si longtemps. Même si, au début du stade de l'action, elles peuvent survenir fréquemment et de façon rapprochée, plus il fait en sorte de rester immobile et demeure engagé là où il veut être, plus elles passent bel et bien, et leur fréquence comme leur intensité finit par diminuer. Il apprend qu'il n'a pas besoin de compter sur leur disparition, car il a appris une nouvelle façon d'entrer en relation avec elles. Il immobilise son corps et les laisse passer. Il est aussi vrai que moins il obéit à leurs ordres, moins elles surviennent. Et il continue ainsi à avancer.

Je sais que continuer à avancer est beaucoup plus facile à dire qu'à faire, surtout quand certaines parties de soi n'acceptent pas le changement que l'on effectue ; il peut y avoir terreur et fureur, on peut taper du pied par terre et grincer des dents. Les addictologues recourent souvent à quelque chose que l'on appelle « l'entrevue motivationnelle » pour accompagner les gens dans la réalisation de grands changements. Ils y utilisent des questions pour les aider à faire le lien entre les nouveaux comportements et les changements positifs qui en résultent. Nous pouvons avoir recours à cette méthode pour nous-mêmes quand notre esprit et notre cœur éprouvent de la peur, de la colère ou simplement une certaine incertitude face aux nouveaux comportements à adopter.

Quand l'esprit génère des pensées incessantes à propose de quelque chose que l'on veut réellement laisser tomber, on peut ressentir de l'impuissance, et peut-être est-ce justifié. J'entends Joseph Campbell dire à ce propos : « L'esprit peut errer de bien étranges manières et désirer des choses dont le corps ne veut pas. » Dans ce cas, le meilleur choix consiste peut-être à repérer les aspects sur lesquels on a un pouvoir – par exemple, parmi les choses que l'on fait ou ne fait pas physiquement, quoi que nos pensées en disent. Asseyez-vous dessus ! Soyez un roc, une pierre immobile, pendant des jours entiers si nécessaire. La voilà, votre puissance.

La reine de Denier

J'ai passé beaucoup de temps en compagnie de la reine de Denier à l'été 2020, quelques mois après le début d'une pandémie dont on ne voyait pas la fin et alors que des manifestations éclataient un peu partout en réaction au meurtre de George Floyd par les forces de l'ordre.

Il est intéressant de voir le rôle des réseaux sociaux à une époque où les privilégié·e·s que nous sommes sont confronté·e·s à la possibilité que ce que l'on croit être soit parfois en décalage avec ce que l'on est réellement dans la vie de tous les jours. Aux États-Unis, par exemple, il peut être difficile de concilier le fait de vivre dans un pays où la crise du système de santé publique affecte démesurément les Noirs et les populations autochtones (surtout quand ils sont pauvres, trans ou handicapés). Pourtant, nous ne nous levons pas tou·te·s chaque matin avec l'intention d'agir pour changer les choses. Twitter, Instagram ou Facebook permettent à toute personne équipée du wi-fi d'accéder à une plateforme gratuite sur laquelle faire publiquement des déclarations liées aux valeurs que nous défendons ou jugeons importantes – et nous le faisons. Chaque fois que la violence systémique resurgit dans le débat public, nous voyons apparaître quantité de déclarations politiques, d'œuvres d'art et d'infographies qui sont autant de preuves d'indignation, de sollicitude et de solidarité.

Mais il arrive également que celles et ceux qui n'étaient pas déjà engagé·e·s dans une activité contre le racisme, par exemple, reprennent le cours de leur vie comme si de rien n'était dès lors que l'attention médiatique accordée à un événement particulier s'estompe. Comme l'alcoolique qui promet d'arrêter la boisson à chaque débordement pour se précipiter sur sa bouteille une fois la crise passée, il est fréquent que celles et ceux qui ont le privilège de pouvoir se le permettre oublient leurs résolutions de « faire mieux» en termes de solidarité avec les victimes d'injustice une fois l'agitation retombée. Il en va de même dans le milieu clinique: on trouve rarement suffisant qu'une personne se contente d'affirmer qu'elle veut arrêter de boire. Il ne suffit pas de dire que quelque chose nous importe, il faut constamment agir en conséquence. La suite des Deniers nous montre que nos valeurs sont étroitement liées au domaine physique de notre expérience, ce qui signifie qu'une valeur n'est pas seulement quelque chose que l'on ressent ou que l'on croit: c'est quelque chose que l'on fait.

Les thérapies comportementales s'enracinent dans l'étude du comportement. Elles peuvent nous aider à comprendre le mécanisme du changement, la manière dont il se produit ou celle de le saboter. Bien que ces thérapies se concentrent généralement sur le changement individuel, on peut également les appliquer pour accompagner le changement social. Elles reposent sur des «faits probants» qui alimentent un corpus de données recueillies à partir de l'observation du comportement des personnes, ce qui fournit des informations sur les façons d'introduire le changement. Les valeurs représentent une part considérable de nombreuses thérapies comportementales et du travail thérapeutique en général. Dans la thérapie d'acceptation et d'engagement (TAE), par exemple, clarifier les choses qui sont importantes pour soi est considéré comme une dimension fondamentale de tout travail visant à modifier le comportement.

Identifier ses valeurs, ou ce qui est précieux pour soi, est l'une des premières étapes de la TAE. J'ai toujours pensé que la démarche était la suivante: on a plus de chances d'accomplir le travail ardu que requiert le changement si l'on sait exactement pourquoi on le fait. C'est logique. Les thérapeutes savent pertinemment que cette phase n'est que le début du processus. Imaginez un instant que l'on puisse se contenter de dire ce qui compte pour soi pour en avoir terminé avec la thérapie. Non, on passe beaucoup de temps à imaginer ce à quoi on aimerait que la vie ressemble et pourquoi afin d'être en mesure de cerner tout décalage entre ce rêve et la manière dont on agit. Ensuite, on réfléchit soigneusement aux ressources intérieures et extérieures qui seront nécessaires pour changer de comportement et effectuer d'autres choix qui seront plus en accord avec ses propres intérêts et ceux de la communauté à laquelle on appartient.

Je pense que la plupart d'entre nous s'accorderaient à reconnaître qu'il serait idiot de suivre une thérapie si le seul fait d'énoncer ses valeurs suffisait à garantir la réussite de ladite thérapie. C'est un progrès, peut-être, mais ce n'est pas suffisant pour déclarer qu'« on en a fini ». Définir ce qui nous importe est une étape à ne pas confondre avec le voyage en lui-même. Et s'agissant du processus de guérison collectif, nous ne cessons de commettre cette erreur. Nous faisons comme si annoncer ce qui nous est précieux équivalait à le vivre. Je pense que nous devrions ériger en norme le fait de considérer nos valeurs comme une chose à la fois idéologique et comportementale, qui requiert aussi bien de l'imagination que de la volonté.

Symbole du féminin, la reine de Denier recèle la capacité de rêver de ce monde, et, en tant que reine évoluant dans le domaine terrestre (celui du comportement), elle a la capacité particulière de marier visions et actions physiques. Ainsi, elle incarne de ce que les praticiens de TAE appellent « l'action engagée » : se comporter de sorte que ce que l'on sait précieux le devienne réellement ou savoir que faire des choses difficiles en vaut la peine. La reine de Denier a les yeux baissés sur un denier reposant dans son giron. Dans la mythologie capitaliste, la pièce est le symbole d'une chose de valeur, et ce regard tourné vers l'intérieur suggère qu'elle travaille à déterminer ce qui a réellement de la valeur pour elle – et non pour sa mère ou pour les adeptes des réseaux sociaux. Elle ne considère pas ce qu'elle pense devoir trouver précieux, mais bien ce qui a réellement de la valeur pour elle.

Dans *Le Livre de Thoth*, Aleister Crowley associe la reine de Denier à « l'ambition que la matière prenne part au Grand Œuvre de la Création ». À ma connaissance, c'est une des façons les plus justes de décrire l'expérience humaine : on aspire à participer, par un comportement en accord avec ses valeurs, à la création d'un monde idéal – concept qui peut différer selon la personne. Pour moi, un monde idéal est réactif ; la coopération et les relations y comptent, les ressources y sont acheminées vers les endroits les plus fragiles, les diverses manifestations de la vie et de la mort y sont honorées pour leur rôle unique, et l'activité y est déterminée par un profond respect et la défense de ce qui est sacré. La reine de Denier nous invite à réfléchir à ce que ce monde représente pour nous puis à choisir comment contribuer à créer notre monde idéal.

Le roi de Denier

Les interprétations populaires de la suite des Deniers l'associent traditionnellement à la carrière et aux finances, qui symbolisent le sentiment d'appartenance et la sécurité. Le roi de Denier y représente les compétences et les capacités, et bien que ces qualités renvoient généralement aux réalisations professionnelles et à la réussite matérielle, je pense qu'elles évoquent aussi des valeurs humaines plus larges, comme le fait de se sentir en sécurité et de savoir où est sa place. Le mot « capable » vient du latin signifiant « qui peut être contenu, saisissable ». Il suggère que la compétence requiert la sagesse de connaître la différence entre ce qui est à notre portée, saisissable, et ce qui ne l'est pas : entre ce que nous pouvons changer et ce que nous ne pouvons pas changer.

« La sagesse de connaître la différence » est une expression que l'on retrouve dans la prière de la sérénité, bien connue des Alcooliques anonymes et des organisations proposant des programmes de guérison en douze étapes. Ces programmes enseignent aussi le concept de l'ingérabilité qui, selon l'autrice Melody Beattie, « survient quand nous cessons d'être propriétaires de notre pouvoir et [que nous] nous mettons à penser que nous n'avons pas le choix de nos actes, indépendamment de ce qu'une autre personne fait ou ne fait pas ». En d'autres termes, l'ingérabilité est l'antithèse des compétences du roi de Denier. Elle renvoie à ce qui se produit quand on se concentre trop sur le fait d'essayer de contrôler ou de diriger le territoire des autres (leurs comportements, pensées, émotions, préférences, opinions), souvent au détriment du nôtre. Le fait que le roi de Denier se trouve dans un jardin luxuriant suggère que c'est ici, dans son propre espace, qu'il est le plus à même d'accéder aux compétences et aux facultés qui le caractérisent.

Si le roi de Denier pouvait parler, il dirait probablement que la compétence vient du travail que nous réalisons dans les domaines qui nous sont accessibles et que lorsqu'il nous arrive de nous sentir impuissants, c'est que nous tentons d'exercer une influence sur des domaines auxquels nous n'avons pas pleinement accès : nous contrôlons les pensées, les émotions et les actions des autres. Il dirait qu'être obsédé par le fait que les tomates de notre voisin ne poussent pas (alors même que nous négligeons nos propres plantations !) ne fait pas de nous des incapables. Nous essayons seulement de gérer une chose sur laquelle nous n'avons aucun contrôle.

Apprendre à s'occuper de ses propres affaires exige un certain dévouement : voilà pourquoi cette sagesse revient à un roi. Il faut beaucoup de ténacité pour changer de direction, surtout si l'on avait l'habitude de se concentrer davantage sur les désirs et les besoins des autres que sur les siens. Heureusement, ce roi nous enseigne une chose réaliste et concrète : notre puissance réside dans notre volonté et notre capacité de nous occuper de nos propres domaines, énergies, émotions, comportements et pensées. Pour vous sentir capable et compétent·e, vous pouvez donc vous efforcer de vous occuper de ces éléments sans céder à l'impulsion de vous fermer ou de regarder ailleurs.

Alors, sortez votre déplantoir et creusez un peu. Trouvez les capacités d'adaptation et de tolérance à la détresse qui vous conviennent. Faites-en l'expérience exactement comme s'il s'agissait d'un potager ou d'un jardin aromatique. Exercez-vous à rester concentré·e sur ce que vous pouvez toucher, ressentir, saisir, tenir, et donc transformer. Ici aussi, le conseil de Melody Beattie peut vous être d'une aide précieuse : quand vous constatez que vous vous accrochez à quelque chose qui vous donne un sentiment d'impuissance, demandez-vous comment prendre soin de vous, tout de suite, là, maintenant… et faites-le. Voilà ce qu'est le comportement d'un roi.

L'as d'Épée

Chacune des quatre suites du tarot représente l'une des quatre dimensions fondamentales de notre être : énergétique, émotionnelle, comportementale et intellectuelle. Les as représentent la suite dans sa forme brute, un don fait à chacun de nous à la naissance. L'as d'Épée dit : « Bienvenue dans ce monde, être humain. Et félicitations ! Tu as un esprit capable de réfléchir et de raisonner, d'évaluer et de juger, de trier et de cataloguer, de comparer et de différencier. » Ces aptitudes vous permettront de décider par vous-même, de savoir quand dire oui et quand dire non. Mais prenez garde, l'épée peut vous piéger aussi vite qu'elle peut vous sortir d'affaire. Elle est rigide : sa lame à deux faces a tendance à ne voir que le blanc et le noir, rarement le gris. Il vous faudra donc apprendre quelques techniques pour bien travailler avec elle.

Le voyage spirituel du tarot est un retour à la totalité, un espace par-delà des paires d'opposés qui peut accueillir l'individuel et le collectif, soi et l'autre, ceci et cela. Le double tranchant de la lame de l'épée peut sembler en contradiction avec cette idée de totalité, puisqu'il symbolise des forces contraires, de division, de dualité. Mais souvenons-nous qu'au cœur de la philosophie du tarot se niche l'idée que rien n'est totalement bon ou totalement mauvais. Paradoxalement, cela vaut aussi pour la pensée en « noir et blanc ». Il peut parfois être bénéfique de voir les choses selon une logique simple, celle du « oui ou non », « ceci ou cela ». Il y a des moments où notre évolution dépend de la capacité à prendre du recul par rapport à notre vécu énergétique, émotionnel et comportemental pour simplement observer, de façon à pouvoir discerner la prochaine étape. La suite des Épées peut nous apprendre à le faire.

Voici un exemple tiré du voyage du héros mythique, qui peut permettre d'illustrer un moment où l'épée tombe à point nommé. Un héros se met en route en quête d'un trésor. Il ne tarde pas à tomber sur le gardien d'un seuil, un ogre ou un démon dont le seul but est de détourner son attention, de lui porter préjudice ou de l'empêcher de continuer sa route. La survie du héros et la poursuite de son chemin seraient sans doute compromises s'il devait se dire « Cet ogre n'est pas un mauvais bougre, il a été traumatisé, il ne sait tout simplement pas vivre autrement ». Même si c'est vrai, ce ne serait pas très utile au héros pour vaincre cette créature monstrueuse et rester concentré sur sa mission. Il arrive que le héros tire profit de pensées binaires qui le poussent à se demander : « Le choix que je m'apprête à faire va-t-il me rapprocher ou m'éloigner de ma quête ? » Nous voyons cette question dans les légendes et les contes, et aussi dans notre vie : il y a en elle une part de cruauté. La clé est de savoir quand utiliser cette arme, et comment ne pas se laisser emporter par elle.

Comme c'est le cas pour tous les domaines d'expérience, pratique et progrès sont nécessaires pour maîtriser sa lame et agir avec sagesse, conserver une certaine souplesse et ne pas perdre de vue que, même si trier et cataloguer peut se révéler très utile, la réalité est généralement plus ambiguë. La plupart des choses que nous rencontrons dans la vie se situent dans une zone grise. Evelyn Underhill a écrit que, quand l'esprit logique rencontre des zones grises, il « est comme hébété, incertain, car il cesse de faire son travail habituel qui est de contribuer à la vie, non de la connaître ».

Quand nous cédons à la tentation de cataloguer les choses comme totalement bonnes ou totalement mauvaises, et de dégainer notre épée à tout va, nous fractionnons des expériences complexes et nuancées en fonction de critères d'évaluation rigides, et l'esprit passe de la situation d'aide, utile, à celle de handicap, comme si le couteau que nous portons pour nous défendre se retournait contre nous parce que nous ne savons pas nous en servir. À l'inverse, quand on sait comment et quand tirer la lame (par exemple, quand on a besoin de se recentrer parce que l'on s'est laissé distraire ou que l'on est pris au piège), elle reste contre notre hanche, prête à l'usage – et c'est pour ça qu'elle est là. Comme pour tout ce que le tarot nous enseigne, l'idéal est d'évoluer avec souplesse d'un mode à l'autre, selon les besoins du moment présent. L'épée ne sera pas adaptée à tous les défis de la vie, mais elle le sera à certains.

Le deux d'Épée

Vous ne m'entendrez sans doute jamais dire que nos pensées déterminent notre réalité, car j'ai beau trouver très utiles des techniques comme la restructuration et le recadrage cognitifs, il me semble peu judicieux de faire reposer toute la responsabilité du changement à un individu sans que son environnement soit aussi pris en compte : l'oppression et la violence, par exemple, peuvent profondément affecter son bien-être. Et s'il est vrai que changer notre perception des ressources à notre disposition peut nous aider à accéder à notre pouvoir, ce changement ne va pas faire disparaître comme par enchantement les barrières systémiques très réelles susceptibles de se dresser entre nous et les ressources disponibles.

Et pourtant, il est certain que nos pensées affectent notre comportement. Comme le disait Mary Van Hook, nos histoires façonnent effectivement nos vies, et c'est pour cela qu'une suite entière dans le tarot est consacrée au domaine de la pensée. Notre esprit peut créer des récits incroyablement convaincants, et il faut une certaine habilité pour utiliser son intellect à son avantage, et non comme un moyen d'aller à sa perte.

Une des leçons les plus efficaces qu'il m'ait été donné pour comprendre l'esprit est qu'il ne nous est généralement pas possible de faire barrage aux pensées indésirables. C'est important, car le souhait que des pensées obsessionnelles, d'anxiété ou de peur disparaissent s'accompagne de beaucoup de frustration. Il ne sert à rien de vouloir à tout prix qu'une pensée disparaisse ou cesse de se manifester : ce n'est, hélas, pas comme ça que les pensées fonctionnent. Néanmoins, je crois sincèrement que nous avons le choix quant à celles auxquelles nous accordons de l'importance, celles que nous souhaitons exprimer ou intégrer dans nos récits dominants. Et c'est là qu'il nous faut perfectionner notre maîtrise de la lame... et recourir à la ruse. La ruse est décrite par le poète Robert Bly comme – je paraphrase – une réorganisation nécessaire pour rester en contact avec ce que l'on sait être vrai. Cette réorganisation est une réalité parfois matérielle, parfois intérieure (comme un récit).

Il y a un récit que j'entends souvent, et qui ne fait en général de bien à personne, c'est celui dans lequel on se répète à soi-même comme on répète à son entourage des phrases telles que « Je n'en ai aucune idée », « Je ne sais vraiment pas » ou « Je suis complètement perdu·e ». Je l'ai dit précédemment, je pense que la confusion peut avoir des vertus thérapeutiques (voir La Lune, p. 85), mais elle n'est appréciable qu'à petite dose : elle peut être une excursion pour la journée, pour y découvrir quelque chose de nouveau, mais il n'est certainement pas bon d'y planter sa tente.

Il y a trop d'éléments dans ce monde sur lesquels nous n'exerçons aucune influence pour que nous nous mettions en position de faiblesse par rapport à ceux sur lesquels nous pouvons peser. Il est parfois nécessaire de relever la tête, de redresser les épaules et d'agir avec confiance. J'entends beaucoup de gens me dire qu'ils sont perdus, alors qu'en réalité ce qu'ils veulent dire serait plutôt : « J'ai trop peur d'assumer ce que je sais ou de faire ce que ce savoir exige de moi. » Et bonne nouvelle : il n'y a là aucun problème. Je vois le personnage du deux d'Épée comme l'illustration parfaite de cette situation. Il croise deux épées sur sa poitrine pour se protéger le cœur, première chose à faire devant un choix difficile.

L'indécision peut protéger, tout comme le fait de garder un bandeau sur les yeux. Tenir ces deux lourdes épées parfaitement immobiles n'est sans doute pas facile, mais peut-être se sent-on plus en sécurité ainsi qu'en arrêtant un choix et en se lançant à fond. Ce n'est pas refuser d'affronter la réalité de ce que l'on sait, c'est parfois trouver du réconfort dans la confusion et l'indécision parce que l'on pense qu'en acceptant la réalité, on serait incapable de gérer les émotions qui en découleraient. C'est là qu'il faut sortir l'épée, là qu'il faut réorganiser un peu les choses. Pour garder le contact avec ce que l'on sait être vrai.

Selon les interprétations d'Arthur Waite et d'Aleister Crowley, le deux d'Épée est associé respectivement à l'amitié et à la paix, ce qui rejoint les réflexions partagées ici. Nous faisons alliance avec nous-mêmes en optant pour des récits qui nous soutiennent et favorisent notre autonomie au lieu de nous dévaloriser. Vous ne qualifieriez pas de « confus » ou « perdu » un ami qui hésite à agir en fonction de ce qu'il sait être vrai : peut-être ne devriez-vous pas non plus employer ces termes pour parler de vous.

Le trois d'Épée

Les émotions pénibles n'arrivent généralement pas seules. Selon le psychologue Edward Teyber, elles peuvent survenir par groupes de trois, et c'est celle avec laquelle nous nous sentons le plus à l'aise qui prendra le dessus, nous protégeant ainsi de celles que nous avons plus de mal à gérer. L'émotion qui prend le dessus diffère chez chacun. Pour certains, c'est la colère qui prend les commandes et agit comme un bouclier devant une profonde tristesse. (Ce n'est pas que la tristesse soit en elle-même plus difficile à éprouver ou à gérer que la colère, mais elle peut être associée à une troisième émotion, la honte, née du rejet vécu enfant dans des moments de tristesse.) Pour d'autres, il est plus facile d'exprimer la tristesse, parce que la colère leur semble trop effrayante : exprimer ou même éprouver de la fureur peut s'accompagner d'une culpabilité écrasante.

Teyber avance que le changement devient possible quand on est capable d'affronter chaque émotion de la triade – tristesse, colère et culpabilité ou honte – en laissant à chacune la place nécessaire pour qu'elle puisse s'exprimer en toute sécurité. Il n'est pas nécessaire d'y arriver sur le champ : l'idée est de faire remonter ces émotions souterraines à la surface, où nous pouvons les explorer.

Une seule épée aurait suffi pour illustrer un immense chagrin, mais nous en voyons trois sur la carte. L'épée au centre peut représenter l'émotion qui prime généralement sur les autres, mais elle ne résume pas toute l'histoire, tout comme les manifestations de colère ou de tristesse révèlent rarement ce qu'elles cachent. Les deux épées de chaque côté symbolisent les émotions susceptibles d'accompagner les cris de rage ou les pleurs du désespoir, des émotions souvent plus délicates à exprimer parce que difficiles à supporter ou considérées comme moins acceptables depuis l'enfance, ou les deux. Que le trois de Denier concerne la triade de ces émotions nous rappelle que les trois sont importantes et qu'il faut s'occuper de chacune d'elles pour que le cœur puisse guérir. Si vous arrivez à calmer votre colère, par exemple, vous ressentirez peut-être ensuite une grande tristesse, une culpabilité ou une honte qu'il vous faudra aussi reconnaître et apaiser.

Face à des émotions difficiles, il faut trouver un moyen d'éprouver chacune de leurs composantes. Il existe de nombreuses façons de faire émerger une émotion : par le biais d'un journal intime, de la danse, du dialogue, de l'art ou d'une pratique spirituelle. Si vous envisagez de recourir à l'une d'elles, gardez en tête que vous ne vous êtes pas défendu·e contre les émotions les plus effrayantes sans raison et qu'apprendre à les ressentir vous demandera du discernement, de la patience et de la compassion pour vous-même. Nous avons vu avec la suite des Coupes que les émotions étaient comparables à l'eau en ceci qu'elles pouvaient monter et nous submerger, nous faire perdre pied et nous emporter. Imaginez-vous à la plage en train de vous baigner dans l'océan : vous faites attention aux courants, ne vous éloignez pas trop du bord par sécurité et vous en remettez à un professionnel si besoin (le maître-nageur sauveteur), qui peut vous éviter la noyade en cas de fortes vagues.

Éprouver des émotions difficiles en présence d'une personne de confiance peut aider à rester ancré dans le moment présent et à faire l'expérience réparatrice de ces émotions sans risquer d'être rejeté ou abandonné. L'un des moyens de nous soulager des émotions qui nous pèsent le plus est de les garder actives, ne pas les refouler. Quand une émotion difficile surgit, regardez-la droit dans les yeux et faites-lui savoir que vous avez peur, mais que vous n'êtes pas une poule mouillée. Prenez garde aux mécanismes d'adaptation dysfonctionnels, notamment à la tentation de se rabattre sur un récit pétri d'émotions comme la colère ou le désespoir, la victimisation ou la détresse. Prenez garde aux envies irrépressibles de recourir à l'insensibilisation émotionnelle ou à une stratégie de fuite : ces deux réactions sont courantes dans ce genre de situation. Se rassurer quand une situation devient trop douloureuse n'équivaut pas à l'éviter. Gardez à portée de main quelque chose que vous pouvez toucher et qui vous aidera à vous ancrer dans le concret : une couverture soyeuse, une orange givrée, une lotion au parfum apaisant, vous permettront de rester bien ancré·e sur le rivage quand les vagues déferleront.

Rappelez-vous qu'apprendre à supporter la détresse est un marathon, et non un sprint. Personne ne vous note ni ne vous chronomètre : avancez à votre rythme et réservez-vous le droit de faire des pauses. Pour développer une plus grande tolérance aux situations difficiles, vous pouvez vous mettre au défi d'éprouver les émotions excessives d'abord pendant deux minutes, sans recourir à aucune stratégie d'insensibilisation ou d'évitement, puis pendant deux, quatre et six heures. Je pense qu'au fur et à mesure de l'exercice, vous apprendrez des secrets importants sur la durée de vie des émotions intenses.

La recherche en psychologie positive a suggéré que ce n'était pas la quantité de bonheur, mais la gamme des émotions que nous avons la capacité de ressentir qui présageait de notre bien-être. Les personnes qui ne savent pas faire autre chose qu'exprimer leur colère se retrouvent souvent isolées parce que la colère est une émotion désagréable, effrayante ou difficile à vivre pour les autres. La tristesse, elle, suscite généralement la compassion. Mais quand elle domine notre quotidien, elle génère un sentiment d'impuissance qui rend la vie encore plus insignifiante. La honte et la culpabilité, enfin, peuvent agir comme un poison à l'intérieur de l'esprit et du corps humains, dissimulant des parties de notre vie qui ont besoin de la lumière du soleil pour exister, enterrant de-ci de-là d'invisibles mines que nous parvenons à éviter en accomplissant des rituels complexes. Toutes ces émotions sont différentes, mais le remède pour chacune d'elles est fondamentalement le même : comme nous l'enseigne la suite des Coupes, les émotions ont un cycle de vie qui leur est propre et qui doit être respecté. Notre esprit est extrêmement puissant et connu pour les épées qu'il brandit contre les émotions trop pénibles à supporter. Notre travail consiste donc d'abord à repérer les espaces intérieurs que nous n'avons pas su créer, puis à les aménager pour que les émotions ne logent pas dans le cœur, d'où elles peuvent nous maintenir bloqué·e·s dans de vieilles pensées, des émotions envahissantes et des comportements préjudiciables à notre croissance et à notre bien-être.

Le quatre d'Épée

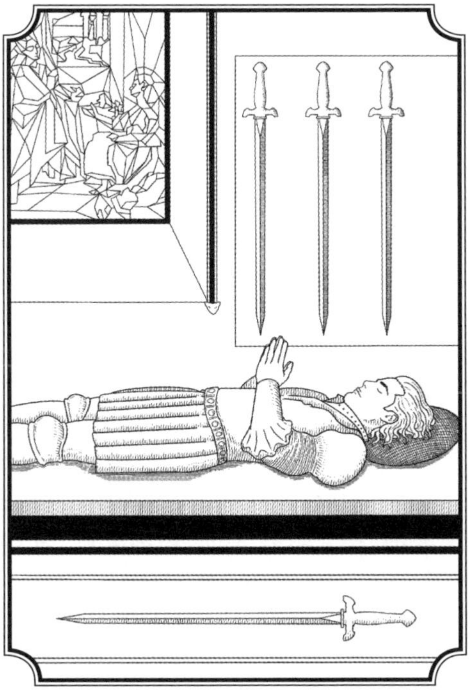

Plus que toute autre, la suite des Épées nous rappelle que les mots (purs produits du mental) peuvent être à la fois un remède et un poison. Les histoires dont nous sommes porteurs peuvent amoindrir ou renforcer notre autonomie, nous faire passer de la décrépitude à la force, et vice-versa. Le poète persan Hāfez est l'auteur d'un de mes textes préférés, que je considère comme un remède puissant à l'expérience de la solitude :

Ne cède pas si vite à ta
solitude. Laisse-la agir en
profondeur.
Laisse-la fermenter et
t'assaisonner
Comme peu d'ingrédients humains et même divins le peuvent.

Ces mots confèrent le pouvoir de guérir à une expérience que beaucoup de nous connaissent et redoutent. Ils rappellent que la solitude, à l'instar de toutes les émotions difficiles, est une sorte de porte que l'on doit franchir et dont on ressort changé. C'est une ouverture vers la magie, c'est aller dans les profondeurs pour en ressortir transformé (« fermenté, assaisonné ») : fort de bienfaits, quels qu'ils soient.

Certaines interprétations anciennes du quatre d'Épée évoquent l'expiation. Un jour, j'ai lu qu'avant une bataille un chevalier qui en avait les moyens s'était fait fabriquer un sarcophage au cas où il périrait au combat. S'il survivait, il devait rentrer chez lui, s'allonger dedans et demander pardon. C'était sa façon à lui de faire amende honorable, d'expier les atrocités de la guerre à laquelle il avait participé, de se racheter pour les vies qu'il avait ôtées et les crimes qu'il avait commis.

C'est pareil pour nous. Lorsque nous prenons un nouveau départ – vers une nouvelle relation ou pour un voyage qui, du moins au début, semblait prometteur –, ce n'est souvent qu'à la fin de l'aventure, seul·e·s avec nous-mêmes, que nous voyons avec une lucidité douloureuse toutes les occasions où nous avons confié à autrui notre sécurité ou notre bien-être, toutes les fois où nous avons mis en danger les parts les plus tendres de nous-mêmes. Les espoirs sincères qu'une nouvelle personne ou situation nous apportera enfin la sécurité ou l'affection auxquelles nous avons toujours aspiré agissent comme un voile posé sur notre jugement et nous conduisent à délaisser notre autodétermination, alors même que nous devrions la conserver. Ce genre bien particulier de brume nous pousse à céder trop de nous-mêmes aux autres, de manière compulsive, imprudente, et sans discernement. Nous prenons alors le risque d'infliger des blessures non seulement à nous-mêmes, mais aussi à toutes les personnes impliquées. Le cas échéant, il est possible qu'à la fin, nous nous sentions désorienté·e·s, impuissant·e·s ou meurtri·e·s par la honte.

Une fois seul·e·s, nous pouvons trouver terrifiante notre incapacité à prendre soin de nous-mêmes, et c'est souvent là qu'apparaît, dans toute sa splendeur, le besoin irrépressible de s'enfuir. Face à cette situation effroyable, nous avons le choix : continuer à chercher (vainement) ailleurs l'aide dont nous avons désespérément besoin ou persévérer dans nos efforts pour travailler différemment avec nos peurs et notre solitude, peut-être même nous pencher sur elles d'un peu plus près et les écouter suffisamment pour qu'elles nous apprennent quelque chose. J'ai remarqué – comme vous, peut-être – que les gens qui ont fait le second choix et s'y sont tenus dégagent une certaine aura. Il y a chez eux quelque chose de rayonnant, qui m'évoque la lueur orangée qui émane des fenêtres de la cabane d'un chasseur solitaire, blottie au creux de la montagne, à la nuit tombée.

Le poète David Whyte a écrit que « dans la nature, la meilleure réaction face à une situation dangereuse n'est souvent pas de s'enfuir, mais d'adopter une posture profondément vigilante, de prêter attention à ce qui semble menaçant, et donc de ne pas endosser le rôle de la victime ». Ce qui nous ramène à ce que j'aime tant dans le regard du philosophe Hāfez sur la solitude et à la raison pour laquelle je considère son poème comme un remède. Bien qu'elle puisse paraître menaçante, parfois terrifiante, nous pouvons faire le choix d'appréhender la solitude comme si elle était l'ingrédient d'une recette merveilleuse, qui n'aurait pas son pareil pour nous « fermenter » et nous « assaisonner », si nous l'y autorisons.

Et Whyte de poursuivre : « En nous montrant à la hauteur de circonstances redoutables, nous nous faisons plus grands que la partie de nous qui veut fuir, sans perdre pour autant sa compréhension protectrice du moment, quand elle est opportune. » Si, de fait, nous avons parfois besoin de fuir, les Épées – avec leurs lames à double tranchant qui symbolisent le choix et le discernement – nous rappellent que nous avons toujours le pouvoir de prendre des décisions, de déterminer quand nous devons fuir ou, au contraire, quand il est vital de rester.

Le cinq d'Épée

Si les Coupes sont liées à notre capacité de rêver et d'imaginer, la suite des Épées a elle aussi à voir avec l'imagination, dans la mesure où elle symbolise notre capacité de donner un sens à une narration et un récit qui n'existeraient pas autrement. En cheminant avec la suite des Épées, nous découvrons des secrets sur le potentiel et les pièges d'un esprit qui traite la réalité en alignant des mots à son sujet comme nous découvrons des secrets sur la manière d'exploiter cette capacité à notre avantage ou à notre détriment. Pour moi, les images que l'on découvre au sein de la suite des Épées foisonnent de concepts issus des thérapies cognitives et narratives, car ces thérapies abordent la guérison par le biais du domaine des pensées et avec une profonde révérence pour le pouvoir des récits. Comme l'a écrit le mythologue Martin Shaw, « les mauvais conteurs jettent des sorts, les bons les brisent ».

Dans *Pictorial Key to the Tarot*, Arthur Waite a écrit que le cinq d'Épée renvoyait aux thèmes de la révocation, du déshonneur et de la perte. Chacun de ces mots relève de l'idée d'échec, mais la carte dont nous parlons appartenant à la suite des Épées et étant pleine d'ambiguïtés, elle laisse énormément de place à l'interprétation. En fonction du personnage auquel on s'identifie parmi les trois représentés sur la carte, cette dernière peut annoncer la victoire, mais aussi la défaite. J'ai lu des interprétations qui mêlaient les deux. Le simple fait de travailler avec cette carte est une leçon expérientielle sur la capacité unique de l'intellect de donner un sens à des choses qui ne sont pas encore nommées. Il est toujours possible de raconter une version plus ou moins valorisante d'une histoire.

Quand on consulte un guérisseur, on vient toujours avec une histoire. En général, elle est réduite à sa version la plus succincte, et simplifiée à l'extrême : points clés, cœur du problème, doléances principales. Tronquer et raccourcir les histoires est endémique dans notre culture parce que notre système de santé est configuré pour maximiser l'efficacité et la productivité. Comme on paie pour cinquante minutes de séance, on a intérêt à aller droit au but, vite fait, bien fait ! Mais je pense qu'il ne peut y avoir de véritable guérison sans compréhension de la dynamique et de la nature contextuelle de nos histoires. Quand on résume des problèmes en quelques minutes, on se choisit un lieu psychique (« je suis brisé·e/abîmé·e/une victime ») et on s'y installe. Si cette position n'est pas une position de contrôle ou de pouvoir, on se met à voir sa vie à travers ce prisme, et le biais de confirmation du cerveau exclut tout ce qui lui est contraire. « Je suis brisé·e et aveugle à toute preuve que je suis un tout. Je suis abîmé·e et par conséquent incapable de voir une preuve physique, quelle qu'elle soit, que je suis parfait·e dans toute ma complexité. Je suis une victime, je ne peux pas voir mon pouvoir. »

La théorie cognitive comportementale (TCC) est fondée sur l'idée que les pensées – vraies ou fausses – peuvent provoquer (et le font) des émotions qui déclenchent à leur tour certains comportements destinés à nous permettre d'affronter ces émotions. Parfois, quand on remonte à l'origine d'un comportement compulsif, on s'aperçoit qu'il s'enracine dans une croyance cachée de ne pas avoir de valeur ou d'être indigne d'amour. La thérapie narrative appréhende elle aussi la guérison par le biais de l'intellect, en valorisant l'importance des histoires pour construire sa vie et soutenir son développement, et en étoffant celles qui sont trop courtes ou incomplètes. Tant la TCC que la thérapie narrative font appel à notre pouvoir de générer intentionnellement des pensées qui mettent en évidence notre souveraineté et lui font une place, insistent sur notre force et notre pouvoir en plus d'éventuelles histoires évoquant des obstacles, des fragilités ou des défauts.

Toutes les histoires sont incomplètes : chaque fois que l'on devient conteur, on est aussi magicien, puisque l'on attire l'attention sur quelque chose en partie en détournant l'attention d'une autre. Par nature, les histoires ne contiennent pas l'intégralité de la narration, c'est impossible. Afin de lisser la texture d'une histoire – pour faciliter son récit à soi-même et aux autres –, on est amené à omettre des points de vue susceptibles de compliquer les choses. Une des tâches du conteur est de rendre la vie compréhensible, ce qui implique de trier, de cataloguer et de créer. Mais n'oublions pas que le voyage du Mat le conduit à occuper la périphérie, là où rien n'est entièrement ceci ou cela, ni tout bon ou tout mauvais.

Ce que l'on voit dépend en grande partie de la manière dont on le conçoit et le définit à travers le filtre du mental ou de l'intellect. Au moins, nous avons toujours le choix : dire « J'ai essayé et échoué » ou « J'ai essayé et appris ». L'échec a quelque chose de profondément ambigu dont il serait sage d'être conscient. Tout échec, toute expérience de révocation, de déshonneur ou de perte, recèle une occasion de grandir. Et si l'on n'est jamais – jamais, je le répète – obligé de concevoir une expérience traumatique comme une opportunité, on a toujours – absolument toujours – le choix de raconter une histoire de vie qui met en valeur notre pouvoir et le contrôle que nous avons sur elle.

Le six d'Épée

Il est difficile de briser des schémas comportementaux. Si ce n'était pas le cas, ils n'existeraient pas. Quand nous examinons plus avant ceux qui ne nous sont pas utiles, nous découvrons souvent un flux d'émotions que nous essayons de maintenir à distance. Si l'on n'y prête pas attention, le réflexe d'éviter certaines expériences intérieures peut alimenter un choix constant pour quelque chose qui engendre de la souffrance. C'est pourquoi le fait de savoir qu'un schéma comportemental est à l'œuvre ne suffit souvent pas à enclencher un changement. Il nous faut généralement recourir à la volonté de ressentir quelque chose que nous n'étions pas disposé·e·s à ressentir auparavant.

Cela dit, prendre conscience de l'existence d'un tel schéma est incontestablement un très bon début. Une fois que l'on a identifié qu'un schéma était à l'œuvre, on peut commencer à voir où réside la peur – souvent à l'endroit précis où ce dernier pourrait être brisé. Chaque fois que l'on bute contre une émotion qui nous effraie, on est au carrefour de deux choix. On peut continuer à fouler le sentier familier qui nous permet d'éviter la chose qui nous effraie ou choisir d'emprunter un nouvel itinéraire. Si l'on n'a pas cultivé la volonté et l'aptitude à travailler avec des émotions que l'on redoute, on va probablement continuer à suivre les sentiers battus.

Surtout, il est rare que l'on ait envie de briser un schéma ou d'adopter un nouveau comportement. On ne sera pas d'humeur à éprouver la peur, l'anxiété, la culpabilité ou la terreur qui accompagnent généralement une nouvelle croissance. Ces émotions sont par nature difficiles à supporter. Comme l'a écrit l'artiste Carolyn Lazard, « le truc, avec la douleur, c'est qu'elle fait mal ». Mais elle poursuit : « [La douleur] est une sensation générative, car elle pousse toujours à s'en éloigner, à y mettre fin par tous les moyens nécessaires. » *Générative* se définit ainsi : « afférente à la production ou à la reproduction, ou capable de production ou de reproduction ». Il est certain que la douleur peut nous conduire à des comportements dont le seul but est de nous en éloigner. Mais elle peut aussi nous inciter à aller vers quelque chose de précieux, si nous sommes disposé·e·s à la côtoyer un peu. Et c'est là qu'intervient un petit exercice que l'on appelle « faire le contraire ».

J'ai commencé à étudier le tarot alors que je travaillais dans l'édition d'ouvrages de développement personnel. Je me souviens avoir, un jour, tiré le six d'Épée et pensé à un exercice issu de la thérapie d'acceptation et d'engagement (TAE) : dans cet exercice, une personne imagine qu'elle conduit un bus rempli de monstres bruyants et désobligeants sur une route menant à quelque chose d'important pour elle. Les monstres représentent le chœur intérieur, indiscipliné et parfois accablant, composé de personnages tels que le doute, l'autocritique et le sentiment d'inadaptation. Le bus symbolise notre véhicule personnel, le corps physique ; la route, le voyage de la vie ; et le conducteur, notre Moi supérieur. Ce Moi observe, il a le choix entre suivre les ordres des passagers exigeants et odieux ou s'en tenir à l'itinéraire prévu. La métaphore doit aider à prendre conscience de ceci : s'il peut être impossible de se débarrasser d'expériences intérieures difficiles (de les faire descendre du bus, pour ainsi dire), notamment de l'anxiété, il est tout à fait possible de les laisser nous accompagner, de les laisser prendre le bus avec nous vers ce qui nous importe, sans les laisser nous diriger. De même qu'un héros doit franchir des obstacles sur le chemin qui mène à un trésor quelconque – Ulysse, par exemple, doit affronter le Cyclope, des tentatrices et les Lotophages avant de rentrer à Ithaque –, nous aussi devons dépasser des obstacles intérieurs avant d'atteindre ce qui compte pour nous.

Sur la carte du six d'Épée, une femme et un enfant sur une barque sont en chemin vers une vie meilleure. Derrière eux se tient un personnage qui mène la barque, tel le conducteur de la métaphore de la TAE – peut-être un Moi supérieur empreint de sagesse, qui sait où aller et ce qu'il faut endurer pour y parvenir. La barque avance, mais elle est hérissée d'épées, symboles d'expériences psychologiques épineuses qui, bien qu'aiguës, lourdes et souvent difficiles à supporter, sont une partie nécessaire du processus. Retirez-les, et la barque – désormais criblée de trous – coulera. Ce détail permet de mieux comprendre la nature vitale de la peur et le rôle qu'elle joue dans une vie pleine de sens. Il suggère que la peur n'est pas seulement une chose que nous devons tolérer, mais une part indélébile d'une vie conforme à ce qui nous est précieux. En explorant les avantages et les inconvénients d'une vie riche de sens, les chercheurs ont découvert que les personnes qui disent avoir un travail et des relations qui ont un sens seraient également plus susceptibles de redouter l'échec et la perte.

Si vous craignez d'opérer des changements, c'est peut-être que vous avez touché à quelque chose de précieux. Mon ami Dennis Tirch, psychologue spécialiste des approches de la guérison axées sur la compassion, a dit un jour que si l'on attendait que toutes les parties de nous-mêmes soient d'accord pour effectuer un grand changement, on risquait d'attendre longtemps. De fait, la tentation d'attendre que la peur se dissipe est un piège. La peur est un prix à payer.

Le sept d'Épée

La traumatologue Laurie Kahn a écrit que « l'une des vérités les plus cruelles sur les traumatismes de l'enfance est qu'ils reviennent hanter leurs victimes quand elles sont adultes ». Les traumatismes non surmontés suscitent la recréation de certaines dynamiques douloureuses du passé, et lorsque ce processus s'est répété trop souvent pour n'être qu'une coïncidence, on finit par chercher de l'aide. Cette recherche d'aide se reproduit aussi à mesure que les couches traumatiques se retirent les unes après les autres, rétablissant la capacité faire des choix qui ne mènent plus à ces douleurs et souffrances répétées.

Dans un livre consacré aux victimes de maltraitance infantile, intitulé fort à propos *Baffled by Love*, Kahn consacre un passage au *Petit Chaperon rouge*, le célèbre conte dont la protagoniste est une fillette tellement coupée de son instinct qu'elle ne distingue plus ce qui est sûr de ce qui ne l'est pas et confond un loup affamé déguisé en femme avec sa grand-mère. Dans les premières versions du conte, la fillette est dévorée vivante, alors que dans les versions plus tardives, elle est sauvée par un bûcheron. Kahn recourt à cette histoire pour illustrer le concept d'aveuglement à la trahison qui peut accabler les adultes ayant survécu à des maltraitances infantiles. Il commence avec l'adaptation, un mécanisme de protection qui aide l'enfant à maintenir une relation avec un adulte qui lui fait du mal, mais dont il dépend pour sa survie. Mais à l'âge adulte, ce mécanisme devient inadapté, imposant des œillères à la victime, alors qu'elle aurait besoin de voir clairement, et ouvrant souvent la voie à une répétition des maltraitances.

Je pense que le bûcheron de ce conte représente une défense fonctionnelle et adaptée qui se développe au fil du temps et de la guérison : c'est la partie de nous qui voit cette queue grise et pelée dépasser à l'arrière des vêtements et les longues griffes recourbées à l'endroit où il devrait y avoir des ongles. Elle dit : « Oh, non ! Merci, pas aujourd'hui. Il vaut mieux que j'y aille. » Cette partie non seulement voit, mais interprète correctement un signal d'alarme, un panneau de signalisation sur un chemin très spécifique menant à un type de souffrance très particulier : elle décide séance tenante de rebrousser chemin.

Le sept d'Épée est souvent interprété comme une carte de tromperie ou de trahison. Un personnage dont la démarche indique la filouterie tient dans ses mains cinq épées qu'il emporte après les avoir volées, regardant par-dessus son épaule de peur d'être pris ou dénoncé. Bien sûr, on ne peut souvent s'empêcher de voir cette carte comme un présage et un avertissement qu'une tromperie se profile parmi nos proches. Mais on peut aussi la voir comme une invitation à identifier la partie de notre psychologie qui nous dit « Hé, regarde là-bas ! », alors que c'est juste ici que nous devrions porter notre regard : la partie qui nous berne et déforme l'information en raison d'une vieille habitude relationnelle, dépassée. Cette piste de recherche ouvre la voie vers la compréhension de ce qui nous motive à nouer des relations avec des gens auxquels, dès le départ, on ne peut faire confiance : elle nous donne matière à travailler sur nous.

Le huit d'Épée

Un des concepts clés de la thérapie cognitive comportementale (TCC) est que nous avons tous des croyances fondamentales, des idées inconscientes qui déterminent comment nous comprenons qui nous sommes, qui sont les autres, ce qu'est le monde. Une tâche majeure de la TCC est d'identifier ces croyances fondamentales, d'observer la manière dont elles influencent nos pensées et nos émotions qui, à leur tour, influencent notre comportement. Les croyances fondamentales peuvent s'apparenter à ce que l'auteur Michael A. Singer appelle des « épines », des formations intérieures acérées qui peuvent causer une douleur atroce quand on s'y frotte ou qu'on les touche. En conséquence, nous construisons inconsciemment toute notre vie et notre lexique comportemental de façon à éviter ce qui pourrait entrer en contact avec ces croyances fondamentales épineuses. Par exemple, une personne avec la croyance fondamentale qu'elle est indigne d'être aimée risque de créer une règle pour éviter l'intimité et ainsi ne pas ressentir la douleur d'être indigne d'amour dans une relation. Cette règle peut se manifester par une attirance inconsciente pour des partenaires qui ne sont pas disponibles et une abstention de toute relation amoureuse, voire par un isolement social. Avant de prendre conscience de ces épines, beaucoup d'entre nous feront tout pour éviter qu'elles ne les piquent. Même s'ils rendent ainsi leur vie plus terne.

L'adhésion stricte à ces règles s'appelle « l'évitement expérientiel ». Le terme parle de lui-même, il s'agit d'éviter certaines expériences, intérieures ou extérieures, pour se protéger du fait de penser, ressentir ou vivre quelque chose que l'on se croit incapable de gérer. J'ai rarement (sinon jamais) vu une illustration plus évocatrice de ce concept que le huit d'Épée. Il contient absolument tout, du piquant des épines à ce sentiment d'oppression que l'on éprouve quand on croit qu'il y a certaines choses qu'il n'est pas bon de penser, ressentir ou vivre. Étant moi-même passée par là de nombreuses fois, je peux attester de la précision avec laquelle cette image décrit l'effet produit quand, de tout côté, on risque de se retrouver face à des émotions que l'on ne veut pas éprouver et des épines dont on croit qu'elles pourraient nous blesser au moindre contact. Si le personnage devait retirer le bandeau qu'il a sur les yeux, s'il était disposé à voir et à affronter ce qui l'entoure, dans l'instant présent, il se rendrait compte qu'il existe quantité d'autres façons d'affronter des pointes acérées que d'organiser sa vie entière pour les éviter.

On pourrait peut-être commencer par analyser honnêtement les épées (les expériences psychologiques) que l'on redoute le plus pour voir comment elles affectent et en réalité limitent notre champ d'action. Parfois, on peut avoir la sensation d'être pris entre le marteau et l'enclume, c'est-à-dire entre deux catégories d'émotions désagréables, parmi lesquelles il faut choisir. Quand on se sent ainsi piégé, on a l'impression de n'avoir aucun moyen de gagner, puisque, quelle que soit la direction que l'on empruntera, la douleur sera au rendez-vous. Et il arrive que la vie soit ainsi.

Mais gardez à l'esprit qu'en général, dans ce type de situation, il y aura toujours une catégorie d'émotions avec laquelle on sera plus à l'aise qu'avec l'autre. Par exemple, pour la personne qui craint l'intimité, la solitude n'est pas agréable, mais, dans une certaine mesure, elle procure un sentiment de sécurité parce qu'elle est familière. Si cette personne opte pour un parcours en solitaire, son évolution sera limitée parce qu'elle n'ira nulle part où elle ne sera déjà allée. La catégorie d'émotions opposée pourrait impliquer de voir resurgir de vieilles blessures liées à la proximité et à l'estime de soi dans le cadre de relations étroites. Il se peut que ce second itinéraire soit beaucoup plus effrayant, et c'est compréhensible. Mais au moins, on y trouve la place de grandir, la place d'apprendre des choses nouvelles. Et il est bon de se rappeler que, dans ces situations, on a toujours le choix. Ce que l'on peut décider, c'est ce qui vaut pour nous la peine d'être débloqué. Ce que l'on peut choisir, c'est ce que l'on est disposé à ressentir et quand et comment ressentir ce qui doit l'être pour générer un mouvement.

Le neuf d'Épée

L'objectif de la thérapie d'acceptation et d'engagement (TAE) est la flexibilité psychologique, que le psychologue Steven Hayes décrit comme « la capacité à entrer plus pleinement dans l'instant présent en tant qu'être conscient et à modifier un comportement ou à persister dans un comportement quand il sert une fin qui a de la valeur pour soi ». Je vois cette capacité comme celle d'avancer continuellement dans la direction de ses valeurs, et ce, en dépit des obstacles intérieurs. Le modèle de la TAE regroupe six processus qui favoriseraient ce type de flexibilité. La défusion, qui est l'un d'eux, se traduit selon Hayes par « une baisse de la crédibilité d'événements personnels ou de l'attachement à ces événements personnels, plutôt [que par] un changement immédiat de leur fréquence. »

L'idée de la défusion, c'est que même si l'on ne parvient pas à empêcher que des événements intérieurs difficiles continuent à survenir, on peut arriver à prendre du recul afin de réduire le pouvoir qu'ils exercent sur notre comportement. À l'inverse, quand on ressent pleinement ces pensées anxiogènes, elles deviennent bien réelles et l'on accepte par conséquent tout ce qu'elles sont susceptibles de nous dicter : ne pas honorer une réunion entre amis, emprunter le trajet le plus long pour ne pas avoir à passer sur le pont, éviter une conversation qui fâche. Sur la carte du neuf d'Épée, on voit un personnage assis sur son lit, le visage entre les mains. Des épées lui transpercent le sommet de la tête, la gorge et la poitrine. Ce personnage fusionne tellement avec les épées – avec ses pensées ou d'autres événements intérieurs – qu'il en est incapable de voir quoi que ce soit d'autre. S'il pouvait se mettre légèrement en retrait, ou créer un peu plus d'espace entre les épées et lui, il pourrait trouver la place d'évoluer d'une façon qui lui conviendrait. Il pourrait trouver une certaine flexibilité.

Parce que les pensées et les émotions sont terriblement convaincantes, nous avons naturellement tendance à les prendre extrêmement au sérieux : soit nous nous accrochons à celles que nous désirons, soit nous nous détournons de manière quasi viscérale de celles que nous ne voulons pas. La défusion peut aider dans les deux cas, en insérant des critères de choix là où il semblait n'y en avoir aucun. Si l'on arrive à voir une pensée ou une émotion surgir, c'est que l'on a créé suffisamment d'espace entre soi et ce que fait son esprit. C'est cela, la défusion, et elle vous protégera sur le chemin qui mène à la vie que vous voulez, en vous apportant un peu de distance par rapport aux ogres ou aux séducteurs intérieurs quc vous pourriez croiser sur votre route.

La défusion n'est pas facile, et elle demande indéniablement un certain entraînement, mais comme c'est un véritable gris-gris qui recèle quantité de bienfaits protecteurs, beaucoup d'efforts ont été déployés pour déterminer les meilleurs moyens de l'apprendre. Il est tout à fait possible d'apprendre à défusionner assez efficacement pour arriver à créer un peu d'espace quand on est assis sur son lit et que les lames acérées de pensées anxiogènes ou désespérées nous traversent. Voici quelques-unes de mes techniques préférées : Demandez-vous s'il est possible de penser ce que vous pensez et de vous comporter de manière contraire. Demandez-vous qui ces pensées servent et dans quels intérêts. Racontez l'histoire de votre esprit au présent, par exemple : « Mon esprit me dit que je vais échouer à cet examen demain », « Mon esprit me dit que personne ne m'aimera jamais ». Remerciez votre esprit de continuer fidèlement à travailler 24 h sur 24 et 7 jours sur 7, sans jamais prendre de congé maladie. Après tout, même s'il est incroyablement gênant et parfois odieux, il agit pour vous protéger. Faites-lui savoir qu'il peut s'arrêter un moment et qu'en signe de votre profonde gratitude, à partir de maintenant, vous allez prendre le relais.

LE DIX D'ÉPÉE

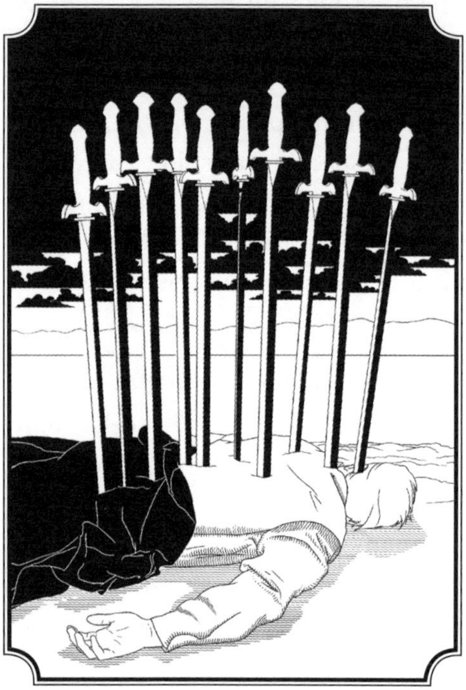

La quatrième des douze étapes du programme de lutte contre les addictions[13] comprend la réalisation d'un « inventaire moral et courageux », sorte de bilan dans lequel on est invité à dresser la liste de tous les ressentiments, de toutes les peurs, des rancœurs et des armes (réelles ou perçues comme telles) qui se sont manifestées contre soi. En somme, vous vous autorisez et vous encouragez pleinement à lister tout ce que l'on a pu vous faire dans votre vie qui vous a blessé·e ou porté préjudice. Combien de fois vous a-t-on donné l'occasion de vous épancher ainsi ? Quels sont les pensées ou les jugements (s'il y en a) qui vous viennent immédiatement à l'esprit quand vous y réfléchissez ?

La vie étant pleine d'expériences douloureuses, si la pensée de lister chacune d'elles vous semble accablante, restreignez votre objectif. Si l'idée de procéder à cet inventaire vous semble importante, peut-être pouvez-vous choisir de vous concentrer sur les ressentiments et les blessures remontant à une période particulière de votre vie. L'objectif est ambitieux : nettoyer l'arriéré de tout ce qui s'est accumulé et vous libérer une fois pour toutes du poids de ce qui vous a maintenu·e cloué·e à la terre et dans le passé, coincé·e sur la scène de crime d'un forfait ancien.

Il est impossible de lâcher prise sur commande – parce que la seule volonté n'est pas le remède et ne guérit pas les blessures. Si, enfant, on s'est cassé la jambe et que l'on n'a jamais été correctement soigné, il ne faut pas s'étonner d'avoir du mal à marcher une fois adulte. S'agissant des

13. NDÉ : l'autrice évoque ici le programme de sobriété des Alcooliques anonymes.

blessures psychologiques, la méthode consiste souvent à les ignorer pour ensuite trouver des moyens de plus en plus créatifs et complexes d'éviter les situations problématiques, de culpabiliser et de se sentir responsable d'expériences enfantines douloureuses, au point d'entraver notre capacité à vivre bien. La pratique consistant à en dresser un inventaire est une des nombreuses premières étapes possibles pour soigner des blessures qui ne l'ont jamais été correctement.

Les Épées dans le tarot symbolisent la capacité de raconter et d'intellectualiser : elles nous apprennent à utiliser cette capacité pour évoluer. S'il vous est déjà arrivé de bouillir de rage ou d'être envahi par le désespoir rien qu'en pensant à une chose douloureuse (passée, présente ou à venir), alors vous connaissez déjà l'immense pouvoir de l'esprit en tant que siège de la pensée et de la parole. Les pensées sont si puissantes qu'elles peuvent stimuler des états émotionnels intenses qui imprègnent la totalité de notre vécu. Le dix d'Épée (qui représente un personnage au sol transpercé de nombreuses épées) illustre bien l'effet ressenti, que ces pensées soient vraies, à moitié vraies ou complètement fausses. Je soupçonne que c'est pour cette raison que dresser un inventaire peut être pour certains une pratique aussi puissante. C'est une expérience cathartique, une manière de convoquer la matière en fusion susceptible de se déchaîner de façon incontrôlable si nous ne lui accordons pas la place qui lui revient, ni ne lui offrons un âtre dans lequel brûler en toute sécurité. N'oubliez pas que l'épée est le symbole du discernement : avoir du jugement est toujours nécessaire si l'on convoque délibérément le feu. N'allez pas tout·e seul·e au-delà de ce que vous êtes armé·e pour affronter par vous-même. Prévenez quelqu'un de confiance de votre démarche. Prévoyez des soutiens, par précaution.

Souvent, les choses deviennent problématiques quand une pensée suscite une émotion intense et que, pour la fuir, on recourt à une stratégie d'adaptation inadéquate. Ce comportement – la réaction à une émotion déclenchée par une pensée – augmente notre souffrance. Dans l'intervalle, on n'a jamais pris le temps de se demander si la pensée initiale était vraie ou utile. Parfois, quand on se sent vraiment mal, on fait remonter ces émotions à une pensée ou à un ensemble de pensées : « Je suis un·e raté·e » « Personne ne m'aime » « Je serai toujours seul·e ». Les jugements définitifs – et avec le dix d'Épée, il n'est question que de jugements définitifs – sont toujours suspects. Ils constituent par conséquent un excellent point de départ.

La pratique de l'inventaire est aussi un moyen d'utiliser le pouvoir de la pensée pour réveiller des émotions latentes, à dessein et pour la guérison. En invoquant des souvenirs – toujours avec discernement et en s'autorisant à faire marche arrière dès l'instant où la démarche devient trop lourde –, on se retrouve face aux émotions non résolues qui leur sont associées, d'une manière qui peut être sûre et propice à notre autonomisation. On s'autorise à sentir leur poids sur et dans le corps. Dans une culture obsédée par le fait d'aller de l'avant, Il est extrêmement rare qu'on s'attarde vraiment profondément sur une perte. Le dix d'Épée, souvent associé à une fin sans retour possible, est pour moi un clin d'œil au potentiel de véritable lâcher-prise que recèle cette pratique. Et c'est loin d'être le seul moyen – ce n'est qu'une voie parmi d'autres à considérer.

Le valet d'Épée

L'essence de la suite des Épées est celle-ci : nous avons tout·e·s la capacité de penser, d'évaluer et de raisonner. Cette capacité peut nous libérer comme nous emprisonner, selon le temps et les efforts consacrés à l'apprentissage de son juste emploi. La cour des Épées (le valet, le cavalier, la reine et le roi) nous propose une belle description visuelle, claire, du processus : apprendre à faire un usage judicieux des mots, du valet réactif au roi immobile et stoïque en passant par le cavalier concentré et la reine pleine de discernement.

Dans la Bhagavad Gita, l'un des textes spirituels les plus influents au monde, Krishna délivre le pan de sagesse suivant au héros guerrier Arjuna sur l'importance de l'entraînement de l'esprit : « Les sens vagabondent, et quand on laisse son esprit les suivre, il emporte la sagesse comme un bateau sur l'eau poussé par les vents. »

Aujourd'hui, les modèles de thérapies fondés sur des faits probants intègrent la pleine conscience, nombre d'entre eux allant même jusqu'à dire qu'ils « reposent sur la pleine conscience », ce qui signifie qu'ils prennent racine dans la technique d'apprentissage très ancienne consistant à concentrer son esprit sur le présent et à observer l'activité de l'esprit, plutôt que de vivre cette activité comme constituant le Moi. Dans la thérapie d'acceptation et d'engagement (TAE), par exemple, le Moi est le contexte, pas le contenu.

Les exercices de pleine conscience pratiqués en milieu clinique le sont dans l'optique suivante : au lieu de réagir immédiatement à chaque pensée et chaque émotion qui la traversent, une personne qui apprend à observer son esprit pourra élargir l'écart entre le stimulus et la réponse, voir une pensée avant d'y réagir, prendre un peu de distance avec elle et être moins réactive. À partir de là, elle sera capable d'agir avec plus de détermination et en accord avec ses valeurs.

Le tarologue Lon Milo DuQuette a écrit que s'identifier au domaine des Épées de sa propre expérience – à l'intelligence cognitive –, revient à « s'élever au-dessus et se séparer de sa nature inférieure, l'âme animale », mais que trop s'identifier à l'intelligence – donc ne s'attacher qu'à l'esprit et ses pensées – revient à « se séparer également de la partie supérieure de son âme qui représente des réalités et des niveaux de conscience plus grands ». On s'éloigne alors de la substance de la vie qui transcende la compréhension intellectuelle. Pour le philosophe Henri Bergson, « l'intelligence est caractérisée par une incompréhension naturelle de la vie ». Voilà peut-être la raison pour laquelle un mystique – ou toute personne désireuse d'une expérience plus authentique de la réalité –, lorsqu'il réalise qu'il doit livrer une sorte de « combat » symbolique avec l'esprit pour s'emparer du siège de l'autorité, envoie ses meilleurs guerriers. C'est alors qu'entre en scène le valet d'Épée.

Les nuages sont un élément important dans les illustrations des cartes de cour de la suite des Épées, et particulièrement pour le valet d'Épée. La métaphore des nuages traversant le ciel pour décrire les processus intellectuels (pensées, récits, jugements) est courante. Elle renvoie, par exemple, à la citation de l'enseignante bouddhiste Pema Chödrön : « Vous êtes le ciel. Tout le reste n'est que météo. » On voit ici le valet d'Épée entouré de nuages tourbillonnants. Ils symbolisent les pensées passées et futures, les pensées d'anxiété et de peur, mais aussi les pensées apaisantes et agréables. Le personnage dégaine son épée dans un geste de forte réactivité : il est prêt à l'attaque. En suivant attentivement l'évolution des cartes de cour, nous verrons qu'avec le temps et la pratique une nouvelle forme de relation s'établira avec les nuages (le contenu de l'esprit) : une relation moins conflictuelle et plus vaste.

Avec l'expérience, le valet comprendra qu'il n'est pas toujours nécessaire de contester directement l'activité de l'esprit – si c'est parfois utile, il faut acquérir suffisamment de discernement pour savoir quand –, mais qu'il est bon d'établir une relation plus souple avec elle. Il apprendra que des nuages se forment, de fait, qui font tomber la pluie, mais qu'il n'est pas obligatoire de s'en débarrasser pour avancer. Et s'il parvient à faire le dos rond en attendant que les nuages passent, ils finiront par se dissiper. Avec le temps, comme nous le dira le roi, le jeune guerrier naguère prêt à croiser le fer pour un oui ou pour un non parviendra à dompter son besoin de réagir.

Le cavalier d'Épée

Il y a plusieurs milliers d'années, bien avant qu'en Occident les chercheurs en sciences du comportement aient eu l'idée de mesurer les bienfaits de la méditation de pleine conscience, les peuples spirituels de l'Inde, de la Chine et du Japon méditaient. Les vieux maîtres avaient compris que se concentrer et diriger son attention était déterminant pour l'évolution. Les Occidentaux, parmi lesquels Jon Kabat-Zinn[14], n'ont commencé à utiliser les techniques de pleine conscience pour aider les gens atteints de maladies chroniques qu'à la fin des années 1970. Kabat-Zinn a défini la pleine conscience comme « le fait de diriger son attention de manière particulière : délibérément, dans l'instant présent et sans jugement ».

La pleine conscience est enseignée dans le cadre de nombreuses psychothérapies modernes. Elle peut intervenir dans le cadre d'un processus destiné à augmenter la flexibilité psychologique ou pour renforcer notre capacité d'avancer dans la direction de nos valeurs, en dépit de pensées ou émotions pénibles qui, tels des monstres, barrent la route du héros en quête d'un trésor. Pour initier la pleine conscience, on peut se concentrer sur sa respiration ou sur une partie de son corps – c'est ce que recommandent les thérapeutes. Chaque fois que son attention s'égare – très fréquemment –, on la reportera systématiquement sur sa respiration ou sur cette partie de son corps.

14. NDÉ : Jon Kabat-Zinn est un pionnier de l'utilisation de la méditation pour soulager le stress. Il a créé un programme de réduction du stress basé sur la pleine conscience : MBSR (Mindfulness-Based Stress Reduction).

Plus que jamais peut-être, à une époque où notre attention est littéralement captée par les réseaux sociaux qui s'enrichissent grâce à la publicité, notre capacité de choisir une cible et de se concentrer sur elle est une compétence psychologique essentielle. Comme nous l'avons vu avec le valet d'Épée, les nuages symbolisent les activités de l'esprit, et cette symbolique s'étend à toutes les cartes de cour de la suite des Épées. Ici, on voit le cavalier d'Épée entouré de nuages irréguliers, dont la forme bien particulière suggère un genre de distractions difficile à ignorer. Néanmoins, le cavalier d'Épée donne la charge et va de l'avant, le regard rivé sur ce qui est important. Il fait montre du genre de concentration ciblée que la pratique de la pleine conscience nous aide à acquérir, sans cacher que c'est un art difficile. Le chemin qui mène à ce qui nous est précieux est pavé d'une multitude de sollicitations. Grâce à des pratiques qui renforcent notre capacité de concentration, nous nous forgeons un mental qui permettra de résister à la tentation de nous laisser entraîner trop loin, là où nous n'avons pas notre place.

Les Yoga Sūtras – rédigés par un sage mystérieux répondant au nom de Patanjali (ou par plusieurs érudits regroupés sous ce nom) et probablement compilés au IVe s. av. J.-C. – enseignent que la pleine conscience, ou « pratique de la concentration sur un seul et unique objet », est « le moyen le plus efficace d'empêcher les obstacles et ce qui les accompagne ». Dans son interprétation des Yoga Sūtras, Swami Satchidananda écrit : « Il s'agit ici d'arrêter de changer l'objet de notre concentration. Quand on se décide pour un objet, il faut s'y tenir, quoi qu'il arrive. »

Des siècles plus tard, cette sagesse se retrouve dans des thérapies comportementales qui invitent à identifier ses valeurs personnelles pour ensuite privilégier des comportements en cohérence avec elles. « Il ne sert à rien de creuser des puits peu profonds dans une centaine d'endroits, poursuit Satchidananda. Décidez d'un seul endroit et creusez profondément. » Vous pouvez travailler avec les Yoga Sūtras, avec une thérapie comportementale axée sur la pleine conscience, avec le tarot ou avec une combinaison des trois, la consigne sera la même : identifiez vos valeurs et, comme le disait mon grand-père, « gardez le cap », quoi qu'il arrive. Même quand les nuages sont irréguliers et que le tonnerre est assourdissant. Même quand l'anxiété, la solitude, le désir, la douleur et la culpabilité se manifestent. Prenez des engagements et acceptez ce que vous devez accepter pour rester sur votre chemin. Fixez-le du regard et continuez à avancer.

La reine d'Épée

Dans un conte de fées russe bien connu, une jeune fille nommée Vassilissa-la-Très-Belle est envoyée par sa méchante belle-mère et ses demi-sœurs chercher du feu dans la maison, sise au fond de la forêt, de la sorcière mangeuse d'enfants Baba-Yaga. La belle-mère et les demi-sœurs de Vassilissa espèrent qu'elle mourra en effectuant cette tâche, mais la jeune fille emporte avec elle une poupée magique que sa mère biologique lui avait donnée avant de mourir, et cette poupée lui vient en aide.

Baba-Yaga charge Vassilissa d'un certain nombre de tâches apparemment impossibles à réaliser : lui laver ses vêtements, nettoyer sa maison et sa cour, et séparer les grains de blé qui commencent à moisir de ceux qui sont encore bons. Pendant que Vassilissa dort, la poupée se charge de tout à sa place. Impressionnée, la sorcière ordonne alors à Vassilissa de séparer des graines de pavot d'une motte de terre et d'en faire deux tas. Et une fois encore, pendant que Vassilissa s'est assoupie, la poupée accomplit la tâche. Baba-Yaga donne donc du feu à Vassilissa et la renvoie chez elle, auprès de sa belle-famille. Comme souvent dans les contes anciens, l'histoire se termine de manière abrupte, quand le feu réduit en cendre la méchante belle-mère et ses filles. Bien sûr, Vassilissa est épargnée.

La tâche consistant à séparer les graines de pavot de la terre fait manifestement référence au discernement, au fait de « séparer ceci de cela » comme l'explique l'analyste jungienne Clarissa Pinkola Estés dans le passage qu'elle consacre à ce conte dans son livre culte *Femmes qui courent avec les loups*. Il s'agit d'un degré de maîtrise élevé de l'épée – la maîtrise du tranchant –, car le double tranchant de l'intellect est ce qui permet de séparer ce qui est bon de ce qui est mauvais, ceci de cela, ce qui est noir de ce qui est blanc. Comme nous l'avons vu tout au long de la suite des Épées, cette capacité peut nous poser des problèmes. Mais la reine est noble ; elle incarne la capacité de se servir de sa lame pour le faire le bien.

Que toutes les tâches difficiles soient accomplies pendant que Vassilissa dort donne l'impression que l'esprit conscient est court-circuité au profit d'un savoir plus profond et plus sombre, de quelque chose qui émerge du riche terreau de l'inconscient quand on fait la place nécessaire pour l'accueillir. Aucune tentative pour résoudre ses problèmes par le biais de l'intellect n'aurait pu permettre à Vassilissa de rester en vie, si elle n'avait pas réussi à séparer les graines de pavot de la motte de terre. Mais une autre partie d'elle-même, une partie intuitive, savait exactement comment y arriver.

Voilà ce qui nous est suggéré ici : bien que l'épée considérée au sens littéral réalise à merveille des tâches bien définies, l'utiliser correctement permet bien davantage que ce qui est visible en surface. Distinguer une graine de terre qui l'entoure ne suffit pas : il faut quelque chose de plus profond pour mener à bien la tâche d'analyser ce que nous offre la vie. Autrement dit, les seuls faits ne permettent pas de faire un choix.

Alors, quel est ce savoir plus profond dont nous avons besoin ? Selon moi, la posture réceptive de la reine – elle tend la main comme pour accueillir – et les nuages à ses pieds nous donnent quelques indices. Si pour certains la reine d'Épée est froide ou insensible, beaucoup d'autres la ressentent différemment et savent qu'il en est autrement. Les nuages révèlent le secret d'une vie intérieure profonde et parfois tourmentée. Ils suggèrent que l'extérieur froid et la capacité de manier son épée avec sagesse et précision, au moment opportun, ont été acquis de haute lutte. Pour ma part, je pense que cette reine a connu les cabanes de sorcières et des forêts remplies d'épreuves dangereuses. Elle a traversé ces épreuves (la terreur, le désespoir, le déchirement, la douleur...) et, avec soulagement, en est ressortie riche d'un trésor. Comme Vassilissa-la-Très-Belle a crapahuté à travers bois pour rentrer chez elle avec le feu. Les pouvoirs de la poupée magique offerte à Vassilissa par sa mère – et ceux de la reine – sont, selon moi, liés à l'expérience, à l'âge, et aux douleurs suivies de guérison qui jalonnent le passage du temps.

Je me suis parfois dit que l'épée symbolisait le discernement entre une réalité temporelle et une réalité transcendantale, au-delà de l'espace et du temps. Et même là, il y aurait quelque chose de très simple qui suggérerait qu'avec le temps, l'expérience nous permet de gagner en sagesse. Il est bon de s'en souvenir. Associée à la sagesse et la compétence, la reine d'Épée véhicule l'énergie des anciens. Elle nous rappelle que nous amassons des secrets à mesure que nous avançons. Et que grâce à notre vécu, nous acquérons la capacité de transformer ce que nous ressentons en connaissances qui nous aident à faire des choix judicieux pour nous-mêmes. Nous apprenons à séparer les graines de pavot de la terre pour nous en nourrir le moment venu.

Le roi d'Épée

Dans son ouvrage *Pictorial Key to the Tarot*, Arthur Waite écrit que le roi d'Épée est « le pouvoir de la vie et de la mort ». Si l'on considère que chaque carte livre un secret psychologique et spirituel dans le domaine dont elle relève – l'expérience intellectuelle pour les Épées, l'expérience émotionnelle pour les Coupes, le grand voyage de la vie pour les arcanes majeurs... –, le roi d'Épée nous enseigne que l'on doit travailler à développer sa concentration et sa capacité de diriger et de fixer son attention à sa guise. Si ce roi est porteur « du pouvoir de vie et de mort », son message est le suivant : parvenir à un certain niveau de maîtrise de l'attention nous confère le pouvoir de donner vie à n'importe quelle situation ou à l'inverse de la lui ôter.

Je pense beaucoup au mot « vénération » quand je songe à l'attention, car vénérer quelque chose signifie lui accorder de la valeur ou de l'importance. Notre attention est une ressource extrêmement précieuse, mais de plus en plus difficile à maintenir en raison de la prolifération des stimulation qui nous interpellent, smartphones et réseaux sociaux inclus. Nous attribuons automatiquement de la valeur à une chose quand nous lui accordons notre attention. Pratiquement, nous vénérons (accordons de la valeur à) toute tâche à laquelle nous nous attelons. En y réfléchissant un peu, comment l'expliquer ?

C'est en développant sa concentration, dit le roi d'Épée, qu'on exploite le pouvoir de vie et de mort. On y parvient en se concentrant résolument sur ce qu'on a choisi sans relâcher son attention. Il faut savoir, quand on entreprend cette pratique de concentration, qu'on se laissera forcément déconcentrer – très souvent. Je connais des personnes qui méditent chaque jour pendant des heures depuis des décennies, et pas une seule ne maîtrise la capacité de rester concentré en permanence. En réalité, il faut se discipliner à diriger son attention sur un objet ou sujet et à l'y ramener dès qu'elle se détourne. Selon moi, le fait de toujours revenir à ce point est essentiel, c'est ce qui permet de garder le cap pour ne pas dévier de ce qui est important. Et ce n'est pas le genre de choses qui s'acquiert en une fois, ou en une semaine, ou même en une année. L'exercice est une pratique continuelle, une sorte d'hygiène psychologique comparable au brossage régulier de nos dents.

Outre le pouvoir de vie et de mort qu'elle confère, cette capacité de concentrer son attention sur un objet de son choix peut se révéler bénéfique au quotidien. Par exemple, une activité que l'on aime ou un projet auquel on croit et que l'on souhaite voir s'épanouir bénéficiera grandement de votre capacité de concentration intense et durable. Quand on avance vers un objectif choisi, il y a un nombre infini de manières de s'éloigner de son chemin, et plus de pièges en tous genres et d'occasions de s'en détourner que de poissons dans la mer. Quand des choses auxquelles on ne veut pas vraiment donner vie se mettent à nous tirer par la manche et que notre corps est happé dans une direction dans laquelle on ne tentait pas d'aller, la concentration du roi nous aide à savoir rebrousser chemin. Où que l'on se trouve, on sait comment revenir. On ne se fait pas souffrir (ce qui, franchement, nous détournerait aussi de notre but) : on revient, c'est tout. Quand on s'est bien exercé à revenir ainsi au microcosme choisi de la méditation, de la lecture, de la prière ou du sudoku, la mémoire psychique se met en route avec moins d'efforts si on a besoin d'elle pour des choses sérieuses.

On peut également utiliser les techniques de recentrage pour diriger notre esprit face à des pensées obsédantes que l'on déteste ou que l'on se sent prisonnier·ère·s de schémas dévalorisants ou stériles. On porte son attention ailleurs. Quand une pensée nous renvoie à l'énergie d'une relation conflictuelle avec un parent, qu'elle nous évoque la détresse, nous rabaisse ou nous fait souffrir, nous avons le pouvoir de nous en dégager. De fait, cette pensée perd de sa force. Ce qui était autrefois une force agissante et puissante s'affaiblit. C'est ainsi que le roi exerce le pouvoir de vie et de mort. C'est à la fois très simple et très difficile. Mais comme pour la plupart des choses, la pratique aidera.

Catherine MacCoun a écrit que « le contrôle de l'attention est la première compétence qu'un apprenti magicien doit maîtriser, et peut-être la plus importante ». Le terme de « contrôle » est à manier avec des pincettes s'agissant d'événements intérieurs : personnellement, je ne pense pas qu'il soit possible de contrôler les pensées ou les émotions. En revanche, je pense que dans une certaine mesure (qui variera selon notre cerveau et notre environnement), nous pouvons aiguiser notre capacité à nous concentrer sur ce à quoi nous souhaitons accorder de la valeur. Quant à savoir si c'est la première des choses à apprendre, je suggérerais d'aller simplement là où nos capacités naturelles nous portent pour développer force et compétence dans les domaines qui nous parlent, avant de mouiller notre chemise dans ceux qui nous sont moins évidents. Je vous laisse, apprenti·e magicien·ne que vous êtes, le soin d'en décider par vous-même.

PARTIE 3

UTILISER LES CARTES

LIRE LE TAROT

Ce n'est pas sans hésitation que j'ai inclus dans ce livre quelques lignes sur l'interprétation des cartes. Il m'a toujours semblé que le tarot était avant tout une pratique intuitive et que c'était de manière créative, instinctive, en prenant en compte sa propre condition, qu'on l'apprenait le mieux. Quand j'ai eu mon premier jeu, j'ai passé environ deux ans à tirer une carte chaque matin et chaque soir. Ce lent processus de familiarisation avec les cartes m'a également permis de me connaître moi-même. C'était exactement ce que j'attendais d'elles lors de notre première rencontre. Toutefois, j'ai appris certaines choses au fil des ans, et j'ai pensé (comme mon éditeur) que vous aimeriez les connaître.

Avant de partager avec vous quoi que ce soit qui ressemblerait à un mode d'emploi ou un protocole, je tiens à insister sur un point : rien de ce que je vais dire ici ne doit être considéré comme gravé dans le marbre. Vous allez devoir dégainer votre épée et décider par vous-même ce qui est utile et ce qui ne l'est pas, ce qui peut être précieux maintenant et ce qui doit éventuellement être mis de côté pour l'instant. Je continue de revenir à mon premier livre de tarot (*La Bible du tarot* de Rachel Pollack) et j'y découvre encore des secrets que je trouve aujourd'hui essentiels, mais qui n'avaient aucune importance pour moi précédemment. Accordez-vous cette liberté et cette souplesse.

Je tiens également à préciser que lire le tarot est un art, et non un exercice technique. L'art demande effectivement une maîtrise de la technique, et l'un ne prime pas sur l'autre : l'art comme la technique ont chacun leurs points forts. Maîtriser une technique est une bonne chose, mais ce n'est pas ici l'objectif. On n'évaluera pas votre niveau, aucune feuille de calcul n'enregistrera votre quoi que ce soit – mais libre à vous d'y recourir pour progresser, si vous en ressentez le besoin. En fait, à l'époque où j'ai commencé à me familiariser avec les cartes, mon amie Janice Fitch – qui était alors bien plus avancée que moi dans son voyage au cœur du tarot – m'a conseillé de tenir un petit carnet et d'y consacrer une page par chaque carte pour consigner des notes et des interprétations que je trouvais utiles. Plus tard, ce carnet a constitué une base sur laquelle je pouvais m'appuyer pour comprendre les cartes, et il m'arrive encore de le sortir aujourd'hui pour lire le tarot.

Alors, servez-vous de feuilles de calcul ou de carnets comme aide, mais sans que ces outils ne limitent les aspects moins méthodiques de votre travail : être attentif à l'énergie ; réveiller la partie de vous qui est capable de voir dans les profondeurs ; ouvrir avec douceur de grands yeux, plutôt que poser un regard dur et concentré ; saisir les rêves au vol. Nous voulons ici apprendre à recueillir des secrets et à bien les garder (pas pour nous y accrocher, mais pour les préserver). Il vous faudra donc également développer votre patience, votre respect pour l'invisible et votre confiance.

La pratique du tarot peut vous aider à trouver un équilibre très particulier entre ce que vous pouvez savoir et ce que vous ne pouvez pas savoir, l'organisation et l'incohérence, le village et la forêt, L'Empereur et L'Impératrice. Je vais donc vous proposer un cadre dans lequel avancer (voyez-le comme des talismans pour la route), mais ne vous y laissez pas enfermer. Le tarot vous rappellera que vous n'êtes pas seul·e et que votre chemin vous appartient, et encore qu'il n'y a que vous qui puissiez le parcourir.

Glissez ceci dans votre poche arrière avant de partir : l'idéal du Monde est la pluralité. Il ne s'agit ni d'adopter un protocole parfait ni de rejeter les règles en bloc, ni de se présenter uniquement comme un individu ou un membre d'une collectivité, mais d'activer sa capacité de posséder une sorte de conscience kaléidoscopique permettant d'abriter nombre de vérités à la fois, d'évoluer avec fluidité et souplesse, en fonction de la demande du moment.

CHOISIR UN JEU DE TAROT

On me demande souvent quel est le jeu le mieux adapté aux débutants, et ma réponse est quasiment toujours la même : tout dépend vraiment de vous. Il ne peut en être autrement. Ce que le tarot nous apprend, en partie, c'est à appréhender le monde matériel d'une autre manière que celle à laquelle on est habitué, à considérer que ce que l'on nous a appris à percevoir comme un objet inanimé (les cartes, en l'occurrence) est en réalité doté d'une énergie et d'une force de vie qui lui sont entièrement propres. Cet objet inanimé est digne de respect et doit être profondément écouté. Ainsi que l'a écrit Aleister Crowley : « Les cartes du Tarot sont des êtres vivants. »

Si l'on parvient à intégrer ce changement subtil dans la relation avec les cartes, on finit par faire beaucoup plus qu'apprendre seulement à lire le tarot. On passe d'un mode de relation sujet-objet unilatéral à un modèle qui entend, réagit, et collabore. On s'introduit progressivement dans le territoire du Monde, dans un espace caractérisé non par son homogénéité, mais par les connexions et les relations établies entre des textures, des énergies et des paysages divers.

Le jeu qui vous conviendra le mieux si vous débutez sera celui avec lequel vous vous sentirez le plus à l'aise et aurez envie de passer du temps. Celui qui vous parlera une langue familière, qui vous donnera l'impression d'être chez vous, même si vous vous demandez encore ce qu'est un « chez soi ». La familiarité n'est pas synonyme de fluidité, mais celle-ci viendra probablement aussi avec le temps. Optez pour un jeu avec lequel vous aurez vraiment envie de passer du temps. Un jeu qui inspire l'humilité, la curiosité et un désir réel de comprendre.

Une fois que vous aurez trouvé le bon (et il se peut que vous en essayiez un certain nombre avant d'y arriver, c'est normal), vous allez vivre avec lui pendant des années ; votre choix doit tenir compte de ce paramètre. Ne choisissez pas un jeu devant lequel vous avez envie de passer en courant quand vous l'apercevez. Il vaut mieux choisir des cartes qui ressemblent à votre colocataire préféré, avec qui vous allez échanger les dernières nouvelles ou simplement siroter un thé.

Vous remarquerez peut-être que ce qui vous caractérise généralement dans vos relations interpersonnelles se retrouve dans votre relation avec les cartes. Êtes-vous le genre de personne qui a tendance à forcer les choses, à ne pas écouter son instinct, à faire plus que sa part, même quand elle n'en a pas envie ? Croyez-vous devoir éprouver les choses d'une certaine manière, alors que sincèrement vos émotions sont tout autres, ou rester dans une situation qui ne vous convient pas, par obligation ? Êtes-vous souvent extrêmement enthousiaste au début d'une relation, avant de vous en désintéresser ? En voulez-vous trop, trop vite, et éprouvez-vous une certaine frustration quand les choses prennent du temps ? Vous autorisez-vous à partir, le moment venu ?

On m'a raconté les histoires très compliquées de certaines relations longues avec des jeux de tarot – « L'illustrateur est un ami proche/une personne dont je respecte le travail dans son domaine » « Quelqu'un qui m'était cher m'a donné ce jeu sur son lit de mort » « L'artiste est originaire de la même ville que moi » – pour m'expliquer pourquoi, bien que n'ayant aucune véritable connexion avec les cartes, certaines personnes s'étaient senties obligées de travailler avec elles. Prenez garde à cette tendance.

Un thérapeute que je voyais à une époque me disait qu'un partenaire amoureux devrait être (pour les deux parties) un livre que ni l'un ni l'autre n'a envie de reposer. Cela ne veut pas dire que l'on ne vit pas sa propre vie, mais simplement que l'on a hâte de se retrouver et qu'on ne le redoute pas. Optez pour un jeu comme celui-là. Un jeu que vous avez hâte de retrouver en rentrant. Qui vous interpelle et vous parle d'une voix que vous percevez vraiment. C'est peut-être une des choses de la vie dont on ne peut être sûr à cent pour cent, mais faites tout votre possible pour choisir un jeu avec lequel votre relation s'inscrira sur le long terme. Car la tâche d'un tarologue débutant est de mériter la confiance d'autrui au fil du temps et, un jour ou l'autre, de commencer à percevoir et préserver des secrets.

POSER DES QUESTIONS

Traditionnellement, la lecture du tarot commence par une question. Le tarot que je pratique et que j'enseigne considère les cartes comme des outils permettant non seulement d'apporter des réponses, mais aussi d'élargir votre point de vue et – pour employer un terme emprunté à la thérapie narrative – de donner de l'épaisseur au récit avec lequel vous arrivez. Quant à savoir quelles questions poser, le déterminer est un art en soi. Il faut de la pratique pour apprendre à poser le genre de questions qui, selon les termes de Clarissa Pinkola Estés, « ouvrent grand les portes secrètes de la psyché ».

J'encourage les gens à poser des questions ouvertes, ou même à formuler des interrogations sous forme d'intentions, si cela leur convient. Par exemple, quelqu'un pourrait demander : « De quoi ai-je besoin prendre conscience là, tout de suite ? » « Qu'est-ce que je ne vois pas ? » ou « Quels secrets avez-vous à me révéler aujourd'hui ? »

Si vous tirez les cartes pour vous-même, ces questions sont de bons points de départ, mais vous pouvez aussi choisir de formuler votre demande sous la forme d'une intention : « J'aspire à y voir plus clair concernant ce problème », « Je souhaite élargir mon point de vue et voir ce qui se trouve à la périphérie, et non au centre », « Je suis à l'écoute des secrets que les cartes souhaitent me confier pour devenir plus aimant·e, compatissant·e, doux·ce, sérieux·se, fort·e », ou tout ce que vous voudrez.

J'évite les questions de type « oui/non » pour laisser une place à la liminalité (ce qui se trouve dans l'entre-deux), car rien n'est jamais aussi catégorique. Vous pouvez sans aucun doute demander aux cartes ce que vous pouvez faire, mais poser des questions « oui/non » risquerait de restreindre vos possibilités de pénétrer dans des espaces imprévus et de faire de nouveaux apprentissages. Je préfère travailler avec les cartes comme si nous étions, elles et moi, des partenaires : chacune de nous donne et reçoit quelque chose, et reste disposée à faire sa part.

BRASSER LES CARTES

Je brasse les cartes en pensant à ma question (ou à celle du consultant). Je les mélange « à la française » : je tiens le jeu dans une main et en retire de l'autre de petits paquets que je réintègre ensuite dans le jeu à des endroits différents. Selon la taille des cartes, il pourra m'arriver de recourir au mélange américain ou « en queue d'aronde », qui consiste à diviser le jeu en deux paquets que l'on prend chacun dans une main puis que l'on fusionne en un seul. Avec cette méthode, le haut des cartes se superpose, de sorte qu'elles s'entremêlent dans un ordre différent du précédent.

En règle générale, les cartes neuves sont difficiles à manipuler. Vous devrez prendre le temps d'établir avec elles une relation de confiance. Vos cartes et vous, à mesure que vous apprendrez à vous connaître, vous vous détendrez, mais les cartes neuves ne seront souples (pour le brassage comme pour l'interprétation ou la lecture) que lorsqu'elles seront *en sécurité* avec vous. Certains de mes jeux préférés ont le don de partir dans tous les sens, plus rigides que des planches, dès lors que j'envisage d'en mélanger les cartes. Il s'agit là d'une étape naturelle et saine de la relation qui s'établit avec les cartes. Il m'a fallu deux ans pour réussir à brasser avec aisance les cartes du jeu que j'utilise actuellement (un tarot Rider-Waite-Smith vintage au fini mat). Encore aujourd'hui, quand je le fais devant un groupe (dans un cours, par exemple), nous nous raidissons, le jeu et moi, et les cartes s'envolent ! J'ai décidé de m'en accommoder.

Et comment savoir si on a suffisamment mélangé ? Je dirais que cela dépend. Si c'est pour moi que je tire les cartes, j'arrête de les brasser quand je me sens bien. Je pense souvent au brassage des cartes comme à une sorte de technique d'ancrage qui peut me ramener dans mon corps, là où je peux accéder aux pans de mon imagination qui s'illuminent le mieux quand je me sens enracinée. Pour y arriver, je peux me concentrer sur la température et la texture des cartes, ou sur ma respiration.

Si j'effectue le tirage pour une autre personne, je brasse tout en l'écoutant, jusqu'à ce que j'aie une idée claire, non de la question en elle-même, mais de l'énergie qu'implique la consultation. Sentir ce besoin est subtil, demande de la pratique et exige une sorte d'écoute de la liminalité (ce qui se trouve entre les lignes de l'énoncé explicite) à laquelle nous ne sommes pas tou·te·s habitué·e·s. Je suis attentive à plusieurs éléments : L'esprit de cette personne anticipe-t-il les événements de manière positive, ou est-il peu coopératif ? Son cœur a-t-il peur, se sent-il seul ? La personne a-t-elle besoin d'être soutenue ou au contraire bousculée ? Quand je ressens ces tendances, je cesse de mélanger.

Si vous débutez et que cette démarche intuitive vous demande trop d'efforts, ressaisissez-vous et optez pour la simplicité : brassez les cartes jusqu'à ce qu'elles soient dans un ordre différent de celui qui était le leur quand vous les avez prises. Imaginez que votre énergie se mélange à celle des cartes, et vice versa. Si vous sentez la peur ou l'anxiété vous gagner, prenez-en conscience et sachez que c'est normal. Nul besoin de vous débarrasser des émotions qui surgissent, mais voyez si vous pouvez les tempérer en les considérant avec curiosité.

Une fois que j'ai fini de brasser les cartes (vous êtes invité·e à suivre cette méthode, mais la meilleure chose reste pour vous de trouver celle avec laquelle vous serez le plus à l'aise), je les divise en trois tas que je dispose faces cachées et alignées l'horizontalement. Je prends ensuite le tas du milieu, que je pose sur celui de gauche, puis je les pose tous deux sur le tas de droite. Je tire les cartes en partant du sommet du tas et les place face cachée, sur la table.

Quand vient le moment de les révéler, je les retourne toutes en même temps. J'aime avoir une vue d'ensemble, car il me semble que j'entends mieux les secrets ainsi. Vous préférerez peut-être retourner les cartes une à une, si c'est pour vous la meilleure manière d'exprimer ou d'amplifier ce qui demande à émerger. Prenez le temps d'expérimenter et d'écouter ce qui fonctionne le mieux, pour vous et pour vos cartes.

LES TIRAGES

Les tirages sont une autre occasion de réfléchir à la dynamique de la relation que l'on entretient avec les cartes. Avez-vous déjà rencontré quelqu'un avec qui le courant passait immédiatement, mais avec qui tout est allé ensuite trop loin, trop vite ? Avez-vous déjà relevé la tête pour constater que vous vous trouviez au beau milieu d'une immense masse d'eau, et tellement loin du rivage que vous ne saviez pas si vous auriez la force de le regagner à la nage ? Aller loin et en toute sécurité nécessite un socle de confiance et de compréhension. S'il peut être tentant d'aller vraiment loin et profond quand l'alchimie est présente, il faut quand même s'assurer que l'exploration repose sur une base de confiance.

Souvent, on aborde le tarot avec des préjugés sur ce que les cartes peuvent et ne peuvent pas dire. On peut penser, par exemple, que les cartes vont nous révéler notre vie et notre avenir, ou qu'elles ont le pouvoir de contrôler notre destin comme de provoquer certains événements… Je ne suis pas là pour vous dire ce que les cartes peuvent et ne peuvent pas faire, puisque tout dépend de la façon dont vous allez les utiliser et des qualités qui vous sont propres. Pour trouver des réponses à ces questions, il vous faudra du temps, avancez doucement. Prenez le temps de bien comprendre ce que les cartes et vous êtes capables de faire ensemble. N'allez pas plus loin que la confiance qu'il y a entre vous et les cartes ne le permet. Raisonnez de la manière suivante : vous ne vous attendriez pas à ce qu'un nouvel ami ou un amant vous révèle tous ses secrets le premier mois de votre rencontre, peut-être devriez-vous apprécier vos cartes avec le même respect. Les tirages complexes à dix cartes peuvent être trop intimes, alors que vous commencez à peine à vous connaître.

Comme je l'ai mentionné précédemment, avec mon premier jeu, j'ai passé environ deux ans à tirer une carte chaque matin et chaque soir. Je travaillais beaucoup sur ma guérison personnelle à l'époque : j'apprenais à réguler mes émotions, à me faire confiance et à gérer la douleur de manière à ne pas augmenter à terme ma souffrance. En général, je posais des questions du type « Que dois-je savoir sur *x*, *y*, ou *z* ? » puis je cherchais la signification de la carte que j'avais tirée dans des livres et des articles sur Internet. J'inscrivais des idées dans un cahier vierge en consacrant chaque page à l'une des soixante-dix-huit cartes, jusqu'à ce que je me retrouve avec un cahier entier contenant toutes mes interprétations préférées. Plus tard, je m'en suis servi pour faire mes premières lectures de tarot, jusqu'à ce qu'un jour un ami m'encourage à le mettre de côté. « Tu connais ces cartes par cœur », m'a-t-il dit. Il a fallu effectivement que je mette ce carnet de côté pour m'apercevoir que, dans une certaine mesure, il avait raison. Bien sûr, des années après, je continue à avoir des révélations – j'en ai peut-être même plus qu'avant. La beauté de la chose, c'est que comme les cartes évoluent en fonction du contexte, à mon sens les révélations ne cessent jamais.

Certaines personnes interprètent les cartes différemment selon qu'elles sortent à l'endroit ou à l'envers dans un tirage. Je n'ai jamais considéré différemment les cartes renversées, et c'est un choix personnel. La signification d'une carte « à l'envers » découle pour moi de celle de la carte prise à l'endroit. Par exemple, si un artiste en manque d'inspiration tire L'Impératrice à l'endroit, il est évident que cette carte ne lui dit pas « Oh oui, tu débordes de créativité », mais qu'elle interroge plutôt sur ce qui pourrait remettre en mouvement une énergie créatrice. Si les émotions d'une personne compliquent la compréhension des tenants et des aboutissants d'une situation, une reine d'Épée peut apparaître comme une invitation, un idéal ou un guide. Elle n'a pas besoin d'être à l'envers pour que le consultant comprenne l'idée et en tire les conséquences. Au fil d'années de pratique, généralement quand une qualité, une énergie ou une compétence que le consultant devait cultiver lui manquait, elle se manifestait clairement dans les cartes.

À ceux qui interprètent différemment les cartes renversées, ma vision de ce qu'elles peuvent signifier ou de la façon dont on peut s'en servir apparaîtra sans doute simpliste. Si vous souhaitez entreprendre ce type de travail avec les cartes, je vous suggère d'explorer les cartes renversées en demandant conseil à des lecteurs de tarot en qui vous avez confiance et qui ont acquis une bonne relation de travail avec les cartes à l'envers.

Après avoir passé deux ou trois ans à tirer une carte le matin et une le soir, j'ai commencé à expérimenter les combinaisons. Je tirais trois cartes au lieu d'une et j'écoutais la manière dont elles interagissaient les unes avec les autres. Vous n'aurez certainement pas besoin de passer deux ans à tirer une seule carte, comme moi : faites ce qui vous semble raisonnable et vous permettra de connaître vraiment les cartes, aussi bien individuellement qu'en tant que parties d'un ensemble. Si effectuer un tirage de dix cartes le jour où vous achetez vos cartes vous semble la chose à faire pour vous, allez-y ! En définitive, il s'agira toujours d'être à l'affût de ce qui vous convient. Vous en reviendrez toujours à ce point.

Les tirages à trois cartes sont un excellent tremplin pour évoluer à partir des tirages à une carte vers des défis plus importants et plus complexes. Beaucoup aiment à associer les valeurs « passé, présent, futur » aux tirages à trois cartes. Personnellement, j'évite les approches chronologiques dans l'interprétation des tirages. Je ne saurais vraiment pas me prononcer sur l'utilisation des cartes pour prédire l'avenir, ce n'est pas ce que je pratique. Mais si vous tenez à essayer un tirage « passé, présent, futur », peut-être pouvez-vous le faire en formulant une question comme « Que dois-je savoir ? » pour chacune des périodes. Ainsi, vous ne prédirez pas nécessairement ce qui va arriver, mais vous trouverez une porte à pousser, un seuil à franchir, qui vous permettront de voir un détail que vous n'auriez peut-être pas remarqué autrement.

Je pense important de répéter que ce que je partage ici n'est en aucun cas la seule manière de procéder. Je vous l'expose simplement dans l'espoir que découvrir ma pratique pourra vous être utile. Mon souhait le plus cher est de vous soutenir dans vos efforts pour que vous trouviez une méthode qui fonctionne vraiment pour vous. Bien entendu, vous pouvez adopter ma façon de procéder si elle vous semble juste. Vous pouvez aussi prendre ici ou là ce qui vous convient et laisser tomber le reste.

Quand je fais un tirage à trois cartes, je les tire du paquet que j'ai brassé puis je les aligne, faces cachées, horizontalement. Contrairement à ce qui caractérise certains tirages plus classiques (la croix celtique, par exemple, ou même le tirage à trois cartes « passé, présent, futur »), je n'accorde pas d'attention particulière à la position des cartes (obstacle ou issue) et je n'y vois pas de chronologie. Je considère plutôt chaque carte comme si c'était une porte à franchir pour aller fouiner à l'intérieur et voir ce qui s'y trouve. Parfois, j'aurai l'impression d'arriver dans une garde-robe magique. D'autres fois, je découvrirai un endroit ressemblant plus à un placard à balais – qui abritera peut-être un talisman, mais bien caché, dans un petit coin, sous des siècles de poussière, et il faudra bien chercher pour l'apercevoir.

Et en parlant de chercher, c'est tout un art quand on travaille avec les cartes. « Bien chercher » n'est pas tout à fait le but, en réalité. Ce que l'on veut, c'est élargir sa vision, ouvrir son regard pour y intégrer ce qui se trouve à la périphérie. Laissez-moi vous donner deux exemples pour éclairer mon propos. C'est un peu délicat, forcément.

Pendant que j'écrivais ce livre, je me suis mise à l'équitation. Ma professeur m'a appris à garder les yeux rivés sur la direction dans laquelle je voulais aller, mais elle a remarqué que la plupart du temps je regardais les oreilles du cheval. C'est mignon, m'a-t-elle dit. Mais en réalité, mon attitude traduisait une sorte d'hypervigilance. Comme je ne faisais confiance ni au cheval ni à moi-même ni au processus, je le regardais attentivement, m'attendant à ce qu'il rejette la tête en arrière, se mette à ruer ou s'élance brusquement au galop avant que je sois prête. En quelque sorte, j'agissais instinctivement comme si regarder les oreilles de cette dangereuse monture à queue rousse devait m'aider en cas de problème.

Ce genre de regard intense, centré uniquement sur un point bien précis, est utile dans certaines situations. Notamment lorsqu'on essaie de résoudre un problème ou que l'on s'attelle à une tâche qui requiert une grande précision. Mais sur un cheval et dans nombre d'autres contextes, c'est un handicap. Un regard ciblé annule notre capacité à remarquer le chien de la ferme qui surgit de nulle part ou un arbre couché sur la route devant nous, alors que le sentier est trop étroit pour faire demi-tour. Quand on monte à cheval, il s'agit donc d'élargir sa vision pour s'intégrer dans un tout. C'est une façon ancienne de voir, et c'est le genre de vision que l'on veut adopter avec le tarot.

Les gardiens de secrets anciens (conteurs, tarologues, cow-boys ou personnes âgées) vous diront que les solutions à une crise viennent toujours de la périphérie, et non du centre. Ce n'est jamais le roi qui sauve la mise. Ni le chevalier (le cavalier), malgré ses privilèges et son entraînement. C'est le fou (Lc Mat), dans toute sa splendeur, qui débarque à dos d'âne dans une armure mal ajustée, le pauvre qui a embobiné tout le monde pour participer à la fête royale, la benjamine de la famille sur laquelle nul n'aurait parié. Après avoir compris ce point, je l'ai observé partout. Si vous vous exercez à adoucir votre regard sur les choses, je pense que vous l'observerez aussi.

Quel rapport avec le tarot ? L'idée selon laquelle ce dont on a besoin vient de la marge souligne l'importance d'ouvrir les yeux à la fois sur ce qu'il y a autour des images, sur les cartes, et sur les détails de notre vie : voyons-les comme vastes et larges, plutôt que commc bien définis et étroits. Au centre, il y a beaucoup de certitudes, beaucoup de choses figées. Mais à la périphérie, on peut voir des territoires qui s'étendent au-delà des nôtres. Il y a là une possible pollinisation croisée, un partage d'idées et de ressources. C'est de la périphérie qu'on peut voir le centre (ce dont on est sûr) sous un autre jour. Rares sont les gens qui ne viennent pas au tarot – du moins au début – pour découvrir une nouvelle façon de voir les choses.

Ainsi, en tirant les cartes, vous viendront des idées sur leur signification, des interprétations que vous aimerez, des associations que vous serez désireux·se de développer. Vous y reviendrez plus tard ; d'abord, observez, tout simplement. Que ressent votre corps ? Quels souvenirs remontent ? Que fait votre cœur ? Qu'est-ce qui vous énerve ? Où avez-vous la chair de poule ? Si vous pensez savoir d'emblée ce qu'une carte signifie... eh bien, réfléchissez plus avant. Comme le disait mon vieil ami et artiste Robert Tannen, « songez que vous pouvez vous tromper ».

Quand on travaille sur les rêves, on entend souvent qu'un rêve ne nous dira jamais une chose que nous savons déjà. Je ne suis pas sûre d'y croire (du moins au sens littéral), mais c'est une bonne façon de s'ouvrir à ce qu'il peut y avoir à la périphérie. L'évidence est pareille au chant d'une sirène : tentante. Faites en sorte d'y résister. Quand la signification des cartes n'est pas immédiate, accommodez-vous-en. Que ressentez-vous quand rien ne fait tilt ? Qu'est-ce qui, dans certains symboles, vous semble neutre, sans intérêt ou vide de sens ? Qu'est-ce qui, dans ces symboles, vous ennuie, vous incite à vous fermer, voire engendre une certaine résistance ?

Quand j'ai commencé à enseigner le tarot, je disais toujours que si l'on tire des cartes qui ne résonnent pas en nous, on est autorisé à les remettre dans le jeu et à les brasser de nouveau. C'est vrai. Aujourd'hui, je suis un peu moins pressée, plus intéressée par les bonnes choses qui pourraient mettre du temps à s'épanouir. Le mythologue Martin Shaw a dit des légendes que si elles paraissent logiques immédiatement, « elles ne font pas vraiment leur travail ». Je pense qu'il en va de même pour le tarot. Vous pouvez toujours remettre les cartes dans le jeu et en tirer de nouvelles, mais n'omettez pas de laisser la place à celles qui ont besoin de respirer. Laissez-les dans un endroit où vous pouvez les voir et observez : peut-être se métamorphoseront-elles au fil de la semaine. Prenez l'habitude d'être réceptif à ce qui veut être vu, plutôt que d'attendre des révélations sur commande. Ce n'est pas ainsi que fonctionnent les secrets.

Et puisque vous m'avez suivie jusqu'à maintenant, je vais vous confier un secret : il est très rare que le sens des arcanes m'apparaisse immédiatement quand je tire les cartes. Le conseil que donnait le conteur Martín Prechtel de travailler avec les légendes en les « nourrissant » peut s'appliquer ici : nourrissez les cartes d'offrandes. Certaines des valeurs auxquelles mes cartes réagissent bien sont la curiosité, l'attention et le temps. Pour entretenir une énergie de réciprocité avec elles, j'aime à leur demander : « Quelles questions avez-vous pour moi ? »

Alors que nous sommes toujours plus nombreux·ses à considérer le tarot comme un outil permettant de prendre soin de soi, je pense important de rappeler que prendre soin de soi ne signifie pas toujours se sentir bien. Notre prétention à n'éprouver que des émotions agréables peut s'avérer, au final, le parfait opposé du soin. S'agit-il vraiment d'un soin pour nous, s'il ne touche pas tous les aspects de notre vécu, y compris – et peut-être surtout – ce que nous voudrions repousser, nier ou même empêcher ?

Présumer que ce qui est agréable nous fait forcément du bien et qu'il faut éviter ce qui est déplaisant est incompatible avec les fondements mêmes du tarot, qui s'efforce d'appréhender le vécu dans sa globalité. La promesse du Monde et de son remède est la suivante : il doit nous permettre de comprendre que tous les aspects de notre être ont un rôle à jouer dans notre développement. Tirer régulièrement les cartes est l'un des nombreux moyens d'approfondir cette compréhension, jusqu'à la rendre viscérale, et d'apprendre à la vivre. Chaque fois que nous tirons une carte en restant ouvert·e·s à ce qu'elle peut allumer en nous, nous forgeons un réceptacle sûr et stable dans lequel nous pouvons apprendre à côtoyer ce que nous préférerions éviter. Et cela peut changer notre vie.

CONCLUSION

Quand j'étais enfant, ma mère (qui est conteuse et également assistante sociale) possédait un jeu de tarot Rider-Waite-Smith. Je me rappelle combien ces cartes me semblaient étranges. Quand j'ai eu les miennes, des années après, j'ai été inexplicablement ramenée à cette étrangeté, comme sommée de pénétrer dans un monde bizarre, différent de celui auquel je m'étais habituée – lequel était rationnel, logique... et un peu sec, pour être honnête.

La plupart des ouvrages sur l'expérience humaine que j'avais lus jusqu'alors semblaient dépourvus de tout ce qui aurait pu nourrir de manière invisible et mystérieuse mon propre vécu. Et si je leur dois beaucoup (sur les plans émotionnel, comportemental, cognitif), il y a une partie en moi qu'ils n'ont jamais su toucher. Cette part de moi ne parvenait pas à intégrer le langage métallique et froid des manuels ou des cahiers d'exercices de développement personnel qui m'entouraient quand je travaillais dans l'édition d'ouvrages de psychologie.

Il en est allé autrement du tarot. Ses métaphores visuelles ont provoqué des remous dans un courant souterrain dont j'avais toujours su qu'il se trouvait là, sans savoir comment y accéder. Et quand cette couche de mon être a commencé à remuer, je me suis retrouvée plongée dans un flux et reflux plus large, dans quelque chose de mythique qui m'a convaincue que la vie – la mienne, celle de mon entourage, celle des habitants de la terre et du cosmos dans son ensemble – était riche de sens cachés. Je pense que c'est proche de l'expérience du religieux : une approche non rationnelle de quelque chose de sacré.

Le théologien Rudolf Otto a élaboré le concept du numineux décrit par le professeur de religion Stuart Sarbacker comme « l'expérience d'une terreur, d'un effroi respectueux et d'un sentiment de majesté en présence du mystère de ce qui est entièrement autre et donc impossible à exprimer directement par le biais du langage humain ou par d'autres moyens ». C'était une chose dont il fallait faire directement l'expérience pour la comprendre. Je ne sais comment en parler exactement. Sincèrement, m'efforcer de la définir ne m'intéresse pas beaucoup. Mais si l'on pouvait apprendre à comprendre le changement – pas intellectuellement, mais en le ressentant comme une règle de la vie – en ayant un pied sur terre et l'autre dans les mystères, je pense que l'on y arriverait plutôt bien. Et je crois que le tarot n'est qu'un moyen parmi beaucoup d'autres de s'y mettre. C'est pour cette raison que j'ai voulu intituler ce livre *Évoluer avec le tarot*.

Beaucoup des secrets partagés dans mes réflexions sur les soixante-dix-huit arcanes reprennent les idées de thérapies spécialement conçues pour aider les gens à accueillir une réelle évolution dans leur vie, basée sur la sensibilisation à l'interaction complexe des différents domaines de l'expérience humaine : les domaines énergétique, émotionnel, comportemental et intellectuel. Mais c'est également un livre qui vous oriente vers l'état des choses, le flux perpétuel, l'« ambiguïté naturelle de la vie. » C'est un livre de talismans qui, je l'espère, pourra vous aider non seulement à affronter et à apprendre de cette réalité naturelle incontournable, mais aussi à l'embrasser, dans les bons jours. C'est enfin un livre de sagesse ancienne, qui doit lui-même évoluer, dans un contexte moderne, pour répondre aux besoins de l'époque – même si l'essence de ces idées reste fidèle aux Anciens. On a vu que des idées remontant à des époques aussi lointaines que la Grèce et l'Égypte antiques apparaissent dans des psychothérapies contemporaines fondées sur les faits probants. On en exploite aujourd'hui la magie de guérison, même si l'on reste bien loin de la décrire en ces termes lors des conférences de psychologie expérimentale.

Il y a tant de façons de résumer ce qu'il y a de plus beau dans le tarot... Je pourrais en dire des milliers de choses, mais je me contenterai de partager une ses merveilles avec vous. Si vous choisissez d'élaborer votre propre méthode de travail avec ces étranges petites cartes, vous apprendrez à mieux vous connaître. Vous comprendrez mieux ce que signifie être né dans un corps humain, avec la capacité de ressentir l'énergie, de percevoir, d'agir et de penser. Mais il se produira encore autre chose, de très important.

Le tarot vous aidera à replacer votre Moi dans un contexte humain plus large, et ce, d'une manière que ne pourra peut-être jamais permettre la lecture d'un ouvrage de développement personnel ou même le fait de remplir les pages d'un cahier d'exercices. À chaque carte que vous tirerez, vous aurez l'impression d'apercevoir une inscription gravée dans un vieux rocher ou sur un vieil arbre, qui dirait « [Quelqu'un] est passé ici », le sous-texte étant « Tu n'es pas seul·e dans ta souffrance, et les problèmes que tu rencontres ne sont pas nouveaux ». Tous ont été vécus, compris, transmutés, et ont même fait l'objet de réflexions philosophiques, depuis des temps immémoriaux. Maladie, chagrin immense, privation, isolement, mort, tragédie… autant d'histoires vieilles comme le monde. Le garder à l'esprit est un remède en soi.

Évoluer avec le tarot est le fruit d'une relation de plusieurs années avec les cartes. Ce travail m'a permis de renforcer ma capacité d'être dans l'incertitude, m'a aidée à comprendre que faire de son mieux et devoir faire mieux ne s'excluaient pas, et m'a encouragée à montrer non seulement les parties de moi dont je suis le plus fière, mais également les lacunes de ma pensée et les points sur lesquels butte ma compréhension par manque de discernement, de grâce ou de sagesse : mes fragilités.

J'espère que les réflexions que j'ai partagées ici (qui découlent directement de mon exploration du tarot et de la vie, et des secrets que les cartes m'ont livrés) vous soutiendront dans votre propre parcours et vous aideront à découvrir vos possibilités, le but de votre existence et comment porter tout cela avec légèreté… sachant que rien n'est éternel.

OUVRAGES CITÉS

BHABHA Homi, *Les lieux de la culture : Une théorie postcoloniale*, Payot, 2007.

BOHM David, *La Plénitude de l'univers*, Le Rocher, 2005.

CAMPBELL Joseph, *Puissance du mythe*, Oxus, 2009.

CAMPBELL Joseph, *Le Héros aux 1 001 visages*, Oxus, 2009.

CROWLEY Aleister et HARRIS Frieda, *Tarot de Thoth*, AGM-Urania, 1969.

DAHL JoAnne *et al.*, *ACT and RFT in Relationships: Helping Clients Deepen Intimacy and Maintain Healthy Commitments Using Acceptance and Commitment Therapy and Relational Frame Theory*, New Harbinger, 2014.

EDEN Donna et FEINSTEIN David, *Médecine énergétique : éveiller le guérisseur en vous*, Ariane, 2005.

FOREST Izette de, *The Leaven of Love*, Victor Gollancz, 1954.

FRANZ Marie-Louise von, *L'interprétation des contes de fées*, Dervy, 1987.

HARRISON R. L. et WESTWOOD M. J., « Preventing Vicarious Traumatization of Mental Health Therapists : Identifying Protective Practices », *Psychotherapy* (Chic), vol. 46, n° 2, juin 2009, doi: 10.1037/a0016081. PMID: 22122619.

HAYES Steven *et al.*, « Acceptance and Commitment Therapy and Contextual Behavioral Science: Examining the Progress of a Distinctive Model of Behavioral and Cognitive Therapy », *Behavioral Therapy*, vol. 44, n° 2, juin 2013, p. 180-198.

HILLMAN James, *Le code caché de votre destin : Prendre en main son existence en élevant sa conscience de soi*, Robert Laffont, 1999.

HYDE Lewis, *Trickster Makes This World : Mischief, Myth, and Art*, Farrar, Straus and Giroux, 1998.

IYER Pico, *The Art of Stillness : Adventures in Going Nowhere*, Simon & Schuster, 2014.

JUNG Carl Gustav, *Psychologie et Alchimie*, Buchet Chastel, 2014.

KHAN Laurie, *Baffled by Love : Stories of the Lasting Impact of Childhood Trauma Inflicted by Loved Ones*, She Writes Press, 2017.

MACCOUN Catherine, *On Becoming an Alchemist : A Guide for the Modern Magician*, Trumpeter, 2008.

O'NEIL John R., « The Dark Side of Success », contribution à ZWEIG Connie et ABRAMS Jeremiah, *Meeting the Shadow : The Hidden Power of the Dark Side of Human Nature*, Jeremy P. Tarcher, 1991.

ONG A. D., *et al.*, « Emodiversity and Biomarkers of Inflammation », *Emotion*, vol. 18, n° 1, p. 3-14.

Otto Rudolf, *Le Sacré : l'élément non rationnel dans l'idée du divin et sa relation avec le rationnel*, Payot & Rivages, 1996.

Pinkola Estès Clarissa, *Femmes qui courent avec les loups*, Grasset, 1996.

Pollack Rachel, *La Bible du tarot*, éditions AdA, 2010.

Richo David, *Être adulte en amour : Savoir ce que l'on veut, être bienveillant*, Payot, 2013.

Royce Josiah, *The World and the Individual: Gifford Lectures Delivered Before the University of Aberdeen, First Series, The Four Histrocial Conceptions of Being*, Forgotten Books, 2018.

Voir aussi https://en.wikisource.org/wiki/The_World_and_the_Individual,_First_Series/Lecture_4.

Shaw Martin, *Smoke Hole : Looking to the Wild in the Time of the Spyglass*, Chelsea Green Publishing, 2021.

Schwartz Richard, *Introduction to Internal Family Systems*, Sounds True, 2023.

Steindl-Rast David, « Psychoactive Substances and Sacred Values : Recognising Abraham Maslow's Discoveries », contribution à Harold Ellen J., *Seeking the Sacred with Psychoactive Substances : Chemical Paths to Spirituality and to God*, Praeger, 2014.

Tomberg Valentin, *Méditations sur les 22 arcanes majeurs du tarot*, Aubier Montaigne, 1980 (nouvelle édition en 1984).

Waite Arthur Edward, *The Pictorial Key to the Tarot : Being fragments of a Secret Tradition under the Veil of Divination*, 1910, consultable en ligne :

https://en.wikisource.org/wiki/The_Pictorial_Key_to_the_Tarot#VI

Weil Simone, *Attente de Dieu*, Albin Michel, 2016.

TABLE DES MATIÈRES

Les arcanes mineurs
p. 97